湖北省社科基金项目“凤与中国乐舞：凤文化与乐舞审美范式的生成、建构和发展”（HBSK2022YB518）重要成果

湖北省公益学术著作
Hubei Special Funds 出版专项资金
for Academic and Public-interest
Publications

中华凤文化研究书系

主编 刘玉堂 副主编 庞进

凤与中国乐舞

杨名 著

長江出版傳媒 | 湖北教育出版社

图书在版编目（CIP）数据

凤与中国乐舞/杨名著. --武汉：湖北教育出版社，2024. 6

（中华凤文化研究书系/刘玉堂主编）

ISBN 978-7-5564-6123-3

Ⅰ. ①凤… Ⅱ. ①杨… Ⅲ. ①中华文化—关系—乐舞—研究—中国—现代 Ⅳ. ①J722. 9②K203

中国国家版本馆 CIP 数据核字（2024）第 111526 号

凤与中国乐舞

出品人	方 平	策 划	刘 艺 李作君
责任编辑	李晋阳	责任校对	李庆华
封面设计	李 枫 张岑玥	责任督印	刘牧原

出版发行	长江出版传媒	430070	武汉市雄楚大道 268 号
	湖北教育出版社	430070	武汉市雄楚大道 268 号
经 销	新 华 书 店		
网 址	http://www.hbedup.com		
印 刷	武汉市新华印刷有限责任公司		
地 址	武汉市江夏区大桥新区邢远长街 18 号		
开 本	710mm×1000mm 1/16		
印 张	15.25		
字 数	196 千字		
版 次	2024 年 6 月第 1 版		
印 次	2024 年 6 月第 1 次印刷		
书 号	ISBN 978-7-5564-6123-3		
定 价	66.00 元		

总序

20 世纪 70 年代后期，歌曲《龙的传人》瞬间风靡大江南北、海峡两岸，令海内外中华儿女心旌摇荡、热血沸腾！然而，人们何曾想过，历史的真实却出人意料：中华民族不只是龙的传人，也是凤的传人，龙与凤都是中华民族和中华文化的象征，理应同享殊荣，不宜扬此而抑彼。

根据现已获取的信息，崇凤之俗似乎早于崇龙之俗。在浙江余姚河姆渡文化遗址出土的一块象牙上，雕刻着两只交体的凤，彼此仰首回眸相视，其间是一轮喷薄而出的太阳，这是迄今所见最早的双凤朝阳图。河姆渡文化时代为新石器时代早期，距今约 7000 年，与出土“黄河第一龙”的河南濮阳西水坡遗址和“长江第一龙”的湖北黄梅焦墩遗址相比，要早千年左右。

无独有偶，位于长江中游的湖北天门石家河文化遗址，出土了一件环形玉雕凤，其构思之奇巧和造型之精美，在已知原始时代的凤鸟形象中罕有其匹。石家河文化遗址的年代为新石器时代晚期，其主人是楚国土著先民三苗遗裔，从石家河文化主人的崇凤情结，方知楚地崇凤之俗由来已久！

夏朝是否崇凤，尚难定论。商朝和周朝崇凤，则是不争的事实。商代晚期和西周早期，凤始终是青铜器纹饰中最闪亮的角色。从东周起，伴随着南北文化的交流激荡，龙与凤开始各擅胜场，前者成为权威和尊严的表征，后者变成才艺和吉祥的标识。

人类文明的“轴心时代”，正值楚人的信史时代春秋战国时期，先民的图腾只留下朦胧的印记，但仍然不乏图腾的象征作用和神秘意味。在楚人的潜意识里，尊崇凤，就是尊崇自己的祖先；钟爱凤，就是钟爱自己这个民族。在楚国出土文物中，凤的图像和雕像比比皆是，远非同期其他各国文物可以比肩。这些凤的形象虽千姿百态，纷华照眼，但无一不显得雍容华贵，英武伟岸。楚人以为只有在凤的导引下，人的灵魂才得以周流八极，飞登九天！

“秦王扫六合，虎视何雄哉！”以公元前 221 年秦王朝建立为界线，此前是凤与龙相比由更为风光到难分轩轾，此后是凤与龙的地位此降而彼升。龙在先民崇拜的诸多灵物中升到至尊至神的地位，在长达 2100 多年的岁月中，龙一直是帝制和皇权的标志。辛亥革命结束了帝制，但龙的威仪和神圣依然存在，中华民族的崇龙情结仍未消减，于是，龙又成为民族和文化的象征，凤则悄然退居次席，似乎无缘与龙相提并论了。

其实，这是历史的误会，在民族与文化的象征上，凤与龙理应平分秋色，正如闻一多先生所言：“龙凤是天生的一对！”

正是因为凤的地位如此特殊而际遇又异常曲折，为凤正名的呼声一直不绝于耳。而我们萌生编撰“中华凤文化研究书系”的初衷，并非完全出于为凤之不平而鸣，更主要的考量是凤文化非同寻常的人文内涵。

传世文献和出土文物所提供的资料告诉我们：凤文化是一种具有丰富人文内涵的文化形态，在文学、美术、乐舞、建筑、园林、器用、服饰等领域都不乏精彩呈现，深深地渗透于中国社会的各个层面，放射出璀璨夺目的人文光辉。

尊重传统是凤文化人文内涵的精神底色。凤文化对传统的尊重突出体现在信仰、礼仪、道德、风尚等诸多方面，这是对中华民族慎终追远情愫的赓续，也是对中华文化念祖怀乡精神的传扬。

崇尚美德是凤文化人文内涵的品格标志。凤文化倡导人们追慕诸如仁爱、正义、诚信、孝亲等嘉德懿行，代表着人类共同的理想境界，既涵润着公民的道德修养，又助长了社会的文明风尚。

推崇友善是凤文化人文内涵的人性认知。凤文化认为人类一方面要提升和完善自我修为，另一方面也要懂得体谅和宽恕他人，凤文化中不少文化符号和艺术形式，充分流露出对人性友善的赞美和期许。

追求和谐是凤文化人文内涵的价值取向。凤文化追求个人心灵与肉体之间、人与人之间、人与社会之间的和谐，无论是传世文献对凤的描述，还是出土文物对凤的展示，都体现出凤文化对和谐执着而热烈的追求。

敬畏自然是凤文化人文内涵的科学理念。凤文化尤为注重人与自然的关系，讲求尊重自然、呵护自然、调适自然、因借自然，真正做到人与自然和合共生，凤文化中许许多多的艺术形象，生动地表达了对自然的敬畏和礼赞。

凤文化深邃而独特的人文内涵，宛如生生不息的文脉、血脉和根脉。其文脉贯注于文化创造中，血脉激活于生命智慧里，根脉滋养于公序良俗间，历千年而不绝，亘万古而长新，对凤文化进行系统而深入的研究，成为一道神秘而曼妙的诱人风景。

研究凤文化有助于把握中国历史文化的演进轨迹。凤文化源远流长，博大精深，是中国传统文化的菁华元素，对凤文化流变的精细考察，就是对中国历史文化发展脉络的精心梳理。

研究凤文化有助于弘扬中华文化精神。中华文化精神是中华民族人文精神和价值观念的综合体现，而凤文化精神则是中华文化精神的重要基因，研究凤文化，无疑是弘扬中华文化精神的题中应有之义。

研究凤文化有助于促进文化认同。凤文化作为中华传统文化的一部分，具有强烈的文化认同感，通过对凤文化的研究和传承，可以增强中华民族的向心力和凝聚力，坚定文化自信和文化自强。

研究凤文化有助于推动不同文化间的交流互鉴。凤文化作为一种具有特殊意义的文化形态，对于推动不同国家和地区间的文化交融互摄，具有春雨润物般的功能。

研究凤文化有助于增强审美意识。凤文化涵盖了广泛的艺术形式，如绘画、雕塑、书法、音乐、舞蹈、戏剧、曲艺、织绣、工艺等，对凤文化进行研究，可以更好地理解和欣赏这些艺术形式的美学意蕴，拓展人们的艺术视野和审美空间。

研究凤文化有助于保护文化遗产。凤文化本身就融入中华文化遗产的肌理之中，通过对凤文化这一独具特色且无可替代的文化遗产的保护研究，可以更好地传承、弘扬中华文化遗产，维护中华文化的多样性和独特性。

综上以观，凤文化研究是历史与时代赋予的光荣使命，不能不引起学界的关注和重视。为此，我们策划了这套“中华凤文化研究书系”，选取了与凤文化关系密切的几个选题实施破冰之旅，包括凤与中国文化、凤与中国文学、凤与中国乐舞、凤与中国服饰、凤与中华祥瑞美学和凤与中国民俗等，因这些研究仅仅是开端，此后还将持续推进，以形成系列，故名之曰“书系”。

假定把书系比作新娘，序不过是盖头，人们最想看的不是盖头，而是盖头下欲遮还羞、风姿绰约的新娘，故序宜轻轻掠过，“不带走一片云彩”！

刘玉堂

目 录

CONTENTS

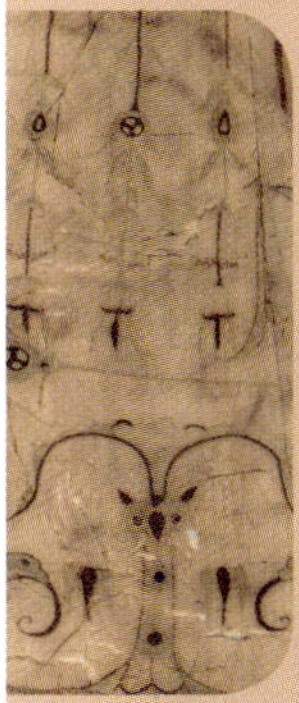

第一章

凤与凤乐舞

凤，以其美好的才德、神秘的威仪、华丽的外表、祥瑞的寓意，在几千年的文明发展中，成为中华民族的灵魂之神。凤与龙同为华夏文化精髓凝聚的产物。与龙之刚猛粗犷迥然不同，凤以德行化人而不迂腐，以威仪治人而不横暴，以风姿悦人而不媚俗，加之其博厚的济世情怀、高洁的人格志向、天下安宁的祥瑞意蕴，最终成为与龙互补的民族精神之魂。

古籍记载中鸾凤的出现常有歌舞相伴。《广雅·释鸟》称："鸾鸟……凤皇属也。"屈原《涉江》曰"鸾鸟凤皇，日以远兮"，以鸾、凤被疏远比喻君子不能见用。《山海经·海内经》："有鸾鸟自歌，凤鸟自舞。"《山海经·南山经》："（凤皇）饮食自然，自歌自舞，见则天下安宁。"鸾鸟之鸣、凤凰之舞符合古人的审美追求，并逐渐发展为中国传统乐舞的审美范式。

第一节　凤与中国乐舞审美心理

凤与中国乐舞的关系是极其紧密的，中国乐舞的审美、乐律的诞生、乐器的制作、乐教的准则，无不以凤凰之歌舞为参照。鸾歌凤舞所体现出的审美追求，具有儒家礼乐文化的典型性。儒家对凤之才德的赞美，使传统乐舞追求雍容和雅，强调雅乐舞的美颂意味；娱乐乐舞则发展了凤之神性，展现出飘逸灵动之美；凤之华美也使其成为美人妙舞的常用意象，体现出古人对乐舞艺术性的充分肯定。

一、凤之才德与乐舞的雍容和雅

凤为才德的化身。《山海经·南山经》曰："又东五百里，曰丹穴之山，其上多金玉。……有鸟焉，其状如鸡，五采而文，名曰凤皇。首文曰德，翼文曰义，背文曰礼，膺文曰仁，腹文曰信。"凤鸟身披五彩斑斓的羽毛，这些羽毛又形成花纹，暗示着凤的五种才德，即德、义、礼、仁、信。《山海经·海内经》中又被记为"德""顺""仁""义"四种，亦大同而小异。

凤鸟出现为祥瑞之兆，"见则天下安宁"。这种祥瑞事实上喻示着统治者以凤之才德化育天下，最终政治清明、百姓顺服，达到了儒家认可的理想社会状态。

《山海经》约为战国中后期至汉代中期的作品，其中部分对奇异方物的描写也浸透了儒家的伦理观念。此处所言的凤之美德，与儒家的道德行为标准是一一对应的。

儒家对"仁""义""礼""智""信"等行为标准的建立有一个过程。《论语·颜渊》记载："颜渊问仁，子曰：'克己复礼为仁。一日克己复礼，天下归仁焉。为仁由己，而由人乎哉？'颜渊曰：'请问其目。'子曰：'非礼勿视，非礼勿听，非礼勿言，非礼勿动。'"孔子对其弟子颜渊所解释的"仁"，是能够"克己复礼"，即控制自己的情感，并严格按照"礼"所规定的道德规范去行事。此处将"仁"与"礼"结合，"仁"为儒家君子的修身目标，"礼"则为其行事准则。

在《论语·里仁》中孔子曰："君子之于天下也，无适也，无莫也，义之与比。"孔子认为，君子于天下之事，没有固定的亲疏标准，而唯当以"义"为参照。这句话明确强调"义"也是儒家的重要行为准则。是以在《论语·里仁》中孔子又言："君子喻于义，小人喻于利。""义""利"之辨，即是君子与小人在人格上的高下之别，在孔子看来，义既是一种为人准则，也是一种必备的美德。

孔子对"信"同样看重，《论语·为政》记载孔子曰："人而无信，不知其可也。大车无輗，小车无軏，其何以行之哉？"诚信是与他人建交的根本，是以无信则难以处世，也无法使自己的行动得以顺利实施。

孟子在孔子的基础之上强调了儒家所尊崇的"仁""义""礼""智"四德。这里的"智"并非科学智慧，而是一种道德睿智，即明辨是非的能力，即孟子所谓的"是非之心"。[1]而汉儒董仲舒在孟子的基础上又发展出"五常"，其"天人三策"曰："仁、义、礼、智、信五常之道，王者所当修饬也。"这"五常"是统治者必须遵守的五种美德，除去其中的"智"，"仁""义""礼""信"更强调统治者对自身的约束，这四种美德以"德"来统领并成为凤鸟之"文"，体现出儒家对凤鸟之德的进一步阐释，也表现出古人对凤鸟之德（即统治者之德）的显扬。

①《孟子·公孙丑上》："恻隐之心，仁之端也；羞恶之心，义之端也；辞让之心，礼之端也；是非之心，智之端也。人之有是四端也，犹其有四体也。"

凤鸟出现预示着天下安宁，凤鸟起飞则意味着圣君兴起或英才出现。《诗经·大雅·卷阿》曰："凤皇于飞，翙翙其羽，亦集爰止。蔼蔼王多吉士，维君子使，媚于天子。"诗中描写了凤凰冉冉而飞，群鸟相随，集于佳地，以此喻君主贤明，英才纷集，为天子奔忙效力。正由于此，凤鸟还有"德牧"之称。这一说法出自汉代枚乘《七发》："螭龙德牧，邕邕群鸣。"《骈雅·释鸟》解释说："德牧，凤属也。"凤鸟"见则天下安宁"

的祥瑞特性，事实上是其“德”之属性的反映。《汉书·贾谊传》曰：“凤皇翔于千仞兮，览德辉而下之。”可见凤凰正是被天下的圣德之象吸引而来。正如叶舒宪所言，此处透露出先民的一种祥瑞神话观，即“凤凰在百鸟之中独享一种习性，它平常翱翔于高天，远离人寰，一旦发现所谓德之光辉时，就会自动地降下到人间来。天人之间的感应，就这样以凤的出现为征兆”。[①]

①叶舒宪：《中华文明探源的神话学研究》，北京：社会科学文献出版社2015年，第599页。

因此，凤鸟的“自歌自舞”正是对五德的遵守。这一特性也体现在雅乐舞蹈的创制之中。周初制定的宗庙之乐为“六舞”，相传为六代贤君之乐，分别为黄帝之《云门》、尧之《咸池》、舜之《大韶》、禹之《大夏》、汤之《大濩》以及周武王之《大武》。六舞在周代重大祭祀活动中使用，是周以后历朝统治者所尊奉的雅乐典范，被尊称为“先王之舞”或“先王之乐”。此六舞中，黄帝、尧、舜、禹皆以文德治四方，是以《云门》《咸池》《大韶》《大夏》四舞被尊为“文舞”；而商汤、周武王以武力取天下，是以《大濩》《大武》被称为“武舞”。文舞的舞具为“龠翟”：龠为一种吹管乐器，翟则为野雉的尾羽。野雉即锦鸡，形体如鸡，而雄雉通身羽毛锦绣斑斓，与传说中的凤凰十分相似，是以《山海经·南山经》中称凤凰“其状如鸡，五采而文”，清代类书《渊鉴类函》引徐整《正律》也说：“黄帝之时，以凤为鸡。”这些记载都体现出野雉是凤凰的原型之一，虽与凤凰不同，但也常作为凤凰的替身。《吕氏春秋·古乐》记载：“帝喾……因令凤鸟、天翟舞之，帝喾大喜，乃以康帝德。”此处的天翟即天鸡，亦即雉类。甚至有的学者认为，凤凰即为红腹角雉的美称。[②]凤凰本不存在，为了彰显凤凰之德，雅乐文舞时即以天翟的羽毛相替代。因此“龠翟”其实是礼乐及帝德的象征，蕴含着以凤之文德治天下之意。

②马红光：《〈山海经之南山经〉考证》，北京：世界图书出版公司2012年，第108页。

周代还有“六小舞”，由少年贵族子弟演习。“六小舞”分别为《帗舞》《羽舞》《皇舞》《旄舞》《干舞》《人舞》。其中《帗舞》的舞具为五彩缯，即手执挑着五彩丝绸的长竿而舞，这种舞具很可能是凤鸟“五采而文”的演变，也有观点认为《帗舞》的道具应当是鸟羽制成；《羽舞》则是舞者执鸟羽而舞，亦有说法称其所执为雉尾；《皇舞》的表演者则身披五彩羽毛，头戴羽冠，衣服上也装饰有翡翠色的羽饰，以模拟凤鸟之形而舞。这些舞蹈的装饰及舞具皆体现出对凤鸟外形的模仿，这种外在的模仿可以视为是凤鸟内在才德的象征。因此，雅乐舞蹈的精神内质与凤鸟之德具有极大的一致性。

正因为这种一致性，中国古代雅乐舞蹈追求雍容和雅之美。《礼记·乐记》曰：“治世之音安以乐，其政和；乱世之音怨以怒，其政乖；亡国之音哀以思，其民困。声音之道与政通矣。”可见音乐与国家之治具有直接的联系，若音乐“安以乐”，则为政治和谐、统治清明之象，而翱翔于天的凤鸟会览此德辉而下降，以示天下安宁。是以，在儒家的音乐美学中，乐舞的审美目的并非带来令人振奋的视觉、听觉冲击，而是指向更深层的象征意义。

《礼记·乐记》中记载的魏文侯与子夏的对话极好地阐释了这一审美趋向：

> 魏文侯问于子夏曰：“吾端冕而听古乐，则唯恐卧；听郑卫之音，则不知倦。敢问：古乐之如彼何也？新乐之如此何也？”
>
> 子夏对曰：“今夫古乐，进旅退旅，和正以广。弦匏笙簧，会守拊鼓。始奏以文，复乱以武，治乱以相，讯疾以雅。君子于是语，于是道古，修身及家，平均天下。此古乐之发也。”

此处的“古乐”即为六代之雅乐。魏文侯向子夏坦言，衣冠整齐、正襟危坐听古乐时，会神驰心疲；而听郑卫之音时则精神振奋。子夏对其解释道，古乐之所以如此，是因为舞蹈时演员步调一致、或进或退，再配以和平纯正而宽缓的乐声，故而显得节奏缓慢；但古乐的审美属性并不在耳目之娱，而是在于对君子言行的指导及规范作用，君子欣赏古乐，能由此得出言说、行事及修身齐家安定天下的道理。

由于凤之才德与雅乐的关系，雅乐的演奏常伴有凤凰的出现。《史记·夏本纪》记载，夏禹命夔行乐，“祖考至，群后相让，鸟兽翔舞，箫韶九成，凤皇来仪，百兽率舞，百官信谐”。此处描述了鸟兽谐舞、群后谦恭的理想局面。凤凰作为神鸟，具有“览德辉而下之”的特性，而乐舞的雍容和雅正是“德”的艺术体现。因此，孔子在齐闻《韶》，“三月不知肉味”，并感叹：“不图为乐之至于斯也！”（《论语·述而》）孔子被《韶》乐深深吸引，正是儒家对音乐雍容和雅之美的肯定。

二、凤之威仪与乐舞的美颂意味

凤的诞生源出于鸟崇拜，但在漫长的发展过程中，凤的形象早已脱离了凡鸟的自然属性而具有了神性与威仪。在古代典籍的记载中，凤鸟是高洁与超俗的象征。《帝王世纪》称其“不食生虫，不履生草”，《毛诗注疏》记载凤鸟“非梧桐不栖，非竹实不食”。凤鸟的出现不仅是天下安宁的祥瑞之象，更是明君贤臣兴起的标志。《诗经·大雅·卷阿》为记成王游于卷阿之诗，[①]曰：“凤皇鸣矣，于彼高冈。梧桐生矣，于彼朝阳。”此句以凤栖梧桐、凤凰朝阳比喻圣君治世、君臣相谐，歌颂了成王礼贤求士，国家清明的美好景象。是以凤凰的出现总是与君主的美德联系在一起。

①《竹书纪年》记载：“（成王）三十三年，游于卷阿，召康公从。”

凤凰在周王朝的建立中具有重大的意义。《国语·周语上》记载，周朝始兴时有鹫鹭鸣于岐山，以昭示“君权神授”之瑞谶。鹫鹭即为凤凰的一种。《艺文类聚》引《春秋元命苞》进行了相似的记载：“火离为凤皇，衔书游文王之都，故武王受凤书之纪。”岐山为周王朝的发源地，亦名西岐，约在现在的陕西省宝鸡市岐山县，由于“凤鸣岐山”的典故，“凤野”成为岐山的代称。这些记载和传说皆给周王朝的建立带来神谕的意味，也使周室代商具有了德义上的合理性。换言之，凤凰携带而来的瑞应增加了天子的威仪，使王朝的更迭笼罩上了君权神授的权威。

在“凤鸣岐山”等瑞应神话的指向之下，中国古代音乐的创制以凤凰之鸣为模仿对象。《吕氏春秋·古乐》记载了黄帝令伶伦作律的经过：“昔黄帝令伶伦作为律。伶伦自大夏之西，乃之阮隃之阴，取竹于嶰溪之谷，……次制十二筒，以之阮隃之下，听凤皇之鸣，以别十二律。”伶伦依凤凰之鸣而造律，正是由于对凤鸟神圣属性的遵从。明代学者柯尚迁在《周礼全经释原》中说：“盖以凤为神鸟，具天地中和之神气，故其声也，得天地中和之声也。惟黄帝伶伦乃能知之。故准以制器作乐，张于洞庭之野。……以其本凤鸣而制律吕，神之至也。”[①]这种对凤鸣的模仿正是出于对凤凰之神性与威仪的肯定，也使得凤凰之鸣成为古代乐律的准则。这种乐律准则的背后是君权统治的神性，凤鸟的形象在祥瑞之外也带有了君权的威仪，随着君主权威的逐渐加强，音乐演变为政治宗教工具，凤鸣的威仪也更加强化。此时的乐舞不再是先民们劳动之余的娱乐助兴，而成为上天对人世的统治手段。一个典型的例子即是“夏后开上天取乐”的神话：“西南海之外，赤水之南，流沙之西，有人珥两青蛇，乘两龙，名曰夏后开。开上三嫔于天，得《九辩》与《九歌》以下。”（《山海经·大荒西经》）将这

①〔明〕柯尚迁：《周礼全经释原》，台湾商务印书馆影印文渊阁本《四库全书》经部礼类第 96 册，第 1016 页。

则神话与凤凰之鸣的神话对照来看，瑞应意味已经转化为上天权威的投射，这也使乐舞成为倡导君权神授、美颂君主威仪的工具。正如王怀义所言：“凤凰之鸣的原初意蕴在探讨音乐的论著中逐渐消失，偶然可见的凤鸟的身影也成为政治统治的象征。”[1]

①王怀义：《凤凰之鸣：乐教传统的神话起源》，《民族艺术》2013年第3期。

因此，凤鸣因其体现出天地中和之气而成为上天意志与帝王权威的连接点，在后世的发展中，凤凰成为中国皇权的象征。甲骨文中“风”与“凤”字相同，凤之由来可能即由于其代表着风之无所不在的灵性力量；而“凰”即“皇”字，有至高至大之意。乐代表着沟通天人的符号意义，周代礼乐的制定是区分等级的重要手段，体现出对这种符号意义的强化。凤凰之鸣暗示着上天对君主之德的认可，这种强化正是出于对君主权威的维护，在加强君主威仪的基础上巩固王权统治。

作为封建雅乐代表的郊庙乐歌鲜明地体现了儒家音乐美学中的美颂意味。郊庙乐歌为最高统治者郊庙祭祀所用的乐舞，又分为郊祀乐舞与宗庙祭祀乐歌。前者为统治者郊外祭祀天地众神所献，后者则为帝王祭祀祖先所用。无论从哪一种祭祀目的来看，祭庙乐歌中的美颂意味是显而易见的，而凤鸟则成为其中的常见意象。

其一，郊祀乐歌中对统治合法性的赞颂，往往通过凤鸟之鸣展现。唐代郊庙歌辞《周郊祀乐章·昭顺乐》曰：“五兵勿用，万国咸安。告功圆盖，受命云坛。乐鸣凤律，礼备鸡竿。”从“声音之道与政通”的观念来看，“乐鸣凤律”使歌辞中透露出统治清明含义，凤之意象象征着上天对统治的肯定，蕴含着明显的显扬君权神授、维护统治合理性的意义。这种艺术展现是通过对凤鸟之威仪的强调来实现的。

其二，凤鸟的才德之美也常比附为君主之德，增强了君主的权威性。“符瑞文化对郊庙歌辞的创作影响极为深远，援引符瑞以颂美君王是郊庙歌辞的重要内容。”[①]因此，历代的宗庙祭祀乐歌中常以凤瑞来美颂君主之德。如晋郊庙乐歌《歌显宗成皇帝》曰：“於休显宗，道泽玄播。……连理映阜，鸣凤栖柯。”[②]以“鸣凤栖柯”赞美了晋显宗时期统治清明。又北周郊庙乐歌《周宗庙歌·昭夏》曰“龙图革命，凤历归昌”，[③]则是直接美颂周室之兴的故事。这些乐歌皆是以凤之威仪及音乐的神性内涵表达了对君主的赞颂，使郊庙乐歌中多含有美颂意味。

除此之外，燕射歌辞中也多有对王权统治的歌颂。燕射歌辞是统治者在举行宴会及射礼时所奏的乐歌，因其直接为统治者服务，也常以凤之符瑞表现美颂之意。如晋燕射歌辞《食举东西厢乐诗》“潜龙跃，雕虎仁。仪凤鸟，届游麟”等。[④]

总之，凤最初作为神话信仰时代沟通天人的中介使者，在成为才德化身的同时，也是上天威仪的承载者。凤的威仪性使音乐的神性得到进一步强化，君王作为上天指定的统治者，其德行必然与天之德相契合。因此，凤鸟歌舞是统治者才德及威仪的昭示，使统治者的权威性得以增强。是以帝喾高辛氏见凤鸟、天翟舞之而大喜，“乃以康帝德”（《吕氏春秋·古乐》）。这充分说明了凤的威仪性、神圣性贯彻到乐舞审美之中，使美颂成为雅乐舞的唯一价值取向。

三、凤之神性与乐舞的飘逸灵动

中华民族的龙凤形象逐渐形成了完美的互补交融。就最终的定型来看，龙为阳，凤为阴；龙凤成双成对、交缠互生，亲密无间。与龙相比较，凤的形象特征更富于人性化，更趋于至善和悦。因此，孔子曰“吾今日见老子，其犹龙耶”（《史记·老子列传》），表现出对老子纵横天地不拘一格的渊博学识的仰慕；而楚狂接舆将孔子喻为凤，[⑤]则是借凤之亲德嘉仁

①吴艳荣：《中国凤凰：从神坛到人间》，杭州：浙江大学出版社2014年，第115页。

②《乐府诗集》卷八。

③《乐府诗集》卷九。

④《乐府诗集》卷十三。

⑤见《论语·微子》。

的神性，肯定了孔子的仁爱品性及律己守礼的人格。

凤鸟形象中具有君权神授意义的威仪、才德的特征，在后世的演变中逐渐被飘逸神性所取代。在才德典重、威仪庄重之外，凤鸟的形象有了更多的飘逸神性和灵动仙气。凤鸟自身也带有太阳鸟的属性。《诗经·大雅·卷阿》曰：“凤皇鸣矣，于彼高冈。梧桐生矣，于彼朝阳。”梧桐生于朝阳的高冈，而凤止栖于梧桐之上，是以后世也常以“凤鸣朝阳”称颂贤才群聚、国家富强。凤凰对朝阳之梧桐的喜爱，出于其本身的赤色特征。《山海经·南山经》中的“丹穴之山”为凤凰居所，是以凤凰亦被称为“丹凤”。丹即为红，古人认为是象征南方的色彩，《禽经》“鸾”条张华注曰“首翼赤曰丹凤”，可见丹凤即为凤之一种，亦是凤的美称。“丹凤朝阳”是中华民族常用的吉祥图案，正体现出凤鸟对太阳的亲近，蕴含着民间对光明与幸福的向往。凤由于与赤、丹的联系，也时常与日中金乌混同。如周初的“凤凰衔书”典故亦被记载为“赤乌衔书”，《吕氏春秋·有始》即曰：“赤乌衔丹书集于周社。”赤乌即为金乌，即太阳鸟，以隐喻太阳。凤凰的向阳属性也使其具有了追求光明、幸福之意，凤之神性也更趋于灵动飘逸。

凤之向阳趋火的浪漫属性在楚文化中得到鲜明的体现。《春秋演孔图》曰：“凤，火之精也，生丹穴，非梧桐不栖，非竹实不食，非醴泉不饮，身备五色，鸣中五音，有道则见，飞则群鸟征之。”在楚人的观念中，凤为“火之精”。楚之先祖祝融曾为高辛氏火正，为火神，亦为雷神。楚人对凤的崇拜即是雷神和火神崇拜的体现。是以在《山海经》等典籍中，凤多出现于南方，《南山经》中即曰：“南禺之山，……有凤皇、鹓鶵。”《庄子·秋水》亦曰：“南方有鸟，其名为鹓鶵。”鹓鶵即为凤凰之类。

凤鸟的飘逸神性使楚文化孕育着浪漫因子，楚地乐器即是典型反映。楚国贵族墓葬中的代表乐器虎座鸟架鼓，由伏虎、凤鸟与鼓三部分组成。其中两凤相背而立，躯体丰硕、凤颈微弯，喙尖扬向斜上方，似昂首而歌；两虎相背伏卧，身蜷体小，被双凤踏于足下。双凤口衔鼓绳吊起大鼓，圆鼓竖悬于二者之间。这件乐器造型奇妙，形象别致，双凤雄壮轩昂，两虎却矮小蜷缩，反映出楚人大胆的创造力和奇谲的想象力。这正是凤之神性在乐舞、乐器中的体现。

凤的神性之中带有仙气。凤凰总是生活在草木丰茂、花果累累的仙境。《山海经·海内经》曰："西南黑水之间，有都广之野，后稷葬焉。爰有膏菽、膏稻、膏黍、膏稷，百谷自生，冬夏播琴。鸾鸟自歌，凤鸟自舞，灵寿实华，草木所聚。爰有百兽，相群爰处。此草也，冬夏不死。"这片理想之地草木四季常青，百谷冬夏不死，再加之珍禽异兽怡然自乐、自歌自舞，生活于此的凤之神性、仙气得以淋漓地展现。此外，凤鸟的止栖、饮食亦脱离尘俗，"非梧桐不栖，非竹实不食"，亦是洁身自爱、高蹈绝俗的表现。

凤鸟的神性与仙气使其成为升仙的引导者，如《楚辞·远游》曰："驾鸾凤以上游兮，从玄鹤与鷦明。"在汉代画像石中更有许多凤鸟引魂升天的形象。凤鸟作为人类幻想中的仙境之鸟，或立于神树之上，或栖于天门之顶，或行于灵魂之前，或口含仙药以度人升天。在许多传说中，凤鸟成为仙人的坐骑，《列仙传·萧史传》记载，秦穆公女儿与其夫萧史常吹箫作凤鸣，引凤凰栖止其屋，后夫妻二人乘凤凰飞去。"吹箫引凤"的传说表现了民间神话中凤与音乐的紧密联系，凤是天人沟通的媒介，这一神性使其成为度人升仙的使者。

与生俱来的神性与仙气成就了飘逸灵动、意气风发的凤鸟形象，而凤鸟能歌善舞的特点又使其常与乐舞活动相连。古人常将音乐、乐器冠以"凤"的美名。如梁武帝萧衍《咏笛》

曰："柯亭有奇竹，含情复抑扬。妙声发玉指，龙音响凤凰。"又如宋代王素诗《学阮步兵体》曰："沉情发遐虑，纡郁怀所思。仿佛闻箫管，鸣凤接嬴姬。"此处化用了"吹箫引凤"的典故，以弄玉升仙的故事表现箫声的悠扬缥缈。此外，李白《宫中行乐词》也曰："莺歌闻太液，凤吹绕瀛洲。"此处以"凤吹"比喻空灵悠扬的音乐。此外还有"环阶凤乐陈，玳席珍羞荐"（唐高宗《太子纳妃太平公主出降》），"鸾吟凤唱听无拍，多似《霓裳》散序声"（白居易《王子晋庙》）等。这些描写乐舞的诗句皆有一个共同特点，即借凤之神性、仙气，形容乐声的缥缈空灵、犹如天籁。

以"凤"来形容舞蹈的诗句也很多。庾信《看舞》曰："鸾回不假学，凤举自相关。到嫌衫袖广，恒长碍举鬟。"梁元帝萧绎《夕出通波阁下观妓》曰："起龙调节奏，却凤点笙簧。树交临舞席，荷生夹妓航。"这些诗句皆以"凤"来形容舞妓动作的轻盈美好，也体现出中国古代乐舞追求飘逸灵动的审美倾向。

四、凤之华美与乐舞的艳妆华服

凤凰是美的化身。古代典籍中的凤凰，不仅才德兼备、品性高洁，而且有着华美的外表。在对凤凰的描写中，几乎都言及其"五采而文"的斑斓色彩，而其居住之处也常常是"多金玉""多水""草木所聚"的美丽仙境。《说文》中对凤的描述为："鸿前麟后，蛇颈鱼尾，鹳颡鸳思，龙文虎背，燕颔鸡喙，五色备举。"凤虽为不同动物的结合体，其美丽外表却是毋庸置疑的。关于凤鸟的美丽，在许多古籍中都有记载。如《山海经·西山经》曰："西南三百里，曰女床之山。……有鸟焉，其状如翟而五采文，名曰鸾鸟，见则天下安宁。"鸾亦为凤鸟，"其状如翟"是明言其外形与野雉十分相似。参照现实生活中山鸡的外貌，我们可以想见传说中的神鸟凤凰亦是五彩斑斓，锦绣辉煌。

可以与凤凰之美相并提的还有孔雀。《异物志》曰：“孔雀形体既大，细颈隆背，似凤凰。”三国魏时钟会的《孔雀赋》更是将凤的形态特征融入对孔雀之美的描述之中：“有炎方之伟鸟，感灵和而来仪。禀丽精以挺质，生丹穴之南垂。……裁修尾之翘翘，若顺风而扬麾。五色点注，华羽参差；鳞交绮错，文藻陆离……”此处的孔雀虽非凤而似凤，正是因为作者将二者之美相提作比，使孔雀之美具有了凤之神性，而凤之华美之态也更具体可感。

在凤之形象的发展中，向女性化的转变也使其外表更加美丽。凤之性别的转变经历了雄凤雌凰—凤喻男性—男女并举—完全女性化几个阶段。先秦至唐代，凤由专喻男性至两性并存，而在唐至明代则逐渐发展为专喻女性。[①]这一转变源于龙身上的神性进一步被帝王认可，而凤鸟“五采而文”的斑斓外形则在人们的意识中进一步被强化。当君王们以龙自喻时，与龙对应的凤则被赋予了阴柔的特点，最终成为后宫嫔妃们的代称。美丽的凤成为首饰及服饰的常用装饰，明清时期凤形首饰、女性衣服上的凤纹图案非常常见。因此，凤的威仪才德随着社会的发展逐渐淡去，而其美妙的体态、斑斓的色彩和动人的姿态则受到人们的普遍认可。

①参见吴艳荣：《中国凤凰：从神坛到人间》，杭州：浙江大学出版社2014年，第96-99页。

凤之华美反映在乐舞中，表现为注重华丽装饰。周代“六小舞”中的《皇舞》，即是插羽为冠、蒙羽而舞，以模拟凤凰之五彩之姿，昭显凤舞之德。这种乐舞中重装饰的审美心理在后世的乐舞中也很普遍。《旧唐书·音乐志》中记载了武则天时期宫廷大舞《鸟歌万岁乐》：“宫中养鸟能人言，又常称万岁，为乐以象之。舞三人，绯大袖，并画鹳鹆，冠作鸟象。”鹳鹆即八哥，虽非凤鸟，但在舞中戴鸟冠、饰鸟形，明显是受到《皇舞》中扮为凤凰之形的启示。武则天时期还有《圣寿乐》，也是装饰极盛的大型乐舞。《旧唐书·音乐志》记载："《圣寿乐》，……舞者百四十人，金铜冠，五色画衣。舞之行列必成字，十六变而毕。"这种舞蹈注重舞者的华丽装饰，常通过队形的变换组合成字，以显扬统治的清平祥瑞。唐代王建《宫词》曰："罗衫叶叶绣重重，金凤银鹅各一丛。每遍舞头分两向，'太平万岁'字当中。"从诗中来看，唐代的宫廷字舞亦有"金凤银鹅"的装扮，即是装饰为凤鸟之形。

中国传统乐舞中对艳妆华服的追求在乐舞诗、乐舞赋中有许多记载。凤常呈歌舞之姿，加之其外表的辉煌美丽，常被用以形容歌舞妙丽的女子。早在晋代《白纻舞歌诗》中即有对舞女美好姿态和美丽服饰的描写："双袂齐举鸾凤翔，罗裾飘飘昭仪光。趋步生姿进流芳，鸣弦清歌及三阳。"①白纻舞为吴地乐舞，以白纻制成舞服，舞者挥动长袖，舞姿飘逸。此舞极重装饰，以华妆美服展现舞妓之美色。诗中以"鸾凤翔"比喻舞者衣袖之美，舞蹈时双袖齐举，飘逸似鸾凤。唐代宋之问《太平公主山池赋》曰"凤舞鸾歌兮俨欲飞，披烟弄月兮宵未归"，又有唐代薛存诚《仙石灵台赋》曰"或鸾回而凤转，乍云点而霜横"。这两则赋中的"凤舞鸾歌""鸾回凤转"皆是形容乐舞之华美。

①逯钦立辑校：《先秦汉魏晋南北朝诗·晋诗》卷十，中华书局 1983 年。

总之，凤鸟的意象已经完全浸透入中国传统的乐舞美学之中。凤之歌舞之态使其与乐舞产生了直接的关联，这种关联不仅在于乐舞对凤姿、凤形的模仿，更在于乐舞对凤德、凤仪的彰扬。凤鸟基于其对德辉的追求，以飞翔鸣唱的方式，充当了天人之间的沟通媒介。凤之德使中国传统乐舞体现出雍容之美，凤之仪则使乐舞的创作旨归趋于美颂，这两点特征在儒家乐舞观中十分鲜明。凤之神性则倾注了中国传统乐舞飘逸灵动的美感，而凤之华美反映在乐舞文化中，则成为对舞蹈者艳妆华服的追求。

第二节　传统乐舞中的凤意象

在中华民族的传统乐舞中，凤常常是主角。乐舞中的凤意象通常是美丽神圣的，或温婉，或雍容，同时又蕴含着权威性，这也使凤的意象产生了极大的号召力。因此，与凤相关的传统乐舞通常是以凤为主角的群舞，乐舞中的凤意象与传统的乐舞审美趋向相契合，既有传统美学的飘逸浪漫，也有儒家礼乐的庄重威仪。

含有凤意象的传统乐舞往往表现出雅颂、柔美和浪漫的特点：与祖先崇拜相关的凤乐舞具有强烈的美颂意味；彰显祥瑞的凤乐舞代表着古人的浪漫想象；凤是沟通天人的使者，与其相关的乐舞常是灵魂升天的伴奏之乐；而在儒家音乐美学中，拟凤乐舞则显得庄重典雅，具有鲜明的教化功用。

一、凤乐舞与祖先崇拜

凤之起源，与原始人类的图腾崇拜有关。在先民们的意识中，自然与人类具有某种亲密的血缘关系，部落的祖先即是自然界中的某种动物、植物，它们不仅是部落的亲属，更是部落的保护神。在相关记载中，许多远古氏族都以某种动植物作为自己的徽号。这些动植物代表了氏族的某种特征或品质，也成为氏族的精神之魂。例如，传说中炎帝为人身牛首，这很可能说明了牛为炎帝部落的图腾。

太昊是东夷部族的祖先和首领，又称伏羲，是传说中的东方祖神。《帝王世纪》记载："伏羲氏，风姓也。"远古时"风"与"凤"通，因此也可认为太昊以"凤"为姓。太昊之姓很可能说明了东夷民族与凤之间的渊源关系。

东夷部落可能以凤鸟为图腾。《左传·昭公十七年》中记载了一段郯子与鲁昭公的言论，其中涉及部落之命名与百官之职的由来：

> 秋，郯子来朝，公与之宴。昭子问焉，曰："少皞氏鸟名官，何故也？"郯子曰："吾祖也，我知之。昔者黄帝氏以云纪，故为云师而云名；炎帝氏以火纪，故为火师而火名；共工氏以水纪，故为水师而水名；大皞氏以龙纪，故为龙师而龙名。我高祖少皞挚之立也，凤鸟适至，故纪于鸟，为鸟师而鸟名。凤鸟氏，历正也；玄鸟氏，司分者也；伯赵氏，司至者也；青鸟氏，司启者也；丹鸟氏，司闭者也。祝鸠氏，司徒也；雎鸠氏，司马也；鸤鸠氏，司空也；爽鸠氏，司寇也；鹘鸠氏，司事也。五鸠，鸠民者也。"

少昊氏，又称少皞、少皓，为远古华夏部落首领之一，也是早期东夷部落的首领。因其承太昊之德，史称"少昊"。就郯子的说法，少昊氏即位之时适有凤鸟飞至，所以以鸟纪事，并以鸟为百官命名。东晋王嘉《拾遗记》又记载，少昊氏出生之时，有赤、黄、青、紫、白五种颜色的凤凰从五个方向飞来并集落于帝王的庭院，因此，少昊氏一族便以凤鸟氏为名。这说明至晚在东晋的神话传说中，人们已经直接将少昊的出生与凤鸟联系起来。当然，郯子与鲁昭公所讨论的少昊氏"鸟名官"中的"官"，应当是少昊氏之族的各个分支首领。

太昊与少昊也是卓有功业的音乐家，对东夷民族的乐舞艺术作出了巨大的贡献。《帝王世纪》称"伏牺氏（太昊）作瑟三十六弦，长八尺一寸"，又《路史·后纪》载："（伏牺氏）灼土为埙，而礼乐于是兴焉。"此外《帝王世纪》也称"少昊作乐曰九渊"，可见少昊也曾作乐。《九渊》又称《大渊》，《路史·后纪》称少昊"立建鼓，制浮磬，以通山川之风。作《大渊》之乐以谐人神，和上下，是曰《九渊》"，可见《九渊》本为沟通天地而作，是祭祀乐舞。古人所称的大渊（九渊）是指现在的渤海。少昊氏的部族居于渤海，创作《九渊》的目的当然是歌颂故乡及人民，其中也蕴含着对东夷先祖的崇拜。

图腾崇拜可视为自然崇拜与祖先崇拜结合的原始宗教，它既有自然崇拜的某些特点，也有祖先崇拜的许多因素。[①]《山海经·大荒东经》记载："东海之外大壑，少昊之国。"后世学者们多认为，"东海之外大壑"在今山东曲阜一带，是少昊一族的活动区域。山东淄博离曲阜不远，在淄博市博山区的三元村，至今流传有《百鸟朝凤》之舞，是乐舞与花灯艺术的绝妙结合。其中凤灯高大绚烂，群鸟绕之而舞，这应是东夷人祖先崇拜的遗存。

①陈炎：《中国风尚史·先秦卷》，济南：山东友谊出版社 2015 年，第 33 页。

除东夷部落之外，炎黄部落也视凤为祖先之神。传为西汉刘向所作的《孝子传》中有这样一段记载：

> 舜父在家贫厄，邑市而居。舜父夜卧，梦见一凤凰，自名为鸡，口衔米以哺己，言鸡为子孙。视之，是凤凰。《黄帝梦书》言之，此子孙当有贵者，舜占犹也。[②]

②〔唐〕道世：《法苑珠林》，上海：上海古籍出版社 1991 年，第 361 页。

这一记载是否是刘向所撰姑且不论，但从中可见舜与凤的传说关系。《礼记·王制》载："有虞氏皇而祭。"有虞氏即舜部落之名，"皇"即为五彩羽毛所制之冠，其后则发展为"凰"字。有虞氏头戴凤冠以祭祀，很明显是装扮成凤鸟之形以祭祀先祖。头戴凤冠的这种乐舞形象，在南北地域有一定相似性。浙江余杭出土的良渚文化玉器上雕刻有头戴羽冠的神人形象，很可能即扮演着祖先或神灵。这也体现出远古时期的祖先崇拜与英雄崇拜、神灵崇拜往往是合为一体的。

被视为祖先者，通常是部落的某位统治者。因此在其后的发展中，祖先形象也成为统治者权威的象征。远古时期的部落首领往往兼为部落之巫，巫觋作法时常头戴“皇冠”，所以在一些乐舞图像中，扮成凤凰的可能就是首领。这类乐舞表演除有巫祭作用之外，主舞者通过模仿祖先形象也能进一步建立自己的权威。因此，《尚书·益稷》中的“箫韶九成，凤皇来仪”可以这么理解：《箫韶》之乐演奏多遍之后，接近尾声之时，有虞氏的首领戴皇冠、披翠羽，扮成凤鸟而至。

与“玄鸟”有关的乐舞也是凤乐舞一类。先秦文献中有许多赞美玄鸟的内容。《诗经·商颂·玄鸟》是宋君祭祀商王武丁的颂歌，也可被视为商民族的史诗。其开篇曰“天命玄鸟，降而生商”，即言商人之始祖契为其母简狄吞玄鸟卵而降生，所以，商人也称玄鸟为祖先。玄鸟常被认为是凤之类。闻一多即认为：“就最早的意义说，龙与凤代表着我们古代民族中最基本的两个单元——夏民族与殷民族，因为在‘鲧死，……化为黄龙，是用出禹’和‘天命玄鸟（即凤），降而生商’两个神话中，我们依稀看出，龙是原始夏人的图腾，凤是原始殷人的图腾。”[①]也有学者认为，“玄”字象征天，因此玄鸟即是天鸟，再加之甲骨文中“鸟”与“凤”是相混用的，因此，“玄鸟”即是“天凤”。[②]正是由于商人与玄鸟的渊源，在出土的商代青铜器上常可见到大量的凤纹；而目前陈列在殷墟博物馆中的玉器上也有不少类似于凤的形象。在我国的南方，也有视凤鸟为祖先的民族，如古滇国人被认为是殷商民族迁往西南的后裔，他们将“碧鸡”视为神灵。因此在云南石寨山、李家山的古墓中，有不少形貌特殊的人物图像：他们的头上或插长翎，或戴羽冠，有的颈部装饰有羽毛，有的手持长羽，都在翩翩而舞。这一舞蹈很可能代表的是古滇国人对原始祖先的崇拜。

在古籍中也有关于人们将凤作为祖先来祭祀的记载。《吕

①闻一多：《神话与诗》，武汉：武汉大学出版社2009年，第26页。

②郭静云：《天神与天地之道：巫觋信仰与传统思想渊源》，上海：上海古籍出版社2016年，第428页。

氏春秋·古乐》中有“葛天氏之乐”：“三人操牛尾，投足以歌八阕：一曰载民，二曰玄鸟，三曰遂草木，四曰奋五谷，五曰敬天常，六曰建帝功，七曰依地德，八曰总禽兽之极。”葛天氏的身份至今未有定论，一般认为是古帝之名，大约是三皇时的君号。“八阕”之乐的详细内容虽然不得而知，但其“操牛尾、投足”的动作，应当与原始祭祀有关；而由其题目可以看出，《玄鸟》一阕恰与“载民”对应，可能是祭祀某种神灵，或是祖先。

二、凤之鸣、凤之舞的祥瑞意蕴

古人对凤鸟的喜爱和膜拜，与凤所代表的祥瑞审美意蕴有关。在古人的观念中，尤其是儒家的观念中，凤是天下太平的瑞兆，这在许多古籍中皆有体现：舜时即有“箫韶九成，凤皇来仪”，而周文王时“凤鸣岐山”的传说，被视为周人即将兴起的祥瑞之兆。《山海经·南山经》中更是明言凤鸟“饮食自然，自歌自舞，见则天下安宁”，而《山海经·大荒西经》中记载了弇州之山“五采之鸟仰天，名曰鸣鸟，爰有百乐歌舞之风”。由这些记载可以看出，凤的意象与“河图洛书”几近等同，是帝王上德、政治清明、百姓安乐的标志。因此，《论语·子罕》中孔子曾喟然长叹：“凤鸟不至，河不出图，吾已矣夫！”在其后的发展中，中国传统乐舞中的凤意象逐渐走向民间与世俗，不再有“君权神授”含义，但其中的太平意味并未消逝，而是演变为祥瑞意蕴。

在古代圣王的传说之中，鸟兽之舞是政治清明的象征。《庄子·天下》记载“尧有《大章》”，可能《大章》在尧帝统治时期即已创制。《吕氏春秋·古乐》对其有进一步说明：“帝尧立，乃命质为乐。质乃效山林溪谷之音以歌，……以致舞百兽。”可见这支乐舞是以鸟兽之舞表达对尧的颂美。其后舜命夔作乐，亦“击石拊石，百兽率舞”，只不过在之前加上了“凤皇来仪”（《尚书·益稷》）。除此之外，先秦纬书中关于凤之祥瑞的记录异常丰富，如《尚书中候》曰：“黄帝时，天气休通，五行期化，凤皇巢阿阁灌树。”又有《春秋纬》中曰：“黄帝坐于扆阁，凤皇衔书至帝前，其中得五始之文焉。”谶纬之书常将某种自然现象与因缘祸福直接对应，而凤凰往往是与圣君、天时、五行紧密联系的。

汉人好谶，汉代关于“凤凰”祥瑞的记载更加频繁。据说汉宣帝时，有凤凰集于胶东，于是大赦天下，后又有凤凰集于北海、集于鲁郡。正因为这些祥瑞，汉宣帝曾以“五凤”为年号，并沿用了四年。之所以在汉宣帝时期凤凰的祥瑞多次出现，可能是因为汉宣帝是历史上有名的贤君，其统治之时被称为“孝宣之治”“孝宣中兴”。当然，对凤凰瑞兆的记载可能只是附会和演绎，体现了人们对汉宣帝统治清明的颂扬与肯定。

凤凰的出现常与乐舞相伴，因此自古以来的凤鸣、凤乐、凤舞都带有祥瑞喜庆的意味。班固等所著的《东观汉记》载，东汉明帝永平年间，王阜为重泉令，鸾鸟集止学宫，王阜使掾史为雅乐，鸾举足垂翼，应声而舞，止县庭，留十余日乃去。前面已经说过，鸾鸟为凤之属。鸾凤降临、雅乐奏起，凤应雅乐而舞，这正是天下清平的祥瑞之兆。此时的凤凰不仅仅是祥瑞，更是一种政治理想和价值观念的载体。虽然历史上有许多关于凤凰的记载和描述，但事实上，凤凰只是人们观念之中的虚构，是一种承载着天下安宁、国君仁爱的符号，也是人们美好愿望的代表。

传说中雄鸟为凤，雌鸟为凰，凤凰之名本为雌雄合称。因其结合阴阳，又有“尚洁”“好德”之性，再加之外表华艳美丽、富丽堂皇，因此在民间也常用来比喻浪漫的爱情和美满的婚姻。在民间传说中，凤之舞又发展为龙凤对舞，如传统舞蹈《龙凤呈祥》即是代表。相传舜帝统治时期，乐师夔作《九招》之曲，舜召集百官亲自演奏，曲声悠扬，龙凤闻乐而至，相对起舞。这一龙凤对舞的情节被后人称为“龙凤呈祥”，很明显是“凤凰来仪”传说的进一步深化，代表着劳动人民对祥和之景与吉祥之兆的想象与充实。如今在许多以龙凤为纹样的织品和装饰品中，龙凤多呈对舞之姿，即是由这一传说演化而来。

三、凤乐舞的求仙意味

凤是沟通天人的神鸟，是人们想象的仙界生灵，因此在仙道传说中，凤成为人类升天的媒介。与凤有关的传说，通常与人们求仙升天结合在一起。据刘向《列仙传》记载，善吹箫者萧史与弄玉公主结婚以后，常教弄玉吹箫，“作凤鸣”，可见箫之乐声与凤鸣声相似，也说明了凤与音乐的密切关系。弄玉与萧史吹箫引凤，最终“随凤凰飞去”，可见凤凰是引人升天的媒介。与之类似的故事还有《列仙传・王子乔》：

> 王子乔者，周灵王太子晋也。好吹笙作凤凰鸣，游伊洛之间，道士浮丘公接以上嵩高山。三十余年后，求之于山上，见桓良，曰：“告我家，七月七日待我于缑氏山巅。”至时，果乘白鹤驻山头。望之不得到，举手谢时人，数日而去。亦立祠于缑氏山下，及嵩高首焉。

王子乔吹笙，其乐声优美如凤凰鸣唱，这可能成为其升仙的契机。在上述的两则故事中，皆存在“人—乐—凤—仙”的发展过程，而其中的“乐”与“凤”是人们飞升登仙的重要纽带。唐代铜镜上有王子乔吹笙引凤纹，左侧一人为王子乔，头戴幞巾，着长衫，端坐吹笙；右侧则为一硕大凤鸟展翅而舞；

图纹下部为重叠的山峦（图 1-1）。这幅图像描述的正是王子乔吹笙引凤的场景，这一传说表达了人们对得道成仙的向往。

图 1-1 吹笙引凤纹铜镜[①]

①韩萌编著：《〈乐府诗集〉里的故事》，合肥：黄山书社 2015 年，第 150 页。

在早期的神话记载中，王子乔本是骑鹤而升仙，但在古籍中鹤与凤时常通用，因此也有传说认为王子乔升仙时骑的是凤。凤与鹤之所以常混同，可能在于凤鸟亦有鹤之形，在《山海经 · 南山经》中更明言凤鸟“其状如鹤，五色而文，名曰凤”。鹤与凤一样，皆善鸣喜舞，又同是高洁品格的象征，也都为“火精”阳鸟，而且在许多典籍传说中，鹤与凤的出现场合是极相似的。这也使同一传说的不同版本中，鹤与凤可能出现相互替代的情况。

后世的传说中，仙人乘鹤常以仙人乘凤代之。唐代诗人李白即有《仙人骑彩凤》诗：

> 仙人骑彩凤，昨下阆风岑。海水三清浅，桃源一见寻。遗我绿玉杯，兼之紫琼琴。杯以倾美酒，琴以闲素心。二物非世有，何论珠与金。琴弹松里风，杯尽天上月。风月长相知，世人何倏忽。

这是一首游仙诗，可见“仙人骑彩凤”这一典故流传甚广。

“阆风”为传说中的仙山之名，在昆仑之上。“海水三清浅”则言人世沧海桑田之变，而“桃源一见寻”是用陶渊明《桃花源记》的典故，以“桃源”代指仙境。在诗人的想象中，一骑凤仙人自阆风飘然而来，与诗人共饮同乐，并赠诗人以玉杯琼琴。此时的凤是诗人遇仙的配角，但与乐（琴）相得益彰，是凡人升仙或遇仙场景中不可缺少的要素。

由于凤与仙界的紧密联系，人们不仅将其视为得道之人升仙的坐骑，也当作引魂升天的使者，这在汉代十分突出。中国传统文化中，人的死亡是精神与肉体的一次分离，埋葬死者的过程既是告别肉体的仪式，也是送走灵魂的方式。死者的灵魂要进入新的世界并与冥界成员的灵魂结合在一起，需某种媒介的引导，因此，送魂升天是古人丧葬仪式的重要内容。在古人的观念中，魂与魄的归属是不同的，正如《礼记·郊特牲》曰：“魂气归于天，形魄归于地。”因此在汉代的墓室画像石、画像砖中，时常有凤鸟引魂升天的图像，古人对灵魂归属的重视，也使作为引魂使者的凤鸟更显神圣。

河南洛阳卜千秋墓壁画中即有《墓主夫妇升仙图》：女墓主乘坐在三头凤鸟之上，手捧三足金乌；男墓主则乘坐在龙身上，一犬紧随其后。二人前后皆有仙女、仙翁陪护，墓门内上额还有一幅《王子乔升仙图》。这几幅图完整地呈现了汉代人的灵魂升天景象，而凤鸟即是其中的重要使者。

四、凤与雅乐舞的教化内涵

古籍中的“凤凰”不只是一种祥瑞，一种象征，同时也是政治理想和价值观念的载体。[①]因此在儒家经典中，许多与凤有关的乐舞被附会了强烈的教化意义。《诗经·大雅·卷阿》曰：“凤皇鸣矣，于彼高冈；梧桐生矣，于彼朝阳。”这本是以凤凰鸣叫来烘托一派雍容和谐气象，但由于凤凰所代表的祥瑞

①张树国:《乐舞与仪式:宗教伦理与中国上古祭歌形态研究》，天津：天津古籍出版社 2003 年，第 65 页。

之意，凤鸣则直接成为政治清明的诏告之音。凤不仅善鸣，而且性通音乐，于是《尚书·益稷》曰“箫韶九成，凤皇来仪”，描述了舜帝时期的清平气象以及演奏《韶》乐时凤凰来仪、和谐舞蹈的景象。凤凰善乐喜舞的特性使凤乐舞有了昭示帝德的含义，许多古籍中都将帝德与凤舞直接对应起来，如《帝王世纪》曰：“帝喾击磬，凤皇舒翼而舞。”凤凰起舞，都与帝德有关。

在儒家对凤乐舞的描述中，“箫韶九成，凤皇来仪”最具有典型性。孔子曾感叹曰：“无为而治者，其舜也与？夫何为哉？恭己正南面而已矣。”（《论语·卫灵公》）舜历来被视为贤君的代表。在这里，孔子赞叹了舜时的统治可谓“无为”，舜帝只需端端正正地南面而坐，天下自然安宁无事。之所以能天下无事，其根本原因即在于统治者是以自身的仁爱之心与高尚人格对人民施加影响。因此，在封建社会中，政治清明与否、社会安宁与否同统治者的德行修养、个人能力有莫大的关联。在这一基础之上，“凤凰来仪”所表现出的升平气象，便是对统治者的直接赞美。

儒家音乐美学中，音乐与政治被直接对应起来。《礼记·乐记》中对此有具体的表述：

> 凡音者，生人心者也。情动于中，故形于声，声成文，谓之音。是故治世之音安以乐，其政和；乱世之音怨以怒，其政乖；亡国之音哀以思，其民困。声音之道与政通矣。
>
> 宫为君，商为臣，角为民，徵为事，羽为物，五者不乱，则无怗懘之音矣。宫乱则荒，其君骄；商乱则陂，其官坏；角乱则忧，其民怨；徵乱则哀，其事勤；羽乱则危，其财匮。五者皆乱，迭相陵，谓之慢。如此则国之灭亡无日矣。郑卫之音，乱世之音也，比于慢矣。桑间濮上之音，亡

国之音也，其政散，其民流，诬上行私而不可止也。

凡音者，生于人心者也。乐者，通伦理者也。是故知声而不知音者，禽兽是也。知音而不知乐者，众庶是也。唯君子为能知乐。

在这几段阐述中，不仅音乐与政治有极大的关联，甚至不同的乐调与国家政事能一一对应。音乐本是由内心之情而发动，故而由音乐能判断人之情感，由此推论，音乐即可以反映统治的治乱。这便是“声音之道与政通”的来源。五音之中，宫音为君，因此历来的统治者极重视雅乐之音准，因为乐音不谐可能直接暗示着统治有弊端。因此，乐（尤其是雅乐）与伦理相通，“知音”是人与动物的重要区别。音乐是人类独有的情感力量，“知乐”则是对君子提出的更高要求。君子应当通过音乐了解社会人情，分辨治乱得失；反之，统治者以音乐施与民众，也可以起到教化作用。这便是音乐的教化功能。“凤凰来仪”“百兽率舞”即是圣贤教化的神奇结果。

由《乐记》中对音乐与人心治乱的论述可以看出，儒家观念中，音乐是在“君子”的运作之下熏陶教化人民的。凤乐舞作为雅乐的重要形式，其中蕴含着重大的教化功能。凤之德行使儒家学者们将其作为和谐温厚的象征，这种象征代表着儒家思想体系中对音乐形式的态度。儒家学者认为，音乐是以温和仁德对人们进行教化，而不是以武力暴力进行强烈的拨正。因此，凤乐舞的教化功用主要体现在文舞之中，雅乐中的武舞，如《大濩》《大武》等，与凤的联系是相对较少的。

第三节　凤乐舞的南北差异

由于地理环境和人文环境的不同，早期的中国乐舞体现出鲜明的地域特征。在漫长的人类社会发展历程中，文化交流日益频繁，战争与迁徙更促进了不同地域文化的趋同与融合。然而，在辽阔的中华大地上，各地的民间乐舞文化仍然具有较大的地域差异，这些差异在当代依旧鲜明。

一、南北之凤与乐舞传说

中国幅员辽阔，南北方由于文化、地理环境的不同，凤鸟的造型与传说也各有不同。在现有的考古发现中，北方之凤与南方之凤的形象略有差异，而中原的凤神话传说也与南方楚地有所不同。

要了解南北之凤的不同，需先了解南北地域的划分。当然，将中国地域文化简单划分为南北是不合适的，例如古代又有中原地区与蛮夷之地的区别。因此，南北地域只是一个相对的概念，为明晰起见，本书以湖北为界，湖北以北的地区笼统称为北方，包括北部、东北及西北，如河南、河北、山西、陕西、山东、内蒙古、黑龙江、吉林、辽宁等地；而南方则指湖北及其以南的广大地区，包括湖北、湖南、四川、广西、广东、云南、贵州等地。自古以来南北文化皆有差异，即使在南北朝、唐朝这些民族大融合时期，南北文学走向了融合，但生活风俗和乐舞艺术仍然保持着相对的地域性。

大体而言，北方的凤鸟代表着福瑞和吉祥，形态华美，体现了人们对和平与希望的向往；南方的凤鸟则代表着太阳、火及光明，形态凌厉，是勇武有力的标志，也是南方民族的宗教符号。不过在其后的发展中，南北的凤鸟形象也趋于一致了，都体现出中华民族对和平、典雅、光明、宁静的追求。

原始社会时期，南北的凤鸟形象是有明显差异的，这在目前的考古发现中有所体现。大体来说，北方的凤鸟形象相对写实，体现了温厚典雅之美；而南方的凤鸟形象则抽象写意，具有飘逸凌厉的特点。

北方的原始凤鸟形象与鹰相似，体现出北方民族对鹰的熟悉与崇拜。以内蒙古赤峰赵宝沟文化遗址中发现的凤形陶杯而言，凤鸟的外形较为简朴，凤首有高冠、钩喙、短尾，类似于鹰，与后世长尾拖曳的凤鸟迥然不同。鹰为猛禽，代表着速度、力量和战斗力。原始人类对自然界充满向往和畏惧，因此那些善飞而具有战斗力的动物便成为他们崇拜的对象。“鹰自然是原初人类把人自然化的重要对象，即人为鹰，或人为鹰的变形，或鹰为人的祖先，或鹰身上的某一部分在人身上产生感应作用，或人鹰互变……以达到人鹰互相认同的目的。”[①]

①潜明兹：《中国神话学》，上海：上海人民出版社2008年，第341页。

鹰为凤鸟的原型仅代表了凤鸟的神秘伟力。事实上，北方的凤鸟在历史发展中逐渐由勇猛向文雅发展，最终成为祥瑞神鸟，不再具有凶猛的特征。这种特性的转变应当与鹤相关，鹤的长寿优雅进一步推动了人们关于凤鸟的想象。《诗经》曰：“鹤鸣于九皋，声闻于天。”鹤的声音悠远嘹亮，身姿优美，常与隐士为伴，故而也有仙风道骨，常被认为是仙人的伴侣。鹤能起舞，姿态优雅，也使人赏心悦目。因此，凤与鹤的外形在人们的观念中也逐渐融合。《山海经》中即称：“丹穴之山有鸟焉，其状如鹤，五采而文，名曰凤。”这些中原地区的神话传说也使北方的凤鸟形象在威猛之外又增加了优雅的色彩。

因此，人们对鹰的膜拜代表了对自然界的征服欲望，但人们又将自己对生活和平宁静的愿望融入到鹰的形象之中，最终完成了由鹰的形象向凤鸟形象的转变。周人认为，周民族的兴起正与凤鸟在岐山之阳的鸣叫有关，凤鸟被周人赋予了民族发祥之预示者的崇高地位。因此，周代的凤鸟纹在青铜器上大量出现，风格由最初的凌厉逐渐变得温和。凤鸟在黄河流域的中原文化中，代表着雍容典雅的百鸟之王，同时也是天下太平、政治清明的祥兆。

相对于北方而言，南方的凤鸟更为凌厉俊捷。屈原《离骚》曰“吾令凤鸟飞腾兮，继之以日夜”，这里的凤鸟是能志存高远、飞腾万里的，可见楚人认为凤鸟是高飞远翔的巨物，代表着远大的志向和无比的勇气。这种看法的形成可能与楚人认为凤凰为火精有关。楚人自认是火神祝融之后，《鹖冠子》曰：“凤凰者，鹑火之禽，阳之精也。”鹖冠子为战国时期楚人，可见这一说法应当也流行于南方长江流域。南方的凤由于其向阳趋火的属性，代表了楚人蓬勃的勇气、奋斗的雄心和浪漫的想象力，成为楚人的精神之魂。南方的凤鸟形象也常表现为朱雀或太阳鸟，如湖北随州发现的战国曾侯乙墓的内棺上即绘有一幅朱雀装饰画，体现出南方长江流域对朱雀的信仰与崇拜。

虽然南北的凤鸟文化及形象最初有所不同，但在其后的发展中还是逐渐融合、靠拢。与凤有关的乐舞传说和神话中，“伶伦作律”是影响最大的一种。据说伶伦听见凤鸟的鸣叫而制定了十二律，奠定了中国传统乐律学的基础。当然，关于凤鸟的乐舞传说在民间还广泛存在。南北之凤的不同形象，使与凤鸟相关的乐舞传说也具有了南北差异。

在北方的凤神话中，凤与乐舞的关系还有另一个著名的传说——“八风之音”，这个故事充满了浪漫与美好的想象。《吕氏春秋·古乐》曰：“惟天之合，正风乃行。其音若熙熙、凄凄、锵锵。帝颛顼好其音，乃令飞龙作效八风之音，命之曰《承云》，以祭上帝。”古人认为，自然界中的风声为天之籁，这是音乐的鼻祖。天地之间的气息谐和便会形成“正风”，而正风之音是协调悦耳的，人们对它的模仿便成为音乐。大风又是由何而来的呢？在古人的想象中，巨大的鸟在振翅高飞时，其双翅鼓起了风浪，所以，风的源头藏于大鸟的双翅之中，而这种巨鸟便被称为“凤”。甲骨文中“风”“凤”同音同义，正说明了古人将大鸟与风等同起来。

凤鸟与乐舞的传说在南方的神话中也十分常见。《山海经》作为一部古代的志怪书籍，其中描述的许多风物都与南方地区有关，其中记载的凤鸟形象大多是歌舞之态：

> 又东五百里曰丹穴之山。……有鸟焉，其状如鸡，五采而文，名曰凤皇。……是鸟也，饮食自然，自歌自舞，见则天下安宁。（《南山经》）
>
> 西南三百里，曰女床之山。……有鸟焉，其状如翟而五采文，名曰鸾鸟，见则天下安宁。（《西山经》）
>
> 有弇州之山。五采之鸟仰天，名曰鸣鸟。爰有百乐歌舞之风。（《大荒西经》）

从这些传说中可以看出，凤鸟多见于西南地区，又有凤凰、鸾鸟、五彩鸟等不同的种类，但它们都是能歌善舞的。凤凰的浪漫神性以及其爱乐喜舞的天性，也使南方的古代乐舞文化笼罩上了神秘的色彩。

在曾侯乙墓出土的一件漆盒，其外形为鸳鸯形状，且鸳鸯的头部可以自由转动，构思精巧，色彩艳丽。在鸳鸯漆盒的两侧各绘有一幅乐舞图画。左侧的画面为一组钟磬，两只凤鸟嘴衔钟架，凤鸟的腿则支撑着钟架。钟架上层悬挂着两件甬钟，下层为两件石磬。而凤鸟的旁边则为一似人似鸟的乐师，正手持钟槌奏乐。这种夸张魔幻的造型正反映出南方楚地文化的诡谲浪漫，凤鸟与似人似鸟的乐师的组合也正体现出楚人观念中凤鸟与乐舞的紧密联系。这幅图与漆盒另一侧的建鼓舞图都充满了巫祭气息，正是楚地“重巫淫祠”之风的体现。凤鸟在这里既是乐器的一部分，又是舞者的一部分，其沟通天地的神性也使钟磬之声具有了通天的神力。

可以说，在南北地区都流传着关于凤鸟与乐舞的神话传说，南北之凤都有乐舞之姿，其优美舞姿和悦耳的鸣声成为天地祥和的标志。但北方的凤鸟乐舞传说更显典雅，具有温柔敦厚的儒家意味，体现出庄重的礼乐特点；而南方的凤鸟乐舞传说则更显奇诡，具有浪漫的神性和夸张的态度，更显凌厉之美。这二者的区别正是南北文化的差异使然：北方中原民族由勇猛粗犷而最终形成的礼乐文明，使凤鸟具有了雍容和雅的形象特点；而南方地区多水多山，其民好斗而不惜死，骨子里的冲动和激情便成为南方凤乐舞形成的基石。

二、凤乐舞的南北之异

南北地区的文化差异使南北的凤乐舞也呈现出不同的特点。北方的传统凤乐舞受到礼乐文化的浸淫，最终剔除了神性，使凤鸟成为象征的符号；而南方的凤乐舞则更显鲜活，更具有震撼人心的艺术感染力。在南北民间乐舞中，这种地域文化区别便凸显出来，同样主题的凤乐舞，可能在南北地区会有不小的区别。

著名的民间乐曲《百鸟朝凤》的不同版本，便体现了这种地域差异。“百鸟朝凤”是中华民族关于凤凰的重要传说。《大戴礼记·易本命》曰：“有羽之虫三百六十，而凤皇为之长。”凤鸟典雅雍容的气度、温厚平和的德行使其成为百鸟之长，代表着“羽族之美”。于是在古人的观念中，凤鸟便成为鸟类之王。

由于凤之德与君权君德的类比关系，人们便想象百鸟为凤之臣属，百鸟围绕凤鸟展开歌喉，这便是“百鸟朝凤”。“百鸟朝凤”犹言君臣有序、和顺相得，因此预示着江山稳固、太平祥瑞，代表着国家富强。正如西晋张华《禽经》所言：“鸟之属三百六十，凤为之长。……飞则群鸟从，出则王政平，国有道。”在后世的传说中，对百鸟朝凤的景象更具体化了。《册府元龟》有载：“武德九年，海州言凤见于城上，群鸟数百随之，东北飞向苍梧山。”又曰：“太宗时，莒州凤皇二见，群鸟随之。其声若八音之奏。”从这些记载可以看出，“百鸟朝凤”往往发生于明君统治的清平时代，体现出人们对王权天命的尊崇和信仰。

儒家礼乐观中，“百鸟朝凤”正是君臣相得、礼乐和谐的标志，并且与制礼作乐结合紧密。“伏羲造琴”的故事正是对“百鸟朝凤”内涵的诠释。传说伏羲曾巡视于西山桐林，见金、木、水、火、土五星之精落于梧桐之上。又见霞光万道，有两只美丽大鸟栖于梧桐之上，诸鸟纷纷围绕这株梧桐栖止，朝着两只大鸟齐鸣，而那两只大鸟也悠扬鸣叫起来。伏羲见这情景大为讶异，询问身旁的木神句芒，句芒答道，此二鸟为凤凰，一雄一雌。雄鸟鸣为“即即”，雌鸟鸣为“足足”，群鸟齐鸣，即为“百鸟朝凤”。伏羲见凤凰通天祉、庆地灵、律五音、览九德，知其非竹食不食，非醴泉不饮，非梧桐不栖，这两只凤凰所栖的梧桐必然是桐木中的神品，正适合用作雅乐。于是伏羲朝着这株桐树礼拜，并命人砍伐那株桐树而归。伏羲依三十三天之数将梧桐截为三段，并将桐木浸于流水之中七十二昼夜，请来乐工造成一架乐器。这架乐器长三尺六寸五分，寓一年三百六十五天；又按四时八节之数，宽四寸，前阔八寸；再依金、木、水、火、土五行，为宫、商、角、徵、羽五弦。伏羲又依百鸟朝凤的情景创作《驾辩》之曲，称为雅音。王母宴请天神时，用伏羲所造之乐器演奏，并将其命名为“琴”，取凤凰为百鸟之王之意。又因其曾于瑶池演奏，故又称其为“瑶琴”。[①]

①许明甲：《琴棋书画趣话》，长沙：湖南大学出版社2013年，第16页。

这段故事充满民间神话色彩，同时又体现出礼乐文化背景，将“百鸟朝凤”的奇妙景象与儒家音乐思想联系起来。可以说，凤与中国乐律、乐舞、乐器皆有着紧密的关系，不仅出于儒家音乐观对凤德的宣扬及对君权的神化，也体现在民间对凤鸣的美好想象。因此，民间乐曲《百鸟朝凤》在南北方皆有着广泛的流传。

《百鸟朝凤》最早流行于山东、河南、河北、安徽等地，是中国最著名的民间吹打合奏曲，以唢呐为主要乐器，将演奏、模仿甚至口技融合于一体，可谓是一场听觉盛宴。不同的地域，《百鸟朝凤》也有不同的版本。

山东是《百鸟朝凤》曲目的发源地。这支乐曲最初流传于民间时，结构松散，也没有高潮，其中的乐调多为即兴发挥，包含了许多日常生活中的声音，如公鸡啼鸣、母鸡下蛋、小孩的嬉笑哭闹等。这样的乐曲被称为民间“花吹”，与其说是音乐艺术，不如说是民间杂戏。新中国成立之后这支乐曲被搬上舞台，虽有特色，但其中的粗陋也显露出来。后来，《百鸟朝凤》在任同祥等艺术家们的改制之下更加热闹紧凑，压缩了过多的嘈杂鸟叫声，删去了鸡鸣声，并设计了一个华彩乐句，扩充了快板尾段。在之后的表演中，《百鸟朝凤》乐曲又不断被修改，二十世纪七十年代时添加了引子，更增添了音乐性，其中的华彩乐句也更精致悦耳，并用快速双吐的演奏技巧，使乐曲更臻完美。[①]

①陈辉：《高山流水》，杭州：浙江工商大学出版社2016年，第30页。

目前流传于山东鲁西南地区的《百鸟朝凤》乐曲，以欢快的节奏表现出百鸟合鸣之声，虽无凤声，却见凤形，生动地再现了天气中和、生机勃勃的大自然景象。此曲分为两大部分，前面有一个短暂的引子，唢呐声模仿的是清澈的山雀鸣叫，似乎让人看到清晨的朝晖中，一两只山雀立于树枝之上，以鸣声唤醒整个早晨。在二十几秒的引子之后，进入第一部分。这部分乐曲轻快明朗节奏感强，具有浓郁的山东、河南等北方地区的地域色彩，唢呐声中伴随着鼓声和打击之乐，又有以唢呐模仿的婉转鸟鸣，使欣赏者仿佛看到北国大地初春时一片欣欣向荣、鸟语花香的美好景色。第二部分则以唢呐模拟为主。唢呐以各种技巧模仿着不同的鸟雀欢鸣，这种模仿既惟妙惟肖，又不是单纯的口技，而是充满节奏感、音乐感。一曲《百鸟朝凤》，可谓栩栩再现了春日林间的盛景。

关于“百鸟朝凤”，民间还有另一个美丽的传说：在很久以前，凤鸟和其他的鸟类一起生活在森林中，也并没有后来的五彩羽毛。其他的鸟儿只知道嬉戏，只有凤鸟成天忙碌，不断收集食物储存在山洞里，以备冬天之需。有一年因遭遇天灾，冬天异常寒冷，众鸟根本没有食物充饥，而凤鸟将自己储存的食物都分给了大家，帮众鸟度过了严冬。百鸟为了感谢凤鸟的帮助，便献出自己最美丽的羽毛，给凤鸟制成了一件百鸟衣。从此以后，凤鸟便有了五彩的羽毛，并被推举为百鸟之王，接受百鸟的朝拜。在河南等地，《百鸟朝凤》的乐曲常用于结婚仪式上。婚礼中的新娘是最美丽的人，并被众星捧月般地呵护，其待遇与凤凰一致；再加之演奏时的欢快气氛正与婚礼的喜庆符合，《百鸟朝凤》便成为传统婚礼上的保留曲目。

至今在江南民间还流传着一首《百鸟朝凤》歌谣：“十二月里腊梅香，百鸟齐来朝凤凰。白鹤孔雀凌空舞，百鸟朝凤呈吉祥。”这些乐曲、民歌遍布南北，都表达了人们对凤鸟的爱戴和崇拜。

南北方的少数民族地区，也流传着许多的凤乐舞和鸟乐舞。凤鸟是中华民族的共同图腾，但是北方民族的乐舞中，鲜少有以“凤”命名的。虽然如此，北方民族与鸟相关的乐舞却很多，表现出北方民族对鸟类的崇拜。我们从舞蹈中对鸟形、鸟姿的模仿，隐约可以看出其中的凤凰之影。

北方民族的萨满教体现了对猛禽的崇拜。在萨满教的神谕中，有关于第一位萨满为鹰的化身的故事：开辟女神阿布卡赫赫为使大地冰雪融化，便命一只母鹰将太阳的光与热装进羽毛飞往人间。母鹰羽毛里的火掉下大地烧遍了森林，母鹰急忙扇动翅膀希望扑灭烈焰，却不幸堕入海中死亡。这只母鹰的灵魂化为世上第一个女萨满。[①]从这则故事可以看出，虽然其中的神鸟不是凤凰而是老鹰，但同样表现出对鸟类祖先的崇拜与歌颂，而且对神鸟与火的关系的认同也与凤鸟的相关传说是一致的。事实上，汉文典籍中的三足乌、朱雀的传说，与这则老鹰神话极为接近。因此，萨满在跳舞祭祀时，常有模仿鸟类的动作。

①曲义伟：《中国禁史》，长春：时代文艺出版社 2002 年，第 6271-6272 页。

蒙古高原有许多民族和部落都将白天鹅视为吉祥的象征，甚至将其奉为神鸟或“翁衮”加以祭祀。“翁衮”是蒙古语的音译，意为“神偶”，是萨满教神具之一，象征着萨满神灵。在内蒙古的巴林地区，广泛流传着《哈达格巴特尔与天鹅》的故事，这个故事认为，巴尔虎人[②]的祖先是人与天鹅婚配后诞生的，因此，蒙古族表现出对天鹅极大的尊敬。

②巴尔虎人主要居住在呼伦贝尔市的巴尔虎三旗，即新巴尔虎左旗、新巴尔虎右旗和陈巴尔虎旗。

此外，在满族神歌中，常有对鸟的歌颂。如一首赞颂雕的神歌这样唱道：

> 居住在白山天山山峰上金楼银阁中的雕神，从高高的天上降临。盘旋于日月间的大雕神鸟啊！雕神啊！凤凰一样美丽，高空中飞翔。……仿佛铁车轮一般，皂青花色羽毛，时而抖动，展翅盖天盖地，翘尾触动星星月亮，可谓神奇灵通的鸟神。[③]

③曲义伟：《中国禁史》，长春：时代文艺出版社 2002 年，第 6272 页。

这支赞美雕神的颂歌，不仅歌颂了雕的勇敢神力，也赞美了雕的美丽雄壮。可以说，在北方民族的眼中，他们崇拜的神鸟是具有鹰一般的勇气和凤一般的美丽与智慧的。

事实上，鹰、雕等猛禽在北方民族的宗教信仰和宗教乐舞中的地位，与中国凤鸟形象的演变有密切联系。有的学者指出，在凤鸟形象的发展和定型过程中，北方少数民族入主中原以后起到了重要的作用。凤鸟身上除了祥瑞之意外还具有猛禽般的威猛，这种形象与玄鸟共同构成了凤鸟的基本特征。一方面，凤鸟的猛禽化使其具有巨大神力和王者气象，另一方面，凤鸟的德性化又使其具有了祥瑞、平和的意义。因此可以说，北方民族的禽鸟崇拜和鸟乐舞，也是凤乐舞的一种类型。

在中国的西南地区，关于凤鸟的传说更多，与凤鸟有关的乐舞也不少。云南的少数民族地区民间几乎都流传有与凤鸟相关的故事。《水经注·叶榆河》记载:“（叶榆）县西北八十里，有吊鸟山，众鸟千百为群，其会，鸣呼啁哳，每岁七八月至，十六七日则止。一岁六至，雉雀来吊。夜燃火伺取之。其无嗉不食，似特悲者，以为义则不取也。俗言：凤凰死于此山，故众鸟来吊，因名吊鸟。”魏晋时期将洱海称为“叶榆河”，又名“叶榆泽”，这段记载表现了云南人民对凤鸟的赞美和敬仰。正因为这些凄美的传说，人们也常以歌舞的形式表达对凤鸟的纪念。

在白族民间有“凤凰舞”。这是一种模拟性的舞蹈，表现人们想象中的凤凰之姿，其中蕴含着白族先民们的图腾崇拜，从中可以看出白族文化受汉文化的影响。除了“凤凰舞”之外，白族还有龙舞、狮舞、马舞、牛舞、白鹤舞等，体现出白族人民的农耕文化特色。此外，居住在广西、云南等地的壮族人民，也会跳“凤凰舞”。壮族的凤凰舞是一种类似舞龙的表演，配上竹子扎的凤凰道具，有非常鲜明的民俗风味。

有一些少数民族的乐舞虽然不以“凤”命名，但也可以归于拟凤舞一类，如拉祜族的仿鸟舞，景颇族的犀鸟舞、《目脑纵歌》，傣族的孔雀舞等。景颇族的《目脑纵歌》源于祭祀中的舞蹈活动，后慢慢演变成一种娱乐性和表演性的大型舞蹈。在景颇族民间流传着一则关于此舞来源的神话：远古时期，太阳邀请地上万物去参加其举办的“目脑”盛会，于是百鸟前往祝贺，并在太阳的宫殿里目睹了“目脑纵歌”的盛况。盛会结束后，鸟雀们返回大地，在一棵树上憩息。它们推选孔雀做“脑双”（领舞者），纷纷围绕孔雀跳舞，举行了一场盛大的大地“目脑纵歌”。这场盛会被一位景颇族的英雄宁贯娃看到，他被百鸟优美的歌舞所感染，也情不自禁地参加到这一场盛会之中。后来，他把“目脑纵歌”传播到人间，于是景颇族便有了“目脑纵歌”这种盛大的歌舞盛会。[1]虽然这个故事中的领舞者是孔雀，但也可以认为是凤凰乐舞的一种变体。

①参见朱松瑛主编：《中华舞蹈志 · 云南卷》，上海：学林出版社 2014 年，第 679 页。

总之，在南北民族中，人们总是用悦耳欢快的乐调，惟妙惟肖的模拟性舞蹈动作来赞颂凤鸟或鸟类祖神，表达对美好生活的向往。将南北的凤（鸟）乐舞加以比较，可以看出其中的异同：相同点在于，这些乐舞大多为祭祀乐舞，也体现出图腾崇拜的意味。不同点在于：相对而言，北方民族直接表现凤鸟崇拜的乐舞较少，更多是歌颂、模仿鹰或雕等猛禽的动作，表达了对这些拥有伟大力量的鸟类的崇拜，但其中仍可见其与凤鸟的深刻联系；南方民族的凤乐舞多直接表现凤鸟的主题，模仿凤的动作，表现凤鸟的风姿，体现出对凤鸟的喜爱。此外，南北民族的凤乐舞的不同还表现在乐舞气氛上：北方民族的凤乐舞显得威严，注重力度；而南方民族的凤乐舞显得和乐，具有吉祥和美的气氛。这是在长期的发展中，凤鸟所代表的文化意蕴不断变化的结果。

第二章

凤与传统礼乐思想

前文已经述及，中华民族关于凤与乐舞的传说中，多是立足于“凤凰之鸣”，伶伦作律是受凤鸣的启发，乐曲之雅是受凤德的约束，乐调之美是因凤鸣的悠扬……总之，儒家传统的音乐观建立在以乐比德的基础之上。在古人看来，音乐具有高下雅俗之分，音乐对人的教化作用是显而易见的，更是对国家运势的直接反映。尤其是历代雅乐，不仅反映了国之政事，也是国家兴亡的标志。而音乐是否为“雅”，则通过其是否符合凤鸣之律做判断。中国传统的乐舞具有“乐教”的功用，希望建成“凤凰来仪”的祥瑞和乐世界。

第一节　帝德感化

凤凰善鸣而性通音乐，因此在多数典籍中都记载其歌舞之貌。最初的凤凰本是凶猛的神鸟，但随着对其“文德”的重视及宣扬，凤的形象也渐趋于文雅柔美。酣歌恒舞是文雅柔美的外在表现，在世人的观念中，凤凰便与歌舞紧密联系在一起。不仅如此，在儒家音乐美学中，凤鸣凤舞还是与帝德瑞应紧密相关的。概言之，凤舞是祥瑞的标志，更是天下太平、君明臣贤的预兆。

一、百兽率舞——帝德的感化

凤鸟喜乐而善舞。许多古籍记载，当雅美的音乐演奏时，凤凰会被吸引，并从天而降翩翩起舞。凤鸟对音乐是十分挑剔的，它喜爱的并非人间的靡靡俗乐，而是“阳春白雪”之类的雅乐美奏。拨开雅美乐舞的怡人外观，凤鸟更重视的是其中的文德内涵——凤鸟的降临并非是为欣赏声乐之美，而是被奏乐者的才德所吸引，因此，奏乐者的身份、地位以及才德较音乐本身更为重要。在古籍中有许多关于凤凰感乐而降临的记载，现列举较有代表性的几种：

> 舜德大明。于是夔行乐，祖考至，群后相让，鸟兽翔舞，箫韶九成，凤皇来仪，百兽率舞。（《史记·夏本纪》）
>
> 四海之内咸戴帝舜之功，于是禹乃兴《九招》之乐，致异物，凤皇来翔。天下明德皆自虞帝始。（《史记·五帝本纪》）
>
> 帝喾击磬，凤皇舒翼而舞。（《帝王世纪》）

这里主要记载的是古代帝王的事迹。将这些记载加以梳理，会发现它们的共同之处：其一，凡是能引来凤凰下降的，都是古人传说的至圣之君，而且他们的“德”行是天下共睹的；其二，凤凰感乐而降，这些乐皆是世称的雅乐，如《箫韶》《九招》等。这些雅乐的伴奏乐器是丝竹金石之类，以箫、磬为代表。箫因其形如凤翼，故而常作为雅乐的乐器；而磬多为石制，其声清亮悠扬，正符合雅乐中正平和的特点。

《史记·夏本纪》中的“百兽率舞”在《尚书·益稷》中也有记录，这段记载与其他记录的不同在于，不仅是凤鸟受到君德的感召而降，“百兽”也闻乐而至，并随音乐舞蹈。凤鸟降临是由于其好洁尚德的天性。《艺文类聚》卷九十引《庄子》曰：“南方有鸟，其名为凤，所居积石千里，天为生食。其树名琼枝，高百仞，以璆琳、琅玕为实。天又为生离珠，一人三头，递卧递起，以伺琅玕。”离珠是传说中的三头人，琼、璆琳、琅玕皆美玉之名，凤鸟居于琼树之上，以璆琳、琅玕为食，且上天特意派三头人“离珠”守护琅玕，足见这些美玉的珍贵，也说明了凤鸟居于仙境、不食凡物的神鸟身份。凤鸟喜乐而好洁，对美德自然天生趋尚，因此当贤君奏响雅乐时，凤鸟便翩然而至。

凤鸟的降临是由于帝德的感召，即使没有音乐场景，也可能会趋德而降，自歌自舞。早在春秋时，人们便将凤凰的出现与政治清明联系在一起，如《论语·子罕》记载：“子曰：‘凤鸟不至，河不出图，吾已矣夫！’”“河出图”是与凤鸟降临类似的祥瑞之典，出自《易经·系辞上》：“河出图，洛出书，圣人则之。”据说伏羲氏治天下时，有龙马从黄河中出现，背负“河图”；又有神龟从洛水浮出，背负“洛书”。“河图洛书”是代表着华夏文明的神秘图案，据说伏羲据此画成八卦，其后周文王又进一步演绎为卦辞。“河图洛书”的出现，兆示着伏羲时期的清平治世，而在先秦儒家的观念中，“凤鸟飞至”是与“河图洛书”同类的圣君统治之兆。正因为此，孔子“凤鸟不至”的感叹反映出春秋末期的乱世之况。

两汉时期谶纬之学盛行，凤鸟作为祥瑞符号，更是被赋予了灵性，一时间关于凤鸟与君德、天意的记载不可胜举。如《春秋感精符》曰：“王者上感皇天，则鸾凤至。”《礼斗威仪》曰：“君乘土而王，其政太平，凤皇集于苑林。”《孝经钩命决》曰：“孝悌之至，通于神明，则凤皇巢。”汉代纬书对凤鸟的美化既与儒家经义有关，也与汉人的喜好演绎有关。

上述记载同样表明了凤鸟降临与帝德的直接联系。《大戴礼记》曰:“有羽之虫三百六十,而凤皇为之长。”董仲舒《春秋繁露》更是直接称:“恩及羽虫,则……凤皇翔。”可以说,由凤鸟感德而至,再到“鸟兽翔舞”“百兽率舞”,进一步说明了帝德对天地万物的影响,也显示出帝德的神奇和广泛性。因此,后世的雅乐歌辞中常引入“百兽率舞”之典,这在晋代之后尤其常见。唐郊庙歌辞《晋昭德成功舞歌》中的“剑佩森鸳鹭,箫韶下凤凰。……小臣同百兽,率舞贺昌期”,正是对这一场景的想象。唐代宫廷还训练有舞马,皆是西域良驹,在千秋节及外国来朝等重要场合表演,这一乐舞活动应该也是受到“百兽率舞”故事的启发。“百兽率舞”是帝德的直接感化,也是政治是否清明的重要暗示。因此,中唐白居易在《立部伎》诗中直言“欲望凤来百兽舞,何异北辕将适楚”,批评了当时雅乐沦丧、胡乐兴起的局面,也暗示着国家政治的变乱。

二、箫韶九成——礼乐的理想模式

在明确了“百兽率舞”与帝德的对应关系之后,儒家音乐美学观进一步树立了传统礼乐的理想模式——“箫韶九成”。虽然后世雅乐在不同的君主统治时期、不同的朝代皆有变化,但始终没有离开对“箫韶”之乐的追求。

《韶》乐据说是舜帝时期的乐名。《韶》乐代表着儒家传统乐舞的典范,也可作为一切雅乐的代称,这不仅在于其乐舞的优美,更在于其中所包含的君德教化之意。“箫韶九成”代表着完整而纯正的雅乐体系,故而成为传统礼乐的理想模式。

远古时期诗乐舞三者一体。先民们在劳动之余会偶尔聚众起舞,舞蹈的同时又以歌唱之声打出节拍,所唱的歌辞则成为后世的诗歌。可以说,早期的诗、乐、舞皆起源于劳动,反映了人们简单而真实的生活。《吕氏春秋·古乐》记载了一段“八阕”歌舞：“昔葛天氏之乐，三人操牛尾，投足以歌八阕：一曰载民，二曰玄鸟，三曰遂草木，四曰奋五谷，五曰敬天常，六曰建帝功，七曰依地德，八曰总禽兽之极。”从“八阕”之舞可以看出，早期的乐舞反映了社会生活的各个方面，不仅有对先祖的歌颂，也有对人类自身的赞美，对山川草木鸟兽虫鱼的祭祀。因此，乐舞是社会现实的反映。

乐舞也是个人情感的宣泄。《诗大序》曰：“情动于中而形于言，言之不足，故嗟叹之。嗟叹之不足，故永歌之。永歌之不足，不知手之舞之，足之蹈之也。”这里强调了乐舞对情感抒发的重要性，它是一种更为丰富的情感表达，比语言更形象、更准确。因此，乐舞是人心和社会的写照。

正是基于乐舞与人心和社会的联系，儒家认为，理想的治世应以雅乐相配。雅乐可以对君主及臣民的思想、言行起到规范和熏陶作用，同时，音乐的平和雅正与否，也是社会是否安定的标志。《礼记·乐记》曰：“治世之音安以乐，其政和；乱世之音怨以怒，其政乖；亡国之音哀以思，其民困。声音之道与政通矣。”古人认为音乐不仅通于人心，更通于政事。治世之音是和乐平缓的，乱世之音则是乖逆险滑的。因此，为了营造治平之世，同时也为了达到安定人心、规范言行的目的，统治者们创造出代表着盛世的“箫韶之乐”。

此处的“箫韶之乐”并不是指《韶》乐一种，而是包含着《韶》乐的雅乐舞的总称。周初制礼作乐时，依据远古六位贤君之乐制有“六舞”，分别是黄帝之《云门》、尧之《咸池》、舜之《大韶》、禹之《大夏》、汤之《大濩》以及周武王之《大武》。“六舞”之中以《大韶》为首，因此，“韶”或“箫韶”“九韶”又常被作为雅乐舞的代称。

在儒家学者们看来，雅乐中以《韶》乐最为优美。孔子生活的春秋晚期正是礼崩乐坏的时期，大多数诸侯国的雅乐流于形式，而娱乐乐舞极于声色。相对而言，齐国对周初的“六舞”保存较好。《论语·述而》记载：“子在齐闻《韶》，三月不知肉味。曰：‘不图为乐之至于斯也！’”孔子在齐国听到《韶》乐的演奏后，竟然迷恋到数月不知肉的味道，足见孔子对《韶》的赞美和欣赏。这种赞美和欣赏与其说是对音乐之美的肯定，不如说是更看重《韶》乐本身的君德寓意。舜命乐官夔作乐时，“箫韶九成，凤皇来仪”，其实是《韶》乐对君德的显扬。相比而言，同属于“六舞”的《武》乐则略逊一筹。孔子认为《韶》是“尽美矣，又尽善矣”，而《武》是“尽美矣，未尽善矣”，因为武王伐纣虽有功业，却是兴起了武事；而舜帝治天下，则以文德服众。可以说，《韶》乐是完全符合凤凰之德的，这也是《韶》乐成为雅乐舞曲的代表的原因。

《韶》乐因以箫为主要演奏乐器，故称“箫韶”；其内容是宣传舜之文德。《韶》乐有前后九段共九个变化，又称《九韶》或《九成》。只有在《韶》乐演奏时，才是君和政平的极乐社会，“群后相让，鸟兽翔舞”，这种和乐的境界正合于统治者对治世的理想。

三、凤凰来仪——礼乐的德治目标

《尚书·益稷》曰：“箫韶九成，凤皇来仪。”当箫韶之乐奏起时，凤凰闻乐而起舞，容仪非凡。“凤凰来仪”体现出以凤为首的百鸟的非凡仪容和举止，这是箫韶之乐对鸟兽的影响，也可以说是礼乐对当时百姓的影响。儒家推行礼乐的根本目标，即是上行仁德、下效法度，最终形成上下和谐、“凤凰来仪”的理想局面。

儒家音乐美学认为，音乐不仅是个人内心和情感的反映，更具有教化人民、治理国家的作用。正如《史记·太史公自序》所言：“乐者，所以移风易俗也。”儒家礼乐观不是将音乐视为娱乐身心的放松方式，而是与政治结合紧密的治国之策。因此，礼乐小则规范人心，大则移风易俗，皆是为社会统治而服务的。《礼记·乐记》中将“五声”与社会一一对应，认为“宫为君，商为臣，角为民，徵为事，羽为物，五者不乱，则无怗懘之音矣”。《史记·乐书》中有一段对琴乐的叙述，可视为是对《礼记·乐记》的进一步引申：

> 琴长八尺一寸，正度也。弦大者为宫，而居中央，君也。商张右傍，其余大小相次，不失其次序，则君臣之位正矣。

琴乐历来被视为雅乐的代表，琴身本是依凤形而制，也暗示着凤德对琴乐的规范。这是进一步强调琴乐对国事和民心的协调作用。《史记·田敬仲完世家》对琴乐有进一步论述：

> 夫大弦浊以春温者，君也；小弦廉折以清者，相也；攫之深而舍之愉者，政令也；钧谐以鸣，大小相益，回邪而不相害者，四时也。……故曰：琴音调而天下治。夫治国家而弭人民者，无若乎五音者。

以琴弦比君臣，以弹琴喻治国，将琴音的清浊急缓与国事相对，这正是对音乐教化的具体阐述。琴是演奏雅乐的重要乐器，琴乐对人心的影响，也代表着雅乐对人心的影响。值得注意的是，礼乐既有对统治者的约束，也有对臣属的教育，最终通过“五声”的和谐进一步达成社会的安定和谐。《荀子·乐论》曰：“乐合同，礼别异。礼乐之统，管乎人心矣。穷本极变，乐之情也；著诚去伪，礼之经也。”这里正是强调了礼乐对社会的作用。可以看出，儒家礼乐的教化目的在于使君臣上下形成井然有序的等级，最终各安其位，各司其政，以维护封建统治的稳固。

“箫韶九成，凤皇来仪”，叙述的正是礼乐规范天下的过程。凤鸟在“百兽率舞”中代表着双重身份：一是百兽（禽）之长，一是圣君之臣。一方面，“有羽之虫三百六十，而凤皇为之长”，凤凰的举止对其他鸟兽具有典范的作用；另一方面，“恩及羽虫，则凤皇翔”，凤凰受到帝德的感召而至，也带来了大批鸟兽归附。“凤凰来仪”不仅说明了贤臣的归附，更强调了帝德的吸引力。《魏书·献文六王列传》中记载了一则轶事：

> 高祖与侍臣升金墉城，顾见堂后梧桐、竹曰：“凤皇非梧桐不栖，非竹实不食，今梧桐、竹并茂，讵能降凤乎？”勰对曰：“凤皇应德而来，岂竹、梧桐能降？”高祖曰：“何以言之？”勰曰：“昔在虞舜，凤皇来仪；周之兴也，鹙鹭鸣于岐山。未闻降桐食竹。”高祖笑曰：“朕亦未望降之也。”

这是个很有意味的故事。“高祖”即北魏孝文帝元宏，在位时大力推行汉化政策，对推动北魏的发展起到重要的作用。勰即元勰，封彭城王，为朝中重臣，在孝文帝时常参决军国大事。孝文帝作为北魏杰出的君主，不禁有踌躇满志之感，当与元勰登上曹魏时留下的金墉城时，见到堂后繁茂的梧桐与翠竹，忽然想到凤凰喜食梧桐竹实，便与元勰开起了玩笑。没想到元勰却一本正经地强调凤凰降临是应帝德而来，与梧桐、竹实无关，言语中流露出对帝王修德的勉励。孝文帝听了他的解释之后，笑曰“朕亦未望降之也”，这一方面是自我解嘲，另一方面也可谓自谦。从这个小故事可以看出，古人认为，凤凰来降是对君德的最好宣扬。反之，只有当君德能够被人广泛认可时，君王的礼乐歌舞才有强大的教化意义，此时的“凤凰来仪”，代表的是臣下的归附和民心的统一。这才是传统礼乐教化的最终目标。

第二节　制礼作乐

“凤鸣岐山”是关于周朝建立的神话，它奠定了周王权统治的合法性，也为周代商镀上了一层神秘色彩。正如叶舒宪先生所言：“从凤凰神话与‘凤鸣’关系，到西周礼乐制度对华夏文明的确立，岐山——西周兴起的地方，也给崇拜凤凰的周族提供了产生神话的摇篮。”[①]作为这一神话的主角，凤在以鸣叫昭示周朝建立的同时，也为周人以礼乐治国提供了可能。

①叶舒宪：《图说中华文明发生史》，广州：南方日报出版社 2015 年，第 286 页。

一、凤鸣岐山的符瑞之应

“凤鸣岐山”的故事，在《竹书纪年》中记载比较完整：“文王梦日月著其身，又鷟鷟鸣于岐山。孟春六旬，五纬聚房。后有凤凰衔书，游文王之都，书又曰：‘殷帝无道，虐乱天下。星命已移，不得复久。灵祇远离，百神吹去。五星聚房，昭理四海。’”文中的“鷟鷟”为凤凰的别称。这段记载充满符谶意味，描写了一系列非同寻常的超自然现象：不仅文王之梦暗示其成大事，凤凰之鸣又加深了其梦的可信度，“五纬（即金木水火土五星）聚房”进一步扩大了这些超自然现象的影响，最终再以“凤凰衔书”明确宣传了以周代殷的大势。周部落为躲避戎、狄等游牧部落的侵扰，几度迁移，最终在首领古公亶父的带领之下定居于岐山（今陕西岐山县东北）。当文王成为周人的领袖之后，岐山便出现了一系列的超自然现象。凤凰似乎是这一系列异象的掌控者。它不仅以鸣叫引起世人的注意，更衔来谶书直接揭示谜底。它是上天旨意的使者，而在人类看来，又成为天意寄托的灵物。“凤鸣岐山”树立了周人伐纣的合理性与合法性，也为周人带来空前的自信。因此，岐山也被称为“凤野”，成为周文化的发祥地。当然，“凤鸣岐山”明显是周人借助天命号召民众的舆论策略，但也给后人留下了顺应天人、吉祥福瑞的美好寓意。

凤凰之所以能在周人的神话中充当主角，正是由于周人对凤之德行的重视。周本为殷商的属国，周人伐纣是以下犯上，之前必然要树立这一举动的合理性。周人以“凤鸣”作为其兴邦的基础，表明周族以德而得天下，同时将商王朝置于“德行”的对立面。任何民族和政权的兴起都需要舆论的支撑，周人对自身“德行”的宣传无可厚非。所以说，“凤鸣岐山”“凤凰衔书”以及“飞熊入梦”等一系列的神话，都是周人创造的符瑞之应。凤凰作为天的使者，对肯定周人之德、宣传周人之兴起到重要的作用。凤凰是代表西周天命观最重要的神话动物。同时，凤凰的喜乐好舞之性，凤凰之鸣的音乐之美，也为周人在建立王朝之后的制礼作乐打下了基础。

二、凤凰神话对礼乐的承载

在早期的周人传说中，凤鸣与音乐本没有直接联系。周人伐商之前的一系列神话，自“凤鸣岐山”到“凤凰衔书”再到“飞熊入梦”，皆是指向周人代商的天命神授，“凤鸣”只是凤凰为上天传达旨意时的鸣叫，并没有明确的音乐性。许多诗文提及的“凤鸣岐山”之典，也没有将凤凰与音乐联系起来，如“凤皇鸣矣，于彼高冈”，即言凤凰善鸣及其瑞兆。岐山因有凤凰鸣于此而被称为“凤野”，在后世的诗文中多被使用。南北朝时庾信的《周大将军崔说神道碑》即引用了“凤鸣”的典故，其辞曰“凤野匡周，龙门佐禹”，唐代王德真的《奉和圣制过温汤》亦云“玉霜鸣凤野，金阵藻龙川”，诗句中充满颂美之意。所以说，典籍与诗歌中“凤鸣岐山”的凤鸣只是作为一种上天对帝德认可的标志而出现的。陕西岐山的民间神话里将“凤鸣岐山”的故事描述得更为具体，凤的叫声是“伐纣灭商，伐纣灭商”，具有相当浓厚的谶言意味。此时的凤鸟不但口吐人言，而且其下降的目的是辅佐西周。[1]可见民间传说是亲切又充满自信的，凤凰不再是高高在上的天命使者，而成为一位乐于亲近世人的贤者。此时的凤凰更具有民俗的情味，这是民间传说与历史文献资料的最大不同。

①见叶舒宪：《中华文明探源的神话学研究》，北京：社会科学文献出版社2015年，第581页。

凤的起源十分复杂。大多数学者认为凤起源于原始人类的图腾崇拜，可能是以鸟为图腾的诸多部落的相关传说最终融合、发展的结果。部落图腾兼有始祖及部落保护神的身份，其最初原型可能是强大有力的，甚至是令人恐惧生畏的，凤鸟图腾的形成也不例外。早期的凤是体形庞大、拥有极大力量的神秘巨物。凤鸟起飞时激起巨大的气流，人们由此形成了由“凤”而生“风”的观念，这更为凤鸟的巨力增加了神秘色彩。宋玉在《对楚王问》中即曰：“凤皇上击九千里，绝云霓，负苍天，足乱浮云，翱翔乎杳冥之上。”可以想象，当这一巨物起飞时给人们带来怎样的震撼！这种震撼是不可能产生美妙的乐感的，这可能也是早期的凤鸟传说并没有将其与音乐紧密联系起来的原因。

早期的南方神话中还有一种叫“九凤”的神鸟。《山海经·大荒北经》记载：“大荒之中，有山名曰北极天柜，海水北注焉。有神，九首人面鸟身，名曰九凤。”据说九凤与凤凰一样羽毛辉煌华丽，体形巨大，而且拥有九个头，九头皆是美人之脸，因此得名。九凤既名为“凤”，也应当是凤的一种变体。但它与凤的重德向善不同，其发展历程是由美而恶的。从凤与九凤的关系来看，九凤很可能是早期凤鸟的一种形态，凤在其后的发展中体形变得更小，外表更加华美，最终成为祥瑞的代表；而凤身上令人惧怕的一面，如巨大、神秘、凶恶等，则被分流到了九凤的身上。当然，还有一种说法认为，九凤本是楚人的崇拜之物，楚人在南方江汉流域逐渐强盛，周昭王伐楚时又溺死于汉水，因此楚人也被周人视为劲敌，与之相应，楚人崇拜的九凤也被妖魔化了。

作为超然不群的猛禽，早期的凤鸟具有高飞远翔的能力，可与大鹏的一日千里媲美。因此屈原《离骚》中有曰“吾令凤鸟飞腾兮，继之以日夜”，可见凤鸟是善于远程飞翔的动物。然而，随着凤鸟形象的发展变化，代表着祥瑞的凤，其出现预示着君德天授，其飞翔代表着和谐安乐，其鸣声也代表着完美的天籁之乐了。

凤凰自巨大猛禽化为祥瑞之鸟以后，其出现时常有乐舞相伴。凤凰好乐喜舞，鸣声成乐，“音如箫笙”，“其饮食也，必自歌舞”（《帝王世纪》）。凤凰的善舞一方面体现出和悦祥乐，另一方面也暗示着礼乐制度的诞生。可以说，凤凰的乐舞并非仅为娱人耳目，更是秩序和教化的外在表现。

“箫韶九成，凤皇来仪”之类的神话具有最明确的礼乐指向。“祖考至”，代表着祖先祭祀，这是后世宗庙之乐的重要内容；“群后相让”，指各地诸侯互相谦让、礼节井然，在舜帝周围形成拱卫之势，表现出封建宗法制度森严有序；“鸟兽翔舞”“凤皇来仪”“百兽率舞”“百官信谐”则说明天下臣服、万国来朝。在《尚书·益稷》《史记·夏本纪》对这段乐舞的记载中还写明了歌辞：“元首明哉，股肱良哉，庶事康哉！”“元首丛脞哉，股肱惰哉，万事堕哉！”这明显是在宗庙祭祀时的君臣互相勉励之词：天子若英明有方，股肱重臣端正贤良，那么天下万事皆兴旺；天子若胸无大略，大臣也懈怠昏惑，天下万事便都败坏了。可以说，“凤凰来仪”的记载假托于帝舜之时，却表现出儒家礼乐的端庄肃穆，是后世儒家学者为礼乐教化的合理性寻求的神话源头。

第三节　礼乐教化

凤鸟与礼乐的联系纽带正在于凤之“德”。凤由最初的巨鸟猛禽发展为火精，最终演化为祥瑞之鸟，其中的“德行”也在不断地演化丰富。《山海经》中对凤鸟“首文曰德，翼文曰义，背文曰礼，膺文曰仁，腹文曰信”的描述，正说明了凤鸟之德的具体内容。在中国的传统礼乐文化中，不少乐舞是对凤之形象、凤之德行的展现。与凤相关的乐舞，正是通过对凤德的强化与渲染，达到勉励统治者、规范被统治者的教化目的。

一、凤之“文”与传统美德的对应

晋代郭璞《山海经图赞》曰：“凤皇灵鸟，实冠羽群。八象其体，五德其文。羽翼来仪，应我圣君。”这里已经将凤鸟的文彩与圣君之德明确对应起来。除《山海经》之外，许多典籍对凤之“文”也进一步作出了解释。如《尔雅·释鸟》“凤，其雌皇”，郭璞注：“瑞应鸟。鸡头，蛇颈，燕颔，龟背，鱼尾，五彩色，其高六尺许。”凤之“五彩”不仅有装饰之用，更能营造一种辉煌的美感，使凤鸟之形更具神秘威仪。同时，“五彩”之色也包含了各种不同的内涵，具有丰富的象征意义。

事实上，对凤鸟德行的阐述，在道家典籍中也十分详细。晋代葛洪的《抱朴子》对凤鸟之文作出了如下阐释：“夫木行为仁，为青。凤头上青，故曰戴仁也。金行为义，为白。凤颈白，故曰缨义也。火行为礼，为赤。凤背赤，故曰负礼也。水行为智，为黑。凤胸黑，故曰向知也。土行为信，为黄。凤足下黄，故曰蹈信也。”作为一部道家经典，《抱朴子》对魏晋以来的神仙方家理论进行了系统的梳理和总结，对先秦道家理论和炼丹术也有进一步继承和阐发，可谓集魏晋炼丹术之大成。《抱朴子》对凤鸟的描述可视为是对《山海经》中凤之五彩的进一步演绎，只是以阴阳五行对凤鸟身体各部分的颜色进行置换，形成了凤头—青—仁、凤颈—白—义、凤背—赤—礼、凤胸—黑—知、凤足—黄—信的一一对应。《抱朴子》的这一说法固然牵强，却为“凤之文”与“五德”的对应架起了中间的桥梁。从这里也可以看出，凤之五彩是被儒家和道家皆认可的，虽然起初是汉代经学家们的神秘学说，这种神秘意味却又契合于五行，恰好对凤之色彩进行了具体解释。

当然，对于凤鸟之文、凤鸟之鸣的一系列说法，后世学者们也曾加以批驳，如王念孙《广雅疏证》中即曰：“此则一鸟之鸣耳，既以节足为异，又复数更其响，乃至应候而殊声，成文以协韵。语由增饰，事涉虚诬，识者所不取也。”王念孙的批评是中肯的，但他忽视了凤鸟本是虚构的，它的存在即具有神秘意义。这一神秘意义使凤鸟具有了其他鸟兽不具备的神秘威仪，也使凤鸟能与天之德、人之贤以及礼乐教化联系起来。

凤凰有许多别名，外表也有不同，但大多为五彩。在《山海经》中除明确称为“凤皇”的鸟之外，还有许多五彩神鸟也为凤凰之属。如《西山经》记载：“西南三百里曰女床之山。……有鸟焉，其状如翟而五采文，名曰鸾鸟，见则天下安宁。”这种鸟形似野稚，且有五彩斑斓的羽毛，名字为“鸾”，且一出现即天下太平。《大荒西经》记载：“有五采之鸟，有冠，名曰狂鸟。”狂鸟也是一种祥瑞之鸟，又称“狂梦鸟”，属凤凰一类。《大荒西经》中还有“五采之鸟仰天，名曰鸣鸟。爰有百乐歌舞之风”。鸣鸟善鸣，常张口嘘天，因其鸣声婉转，故而常有百乐和歌舞相伴。这里的“鸣鸟”很明显亦是一种能歌善舞的凤了。此外，在《海内经》中还记载有“翳鸟”：“北海之内有蛇山者，蛇水出焉，东入于海。有五采之鸟，飞蔽一乡，名曰翳鸟。”这种神鸟羽毛五彩，体形巨大，也被视为一种吉祥之鸟。从这些传说中可以看出，这些“五彩鸟”其实都为凤凰一类，之所以有不同的名称，主要在于它们具有不同的特点。其实这些特点都是凤凰神性的一个方面，只不过在这些鸟的身上被进一步夸大了。

在《山海经·大荒东经》中还有一种没有名字的五彩之鸟，我们姑且以“五彩鸟”称之：“有五采之鸟，相乡弃沙，惟帝俊下友。帝下两坛，采鸟是司。”五彩鸟也为凤凰之类，体呈五彩。在前文中我们已经分析过，凤凰的“五彩”事实上与五德相对应。因此，“五彩”使神鸟具有了鲜明的德行，这也是“五彩鸟”能够与帝俊交友的原因。帝俊是原始神话中统治东方的天帝，其自身本为鸟首人身，独脚。因此有人认为，帝俊本来即为玄鸟。既然帝俊为玄鸟且为天神，那么反推之，与帝俊交友的“五彩鸟”应该也是一位神灵了。《山海经·海内经》说：“帝俊有子八人，是始为歌舞。”帝俊之子是歌舞的创始人，也可能与帝俊和五彩成文、能歌善舞的凤凰交友有关吧！

二、宫廷雅乐对帝王之德的表现

中国传统的宫廷雅乐成形于西周初年。西周建立之后，致力于政治形态、文化内容的更新，正所谓“周虽旧邦，其命维新”。周原是商的属国，自公元前十一世纪灭商建立周朝之后，既对殷商文化有所继承，同时又在血缘纽带的基础上注入了新的内容，实行了完善的宗法制和分封制。作为西周氏族组织的基本制度，宗法制保障了王室权力的世代相传，同时规定嫡长子为“大宗”，能继承君父之位，并享有相应的政治及经济特权。其余诸子则为“小宗”，其地位代代递减。正是在宗法制的基础之上，“层层分封，宗族有序，族权与政权熔铸为一体”，[1]形成了延续几千年的封建等级制度。

[1]高正：《诸子百家研究》，北京：中国社会科学出版社2011年，第5页。

与等级制度相对应的，是西周的宫廷雅乐制度。宫廷雅乐的乐制和舞制，正是等级制度的外向化体现。君主享有至高无上的权威，宫廷雅乐的舞容与歌辞绝大多数体现出对帝王之德的颂美。西周的雅乐体制完备宏伟，用于王室祭祀的最高规格乐舞为“六乐”，即前面言及的“六舞”；而在“六舞”之外，还有“六小舞”，作为年轻贵族子弟的乐教教材，同时也用作宫中祭祀。除此之外，用于宴飨的雅颂乐、用于内廷的房中乐也可算作周代雅乐舞，在其后的发展中，一些民间的乐舞，如“散乐”“四夷之乐”以及巫舞“舞雩”“傩舞”等也可能进入了雅乐系统。西周建立的宫廷雅乐被后世的封建王朝所继承，而在历代雅乐的增订修改中，虽然歌辞不同，篇章也有变化，但内容是大同小异的。

雅乐制度最根本的目的，即是通过对帝德的颂美来渲染其统治的合理性，从而维持封建统治的稳定。周因殷礼，而“殷人尊神，率民以事神，先鬼而后礼”（《礼记·表记》），是以周礼也事鬼敬神。不同的是，殷人尊神是出于对鬼神的神秘崇拜，而周人事神则是以礼制、道德为出发点，建立一种相对独立的道德规范体系。在这一套体系之中，以凤凰为代表的祥瑞符号具有重要的意蕴。

其一，祭祀天地四方的乐舞，其内容往往与凤鸟有关。这类乐舞一方面颂扬了君主的功业，另一方面也具有祭祀的功用。据说黄帝之乐为《云门》，是乐官伶伦所作，乐曲之名的来源，据《史记·五帝本纪》载：“（黄帝）官名皆以云命，为云师。”之所以有这种说法，可能是出于《左传·昭公十七年》：“昔者黄帝氏以云纪，故为云师而云名。”这一命名包含了行大德与万物生生之意，故而又名《咸池》。“咸池”是古代神话传说中天宫的神秘之所，还有一种说法是天上西宫星名，如《史记·天官书》曰：“西宫咸池，曰天五潢。五潢，五帝车舍。”张守节正义云：“咸池三星，在五车中，天潢南，鱼鸟之所托也。”还有一种说法认为，“咸池”为太阳居所，《离骚》也曰：“饮余马于咸池兮，总余辔乎扶桑。”王逸注中认为“咸池”为日浴之所。正因为此，《咸池》之乐便常用来祭祀天地。汉代班固编撰的《白虎通义·礼乐》对《咸池》之乐有进一步的解释：“咸池者，言大施天下之道而行之。天之所生，地之所载，咸蒙德施也。”很明显，黄帝之乐《云门》或《咸池》是为颂美黄帝之德，同时也有表达万物宽裕和平、统治者行德去刑之意，因此《庄子·天运》中描写了黄帝张《咸池》于洞庭之野，后世常作为天下清明、君德高尚的标志。在远古传说中，《咸池》之乐为伶伦听凤凰之鸣以后按照音律谱写而成，曲调庄严肃穆，被称为雅乐之首。在尧时又被重新修订，用于祭祀天地。由此可见，《咸池》的无上威仪很可能正是由于它出自凤鸣之律，同时也具有了凤鸟沟通天人的神性。

舜时的乐舞《大韶》又称箫韶，是另一支与凤鸟联系密切的乐舞。《大韶》又称箫韶、虞韶，与舜号“有虞氏”有关。据说因“舜德大明”（《史记·夏本纪》），是以当舜之乐官夔行乐时，“鸟兽翔舞，箫韶九成，凤皇来仪，百兽率舞”，因此，《韶》乐也正是通过对舜德的歌颂传达了上天对君王之德行的肯定。

其二，宫廷雅乐中常以凤鸟之形装饰舞容，以此表达对天地社稷的歌颂。在周代“六小舞”中，《帗舞》《羽舞》《皇舞》皆为对凤鸟之形的模仿和表现。郑玄认为，《帗舞》表演时，舞者手执五彩丝绸而舞，也有人认为是手持五彩羽而舞。《帗舞》用以祭祀百物之神，属文舞。但郭沫若在《金文丛考·释干卤》中认为，“帗”是古人盾上的羽饰，因此《帗舞》应为武舞。如果依据凤凰之五德，《帗舞》似乎作为文舞更恰切。无论哪种解释，皆说明了《帗舞》与凤德的关系，这也体现出雅乐舞对帝君之德的赞美。

除《帗舞》之外，《羽舞》也与凤鸟之德有关。舞者手执白色或杂色散羽而舞，舞蹈原型很可能是模拟了古代的狩猎活动。周代将《羽舞》作为祭祀五岳四镇四渎及海的乐舞，也用于宗庙祭祀。《羽舞》所用的舞具虽不是凤羽，但也反映了“鸟兽翔舞”“百兽率舞”的盛况，《周礼·地官》记载，由贵族子弟们在四方祭祀时“率领往舞”，表达了对宗庙先祖的虔诚。此外，“六小舞”中模拟凤凰之形的《皇舞》，与凤的联系最为紧密。舞者头饰鸟羽（鹬冠），身披翡翠羽衣，手执五彩鸟羽，用以祈雨或祭祀四方之神。[①]《乐师》郑玄注云：“皇，谓杂五采羽，如凤皇色，持以舞。”可见这一舞蹈是对凤凰的刻意模仿。之所以模拟凤凰之形，自然是表达了凤凰下降之意，昭示着天下四方太平、风调雨顺，用以祈雨及祭四方。

①参见余甲方：《简明中国古代音乐史》，上海：复旦大学出版社 2017 年，第 39 页。

后世的雅乐舞蹈继承了其中的颂美之意，以各种实体的舞容装扮以及抽象的动作符号表达了对天下承平的向往和对君德圣明的宣扬。在雅乐祭祀中，君主扮演着重要的角色，常为主祭者，甚至是舞蹈的重要演员。乐舞作为人类表达情感的一种方式，在与凤鸟的神性相结合时，即拥有了贯通天人、连接人神的作用，更成为一种稳固统治、标明等级的手段。后世的雅乐舞虽然不断变化，但对君主的颂美是不变的。这种颂美类似于一种宣传，向天神表明统治的清明，以各种瑞兆传达着升平之象，以祈求福祉的降临。当然，随着社会的发展进步，祭祀乐舞中的巫祀成分愈加淡薄，但乐舞作为一种象征符号，对君主之德的美颂并没有改变。

在后世的雅乐歌辞中常有凤鸟的意象。《乐府诗集》中载东晋雅乐歌辞《歌显宗成皇帝》曰：“迈德蹈仁，匪礼弗过。敷以纯风，濯以清波。连理映阜，鸣凤栖柯。”这段歌辞描写的场景类似于“箫韶九成”，以凤之降临表达了晋成帝司马衍的文德。《晋书》记载，司马衍自幼聪颖，气度从容，遇事能泰然处之，具有智者风度。年幼继位时虽不能亲自处理政务，但已体现出勤俭之德。其在位期间诏举贤良，劝课农桑，正体现出一位明君的气度，可惜英年早逝，仅二十二岁即一病而亡。这段祭祀乐歌对晋成帝虽有溢美之词，但以“鸣凤栖柯”表达对其德行的赞颂也是恰当的。此外，在唐代的郊庙祭祀乐歌中也常有凤之意象。如武则天时期的《大享拜洛乐章·昭和》曰：“升歌荐序，垂币翘诚。虹开玉照，凤引金声。”诗中以彩虹及凤的意象，象征着天下太平，帝国隆兴，其背后当然也是对帝德的赞颂。

制礼作乐是一种道德文化。周初制礼作乐时，统治者认为应当以商亡为鉴，重新构筑治国的社会意识体系，而德行则是对为君者提出的基本要求。唯有有德之君才能得到上天的眷顾，唯有有德之君方能使天下臣服，上有天命垂授，下有贤臣辅佐。可以说，“有德”是统治的基础，也是统治安定稳固的保障。正如《诗经·大雅·卷阿》所言：“有冯有翼，有孝有德，以引以翼，岂弟君子，四方为则。”凤凰作为天德的使者，自然成为庙堂雅乐中的常见意象，以此来暗示君主以德行化育天下。

在西周的礼乐文化统治之下，“有孝有德”者被推崇为统治阶层和普通阶层共同的道德典范。[①]不仅统治者为有德之君，其臣属以及被统治者也必须具有高尚之德。这种德在统治者阶层表现为“仁”，而在被统治者阶层则表现为“孝”。一方面，周天子“以德配天”，具有统治天下的基础和巨大的号召力，其道德的光辉使其统治更具有合法合理性；另一方面，被统治者以“孝”为出发点，敬畏天子之德，各安其位，各谋其事。

①金妍妍：《“群居和一”：荀子社会伦理思想研究》，长沙：中南大学出版社2016年，第27页。

正是在此基础之上，宗法制和分封制进一步演化为森严的封建等级制度，这种金字塔形的层层等级又是通过礼乐的实施来强化的。

三、宫廷燕乐对君子之德的遵守与背离

早期的西周宫廷乐舞几乎全部为雅乐，以教化人心、强化统治。进入宫廷的民间俗乐、散乐以及巫祭乐舞也具有了雅乐色彩，从广义来看也可称为宫廷雅乐。这与西周建立之初天子的绝对独尊地位和王权贵族的严整统治秩序是一致的。但随着经济的发展，周天子权势日衰，各诸侯国国力增强，诸侯之间的互相争战造成了激烈的文化碰撞与文化重组，森严的礼乐制度也被动摇，形成“礼崩乐坏”的局面。

“礼崩乐坏”代表着西周以来的统治秩序被彻底打乱，与之伴生的则是君主之德与权威的逐渐沦落。礼乐制度原有的统摄力和约束性也逐渐削弱，正如《史记·孔子世家》所言“周室微而礼乐废，《诗》《书》缺”，与之相应的却是娱乐乐舞的兴起。与雅乐的发展趋势相应，宫廷燕乐也经历了由遵守君子之德向背离君子之德的过程。

燕乐即宴乐，本指帝王或诸侯宴饮时使用的音乐。周代的燕乐较庙堂雅乐清新活泼，但也遵循着“君子之德”的规范，显得端重雅致。周代的礼乐舞曲并没有歌辞流传，但就目前我们所能看到的文献资料而言，《诗经》中的部分“雅”诗很可能即是西周时期的宫廷燕乐的一种。《诗经》中的诗篇皆为入乐之歌，“颂”诗为宗庙祭祀之乐，“风”诗为各地土风歌谣，唯有“雅”诗的创作目的目前尚无定论。较著名的是《诗大序》的说法：“雅者，正也，言王政之所由废兴也。政有小大，故有‘小雅’焉，有‘大雅’焉。”这一说法虽有些道理，但将政事与“雅”对应则显得牵强。《诗经》中的“颂”诗为宗庙

之乐，那么“雅”诗则很可能即是宫廷中用以宴飨的音乐。事实上，在许多“雅”诗中皆有宴饮的场面，很可能即是应景而赋。如《大雅·公刘》第四段曰“跄跄济济，俾筵俾几。既登乃依，乃造其曹。执豕于牢，酌之用匏。食之饮之，君之宗之”，这里分明描写的是周人的杰出首领公刘移居京师以后设宴庆贺的场景。诗中不仅描写了宾客赴宴、饮食酒肴，还反映了在宴饮中人们推举首领的场景。这首诗历来被认为是周民族的史诗，但同时也可推断其可能在宴饮场合中使用。不过这种宴饮场合是庄重肃穆的，虽不是宗庙祭祀，其目的却是商议社稷大事。因此，整首诗的气氛是和谐典雅的，体现的即是公刘之德。

再以《大雅·灵台》一诗为例。《灵台》描写的是周文王的游乐生活，但游乐并不是嬉乐，游乐时的天子仍然是端庄典雅的。灵台是古台名，故址在今甘肃省灵台县。诗中首章写文王修建灵台时得到百姓的拥护，故而很快建成；再写文王的田猎游观之乐；最后写文王离开时的钟鼓和乐景象。很显然，这是一首雅诗，但并不是宗庙雅乐。诗中并没有像宗庙雅乐一样大量罗列、歌颂文王的功业，而是描写的游乐生活，因此这些诗歌应当是在休闲场合使用的；而诗曰“王在灵囿，麀鹿攸伏。麀鹿濯濯，白鸟翯翯。王在灵沼，於牣鱼跃”，却又类似于舜奏《箫韶》时“百兽率舞”的景象，显得典雅和谐。因此，这首诗应当也是周王室燕乐，但仍然体现出雅乐一般的典重，是对君子或是君主之德的赞颂。

《诗经》中的“大雅”可能为天子宴飨之乐，而“小雅”则为诸侯宴飨之乐。《小雅·鹿鸣》是《诗经》中最著名的宴饮诗。关于诗中的抒情主人公历来说法不一，但大约是天子或是诸侯。《毛诗序》云：“《鹿鸣》，燕群臣嘉宾也。既饮食之，……以将其厚意，然后忠臣嘉宾，得尽其心矣。”据学者们考证，这首诗大约作于西周中后期的周宣王时代，此时礼乐制度尚未崩坏，宗法等级制也较为稳固，因此诗中表达的应是天子或诸侯的求贤之意。诗曰：“我有嘉宾，鼓瑟吹笙。吹笙鼓簧，承筐是将。”这里明写以瑟、笙等乐器作为宴饮伴奏，其乐曲应当也是合于雅意的。由《诗经》中的“雅”诗可以看出，在西周至东周之初，大多数的宫廷燕乐也与雅乐一样是端庄肃雅的，这些乐舞歌辞常颂扬君子之德，与传统乐舞中对“风之德行”的肯定一致。

然而，随着礼乐制度的崩坏，传统的宫廷燕乐已经不能满足人们的耳目之娱。礼崩乐坏的重要标志有两点：其一是礼乐等级制度已经遭到破坏，正如《论语·八佾》所言：“孔子谓季氏，‘八佾舞于庭，是可忍也，孰不可忍也。’”这个典故常被用来作为礼崩乐坏的标志。佾，即舞行。周礼规定，统治阶级所使用的乐舞规模各有不同的等级，天子八佾，诸侯六佾，卿大夫四佾，士二佾。季氏本为卿大夫，却用八佾之舞，明显是僭越。这当然说明了春秋后期礼乐制度已经崩溃。其二是雅乐的艺术性逐渐丧失，而被称为“俗乐”的娱乐乐舞迅速兴起。《韩非子·十过》中记载有这样一个故事：商纣时期的乐师延曾作下靡靡之乐，受到纣王的喜爱。武王灭商之后，乐师延因感愧于自己所作乐曲的误国之罪，投濮水而死。春秋末期时卫灵公前往晋国，途经濮水，忽闻绝妙琴声，不觉心动神摇。于是卫灵公令随行的乐师涓记下琴曲并练熟。至晋国之后，卫灵公受到晋平公的热情款待，于是令乐师涓奏起在濮水边记下的琴曲。曲声阴柔优美，一时诸人沉醉。忽然晋国乐师旷站起来大声制止，并声色俱厉地斥责这种乐曲为亡国之音。然而，晋平公已被乐曲深深吸引，坚持让乐师涓奏完。这个故事在晋代王嘉的《拾遗记》中有进一步发展：卫灵公回国之后，令乐师涓常造新曲，有《离鸿》《去雁》《明晨》《焦泉》《落叶》

《吹蓬》《凝河》《沉云》等曲。其谋臣蘧伯玉劝谏曰："此虽以发扬气律，终为沉湎淫漫之音，无合于风雅，非下臣宜荐于君也。"于是卫灵公最终去其声而亲政务，乐师涓退而隐迹，蘧伯玉则"焚其乐器于九达之衢"。

从这则故事中可以看出春秋末期礼乐制度之一斑：首先，春秋后期，礼乐已经不再具有严肃的等级约束，人们转而更重视其愉悦身心的"娱乐性"。这便是卫灵公与晋平公喜爱乐师涓所奏之乐的原因。乐师涓所奏之乐本为商纣时期的淫乐，乐调虽美，但过于阴柔颓靡，是与君子之德相悖的。这类"靡靡之乐"受到欢迎，正说明了当时礼乐制度的沦丧。其次，当时的宫廷宴乐中，追求声色的郑声楚乐、靡靡之音更受欢迎，这说明了雅乐系统中对"君子之德"的坚持已经受到极大的挑战。乐师涓之乐正是晋平公宴请卫灵公时所奏，很好地说明了燕乐演奏中人们的好尚。最后，乐师涓及之前的乐师延所奏乐曲皆为琴乐。此时的琴乐已经沦为"亡国之乐"，这不得不说是对"雅音"的极大挑战。随着经济与社会的发展，森严的等级制度已不再牢固，这是这些变化产生的根源。换言之，这正是燕乐对"凤鸣"所代表的君子之德的背离。这种背离的影响是深远的，至战国初期魏文侯已对子夏明言"吾端冕而听古乐，则唯恐卧；听郑卫之音，则不知倦"；而发展至唐代，则出现了雅乐与燕乐混用的情况。

因此可以说，从人们对凤鸟神秘巨力的崇拜再到对凤鸟之德的宣扬，再到凤鸟之德的逐渐被淡化，这一发展过程代表着中国古代乐舞中纯粹审美意识的觉醒。从此以后，凤乐舞不再强调"德"与"乐"的对应，而更多表达着对"美"与"祥乐"的追求。

第三章

风与传统乐律及乐器

音乐是如何诞生的？乐器是怎样出现的？乐舞又是如何进入人们的生活的？作为人类文化生活的重要内容，音乐与舞蹈吸引着人们不断地探索与思考。中西方的古代神话中基本上都有关于乐器产生的内容。例如希腊神话里，赫尔墨斯发明了竖琴。赫尔墨斯是宙斯与风雨女神迈亚之子，在他刚刚出生时，便抓住一只乌龟，用乌龟的壳、三根树枝和七根弦做成了一把音质优美的七弦琴。在他偷了阿波罗的牛之后，便将琴送给阿波罗作为补偿。随着这人间的第一件乐器——竖琴的诞生，音乐也便随之而诞生了。另一则希腊神话讲述的是吹奏乐器的产生：赫尔墨斯的儿子畜牧之神潘向山林水泽之神绪任克斯求爱，绪任克斯跳入河中变成了芦苇，潘便将芦苇切成七段，并将这些芦苇按长短顺序连在一起吹奏，这便产生了排箫。

这些神话传说往往将音乐、舞蹈的来源归功到某一位伟大的人物身上，体现出人们强烈的英雄意识。这说明了原始人类对领袖或神灵的崇拜，也说明了音乐、乐器对人而言具有崇高的神性。类似的神话在我国也有，而且更为美丽浪漫。这些神话涉及传统乐律、乐器创制以及乐器装饰等方面的内容。

第一节　凤与传统乐律

中国古代的传统乐律可简单理解为是关于音乐技术的理论，概称为“乐律”或“乐律学”。事实上，中国古代的乐律包括“乐学”和“律学”两部分，前者相当于现代音乐理论中的基础乐理及作曲技术理论，而后者则相当于现代音乐声学中的生律法和律制方面。当然，传统的乐律与现代音乐理论是不可能一一对应的，只能说是大抵相当。乐律学是一个非常复杂的理论体系，在此无法详述，而凤与传统乐律的联系又是抽象而芜杂的。简而言之，凤文化对中国传统乐律的影响，主要在其宗教功能以及政治功能两方面。

一、乐通八风的宗教功能

关于“乐通八风”的记载，见于《吕氏春秋·察传》：“孔子曰：‘昔者舜欲以乐传教于天下，乃令重黎举夔于草莽之中而进之，舜以为乐正。夔于是正六律、和五声，以通八风，而天下大服。’”此外，在《淮南子·原道训》中也记载：“师旷之聪，合八风之调，而不能听十里之外。”这些记载明显打上了儒家音乐美学的烙印，但同时也说明了音乐对四方和谐的重要性。

何为“八风”？八风即古人对方位与时节的基本认识。不同的季节有来自不同方向的风，如冬季多刮北风，夏季则多南风。古人观测到这一自然现象，便将“风”与其他的知识系统直接联系起来，最终形成了“八风”的概念。古人通过对自然现象的观察与总结，将方位与时节配合：北方应冬至，东北方应立春，东方应春分，东南方应立夏，南方应夏至，西南方应立秋，西方应秋分，西北方应立冬。“八风”的基本意义本是“八方”之风，或是与八方相对应的“八节”之风，而从广义上来看，“八风”事实上代表着天下的一切兆应及时节规律。因此，八方与八节的直接对应成为古人天文与地理观念的基本准则。以此来理解《吕氏春秋·察传》中夔“正六律、和五声，以通八风”的记述，可以看出其中的暗示：雅正而合于六律五声的音乐，对天地节气之类的自然环境以及天下政治环境皆能起到规范和协调的作用，如此方能“天下大服”。“风”字当为“凤”的原型。古人见到体形硕大的鸟类起飞时，双翅鼓动会产生强大的气流，便形成了风。凤作为鸟类之首，被人们赋予了神性，并被与这种强大的气流直接对应，因此“凤”又有了“风”之意，凤鸟也被视为风神。先秦诗文中可以见到不少关于鸟类风神的描写，如《楚辞·离骚》曰：“前望舒使先驱兮，后飞廉使奔属。”王逸注：“飞廉，风伯也。”洪兴祖补注引应劭言曰：“飞廉神禽，能致风气。”可见，“飞廉”既是一种风神之名，同时也是一种具有神性的飞禽。与飞廉一样，凤鸟也被视为风神，而且记载更多。如《说文》中即曰凤鸟“莫宿风穴”，可见凤鸟以风为归属；又《禽经》曰“凤禽，鸢类。越人谓之风伯。飞翔则天大风”，这说明了凤作为一种巨大的神鸟，具有飞而致风的功能。

古人认为，风声即为自然之乐。而风即为凤鸟所致，因此凤鸟与传统乐律即具有了直接的联系。正如《吕氏春秋·古乐》云：“惟天之合，正风乃行。其音若熙熙、凄凄、锵锵。帝颛顼好其音，乃令飞龙作效八风之音，命之曰《承云》，以祭上帝。”从这段记载中可见，古人对无形无象之风充满了想象，追寻其根源，却但闻风声，不见风影。当人们感觉到大鸟起飞时产生的强大风流，便误认为风的源头藏于巨大神鸟的双翅之中，从而将其视为“风鸟”（风神），最终演化为“凤鸟”。[1]由此人们进一步认为，自然界的和谐风声便是天籁之乐，而凤鸣则成为风声和谐的准则，伶伦依凤鸣而制律的神话

①牛天伟、金爱秀：《汉代神灵图像考述》，开封：河南大学出版社2017年，第244页。

很可能即由此而生。

古人将“凤”与“风”直接联系，对凤鸟的崇拜也就具有了规范“八风”的功能。原始社会乃至殷商时期为神本文化时期，人们的社会活动中很大一部分即为巫祭活动。因此有学者认为，商代青铜器上的凤鸟纹和兽面纹皆具有神的意识，代表着源于宗教的祭巫功用。周代制礼作乐体现出中国传统文化由神本向人本转变，但礼乐的神性功能并未消失，而是与社会政治风貌直接对应起来。凤鸟作为一种具有沟通天地人神巫术意义的神鸟，其鸣声也起到规范自然之音的作用。因此，由凤鸣的启示而产生的中国传统乐律，也具有了协调“八风”的宗教巫术功能。我们可以想象，早期的原始先民们虽然还未形成完整、成熟的乐律观念，但也意识到音乐的和谐悦耳对人类身心的良好影响。因此，使用音乐的根本目的在于希望以此沟通天人，并最终达成人与自然的和谐，而这一切即是以“乐通八风”的形式来实现的。

二、凤凰之鸣与八音之乐

如果说“乐通八风”着眼于人与自然的和谐，那古人由自然之音而制造出的“八音之乐”则更注重人类社会的规范性与和平稳定。凤凰之鸣作为传统声律的起源及根本准则，其最终目的是通过“乐通八风”对人类社会产生影响，最终形成“八音克谐”、上下安定的统治局面。

在古人的观念中，“凤凰之鸣”代表着声乐的极美境界，因此一切声响乃至乐音都应向这一境界靠拢。凤有美德，且能鼓风，故而在凤鸣之中自然代表着广布德行之意。《国语·晋语》中记录了师旷对音乐的一段论述，十分具体地说明了音乐与治国之兆的关系：

平公说新声。师旷曰："公室其将卑乎？君之明兆于衰矣！夫乐以开山川之风，以耀德于广远也。风德以广之，风山川以远之，风物以听之，修诗以咏之，修礼以节之。夫德广远而有时节，是以远服而迩不迁。"

师旷是晋国乐师，字子野，目盲而善弹琴。这一段文字可以视为对"乐通伦理"观念的详细说明。晋平公喜好"新声"招致师旷的批评，因为追求"新声"的背后是对德行的疏忽。"新声"是就"古乐"而言，指与当时的雅乐——远古贤君之乐"六舞"截然不同的音乐。"新声"流传于当时，因乐声动听而受到人们的广泛欢迎，但乐调高亢急促，不合乎雅乐的审美，故被认为难登大雅之堂。换言之，"新声"即所谓"郑卫之声""靡靡之乐"，即当时新兴的民间音乐。师旷认为，平公喜好新声是晋国将衰的征兆，正是缘于古人所认为的"乐通八风"的功能。师旷所言"乐以开山川之风"，即说明了音乐可以影响到自然之风，即自然节气，继而影响到人类社会。因此，古人（尤其是君主）在用乐时需格外谨慎，必须选取有德之乐，以德行来推广乐，再借山川之风，使乐感化万物，并作诗以配合、制礼以节制。因此，儒家音乐观认为，要使乐对社会伦理起到积极的推动作用，必须规范乐律，强化"八音"。

当音乐发展出纯粹的乐律理论时，"凤"已不再是早先五彩斑斓的神鸟，而最终抽象为"风"的意象。此时的"风"也不再是四方之风，而是代表了更为社会化的"风化""乐教"的意义。然而追溯乐舞"风化"作用的根源，我们不难看出其仍然是受到"凤凰之鸣"的规范和导引的。

第二节　凤与乐器创制

中国传统音乐的起源，与凤凰有极大的关联。古人认为，最早的乐律来自凤凰之鸣的启示，因此丝竹乐器之声，常常被形容为“凤鸣”。雅乐的创制和表演本以教化为目的，而如凤鸣一般的悠扬乐声，自然更具有感发人心的作用。

一、伶伦作律与凤凰之鸣

前面已经言及，古时人们往往将乐舞的创作归功于某一位或几位伟人，如《山海经·海内经》即曰：“帝俊有子八人，是始为歌舞。”歌舞自然不可能由一人或几人在一时之间创造，但由此可见原始舞蹈的群体性，同时也可见先民们的英雄崇拜。早期的乐舞往往是踏足而歌，如“三人操牛尾，投足以歌八阕”之类。但这些音乐并没有完整、科学的韵律，而仅仅是一种较为和谐的乐音。据说完备的乐律系统是在黄帝时代创制的，这在《吕氏春秋·古乐》中有十分详细的记载：

> 昔黄帝令伶伦作为律。伶伦自大夏之西，乃之阮隃之阴，取竹于嶰溪之谷，以生空窍厚钧者，断两节间、其长三寸九分而吹之，以为黄钟之宫，吹曰“舍少”。次制十二筒，以之阮隃之下，听凤皇之鸣，以别十二律。其雄鸣为六，雌鸣亦六，以比黄钟之宫，适合。黄钟之宫，皆可以生之，故曰黄钟之宫，律吕之本。黄帝又命伶伦与荣将铸十二钟，以和五音，以施《英韶》，以仲春之月，乙卯之日，日在奎，始奏之，命之曰《咸池》。

这段记载告诉我们，黄帝命伶伦制作音律，伶伦在大夏之西、阮隃之阴取得竹子，自其两节间、三寸九分之处截断，吹出乐音定为“黄钟之宫”；再以此为准做十二筒，听雄凤、雌凰鸣声各六，最终制成十二律。其后，黄帝又命伶伦、荣将二人以青铜铸成十二件乐器代表十二律，以其乐音适合宫、商、角、徵、羽五音，最终在这一基础之上，用于《英韶》的演奏，并制成《咸池》。

根据这一段论述，不少学者认为先民早在黄帝时期即与西域有着乐舞文化的交流，伶伦造律的“大夏以西”“阮隃之阴”当是在古巴比伦一带。事实上，这一段记载具有强烈的浪漫主义色彩，对其中的地理位置加以考证是没有价值的。值得一提的是，如今河北易县洪崖山（又称后山）流传有一种古乐，其以伶伦五音十二律为基本乐律，“其中的祭祀音乐相传为华夏音乐始祖伶伦4000多年前所创黄帝家庙祭祀音乐的留存”。[①]又有传说江西洪崖丹井是中国音乐的发源地，可见伶伦制律的传说在民间是广为流传的。

①马维彬：《河北民间古乐工尺谱集成》，石家庄：河北美术出版社2006年，第19页。

《吕氏春秋》成书于战国后期，是在春秋、战国音乐文化发展的基础上结合传说编著而成的，距黄帝时期已有相当久远的时间。十二律应该是先民积累了丰富的经验之后，在漫长的原始音乐文化发展的基础之上形成的。当然，乐律至晚在新石器时期即已形成，现今发现最早的乐器为河南舞阳贾湖遗址出土的骨笛，约距今7800—9000年。贾湖骨笛已经可演奏类似七声音阶的乐曲，甚至可变化音阶，可见原始先民的音乐水平已经达到了令人惊叹的程度。

《吕氏春秋》的这段记载中包含了一个关键信息：在古人的观念中，早期的乐律与凤凰的神性紧密相关。人们认为，雄凤的鸣叫有六种不同的乐音，而雌凰的鸣叫也有六种不同的乐音。伶伦在此乐音基础上制成十二支律管，成为十二律，即黄钟、大吕、太簇、夹钟、姑洗、中吕、蕤宾、林钟、夷则、南吕、无射、应钟。此后黄帝依此律制成的十二口乐钟，很显然是后世儒家学者的附会——黄帝时代还不可能有青铜的使用，更不能制成符合十二律的编钟。虽然如此，听凤凰之鸣而制律，反映出我国古代音乐发展史上对凤凰之鸣的崇拜。

古代乐律中没有音分，而是将十二律按“奇阳偶阴”的规律加以划分，黄钟、太簇、姑洗、蕤宾、夷则、无射为六阳律，而大吕、夹钟、中吕、林钟、南吕、应钟为六阴吕，即“雄律雌吕”。古人将十二律与十二个月一一对应，以此记录节气，又称为“律管候气”。这进一步说明了在古人的观念中，乐律与天地规律有直接关系，将其与凤凰之鸣联系，更增加了其来源的神秘性和神圣性。

二、丝竹乐器与凤之原型

“丝竹”即中国传统民族乐器中的弦乐器和管乐器。《礼记·乐记》曰：“德者，性之端也；乐者，德之华也。金石丝竹，乐之器也。”金、石、丝、竹是古人制造乐器的主要材料，是以“丝竹”也常常作为乐器或是音乐的代称。由于凤与中国乐律以及乐舞审美的密切联系，丝竹乐器的制造常与凤相关，乐器绘饰上也常有凤的元素。其中，琴、箫、笛等乐器最为典型。

古琴是最古老的弹拨乐器，早在春秋时期即在宫廷和民间流行。《史记·孔子世家》记载，孔子喜弹琴，曾向师襄子学鼓琴，欲从学琴进而学习师襄子的技艺、志向乃至为人；而当孔子赴楚时，途经陈国、蔡国之间，曾被陈、蔡大夫派兵围困七日，在“外无所通，藜羹不充”的情况之下，仍然“慷慨讲诵，弦歌不衰”，可见孔子对琴乐的喜爱。

古琴的产生与凤之传说有关。据说几千年前，人皇伏羲在西山见到两只大鸟栖于梧桐树上，雄为凤、雌为凰。伏羲认为，凤凰非竹实不食，非梧桐不栖，非醴泉不饮，可见这株栖凤之树应当是梧桐中的极品。因此，伏羲将此树砍伐，并截为三段，以手轻叩，发现中段的音乐清浊相宜、木质上佳，便有将其制为乐器之意。他将中段梧桐木浸于流水中，八十一天之后用这段桐木制成一件形制类似凤凰的乐器：这一乐器上端浑圆，取形于天；下端方正，效法于地；长三尺六寸六分（有的史料也记为三尺六寸或三尺六寸五分），为一年之数；宽六寸，与天地六合相符；并以阴阳两仪之数定下高度，按五行制为五弦。这便是世界上第一张古琴。琴成之后，伏羲又根据百鸟朝凤的情景，创作了《驾辩》之曲。其后天帝听说了这件事，便请伏羲携琴至天庭演奏。因琴曾在天宫瑶池演奏，故又被称为“瑶琴”。

琴是具有丰厚文化象征意味的乐器。琴最初据凤之身形而制，因此也有头、颈、肩、腰、尾、足。琴前广后狭，暗示着尊卑等级；早期的古琴为五弦，为宫、商、角、徵、羽五音，象征着君、臣、民、事、物；其后琴由五弦发展为七弦，后增的文、武二弦象征君臣之恩[①]；古琴有十三个徽位，居中最大之徽代表闰月，而其他十二徽则分别代表十二个月；琴头上端有架弦的硬木，称为“岳山”或“临岳”，是琴身最高的部分；在琴的底部，有大小两个音槽，为出音孔，中部较大者称“龙池”，尾部较小者称“凤沼”。从琴的形制来看，上山下泽、有龙有凤、日月相合、尊卑相应，象征了天地万象。而琴之部位多以“凤”命名，更显示出琴与凤的紧密联系。

①〔汉〕应劭：《风俗通》：“七弦者，法七星也。大弦为君，小弦为臣，文王、武王加二弦，以合君臣之恩。”

凤有德行，因此古人认为，伏羲作琴是教人养心禁邪之道。正如汉代桓谭《新论·琴道》曰：“琴之言禁也，君子守以自禁也。……八音广博，琴德最优。古者圣贤，玩琴以养心。”班固《白虎通》更是直言：“琴者，禁也，所以禁止淫邪，正人心也。”蔡邕《琴操》也云：“伏羲作琴，所以御邪僻，防淫心。”琴作为中国传统乐器的代表，被士人赋予了礼制内涵以及修身、养性的审美功能。正如《左传》中所言：“君子之近琴瑟，以仪节也，非以慆心也。”可见琴历来是君子的爱物，并非为了纯粹的娱乐，而是在于其中的礼仪意味。琴常在正式场合当面为贵宾演奏，这自然体现出琴乐作为“雅乐”的隆重高雅。

图 3-1 《听琴图》（局部）

在古人的观念中，梧桐是最佳的制琴之材，这很明显与伏羲见凤凰栖梧桐而制琴的传说相关。《后汉书·蔡邕传》中记载了这样一个故事：东汉学者、音乐家蔡邕在吴地时，见有吴人正以桐木为材烧火做饭。蔡邕听到此木过火后的声响，觉得异常悦耳，连忙向吴人求得，制作成琴。因琴尾犹有火烧的焦痕，因此被称为“焦尾琴”。当然，自唐之后用以制琴的木材众多，但由梧桐木制成的琴仍被视为佳品。

儒家认为，完美的乐曲应是“乐而不淫，哀而不伤”，浑厚悠扬的琴乐确为“元音雅乐”的代表。可以说，琴乐能够与人之情性融合，并在立德、修身、养性、陶情各方面产生重要的作用，正是古人将凤凰之德才与美丽倾注于琴，并从儒家音乐美学的角度加以阐释的结果。

箫是一种管乐器，古时有排箫，据传是舜帝所制。排箫的形制，多是以十支至二十四支不等的箫管连成一排，“其形参差象凤翼”（《通典·乐器》），有呈单翼状的，也有呈双翼状的，因此也常被称为“凤箫”。此外还有“洞箫”，在宋以后比较常见，多用九节紫竹制成，竖吹，乐音空灵缥缈。值得一提的是，在唐之前，“箫”与“笛”常混称，尤其是单管竖箫，常被称为“笛”。在宋代以后则以“洞箫”称呼，避免了与笛的混淆。箫的外表朴实无华，气韵却不同凡俗。元代诗人仇远《宿集庆寺》诗曰：“听彻洞箫清不寐，月明正照古松枝。”人们常以“清”来形容箫之音色，可见箫乐的清雅绝尘。

凤与箫的联系，还与升仙故事相关。相传春秋时秦穆公之女弄玉嫁与萧史，夫妇吹箫作凤声，后随凤凰升仙而去。因此，人们常以凤女、秦娥泛指美女或仙女，也常指弄玉其人；而萧史、凤史、凤婿、秦凤、箫凤的典故，则常指情郎或佳偶。这一典故在后期的诗文和戏曲中时常被引用，唐代骆宾王《代女道士王灵妃赠道士李荣》诗即曰：“台前镜影伴仙娥，楼上箫声随凤史。”因萧史和弄玉的箫声引来凤凰，故而人们也常以凤箫、凤吹、秦箫作为箫的美称，并以此形容箫声优美；而凤台、鸾台、秦楼等词，则常用以代指仙女所居之地。这一浪漫的故事在后人的诗句中被赋予了更美好的意境，如“凤台无还驾，箫管有遗声”（鲍照《升天行》），“吹箫不是神仙曲，争引秦娥下凤台”（黄滔《催妆诗》）等。箫、凤相连相伴，使浪漫的乐曲充满了美丽的想象，也使“吹箫引凤”“乘鸾跨凤”具有浓郁的祥瑞意味。

第三节　凤与乐器装饰

凤凰与音乐的紧密联系，还体现在人们常以凤鸟形象作为乐器的装饰。许多传统乐器上都可见到凤形装饰或凤形纹饰，而其中最有代表性的当属箫、箜篌、琴等。在许多古籍文献中，“凤”常成为对乐器的美称，凤德凤鸣则是对器乐之美的盛赞；凤对乐器的文化意义在于，其德行成为乐音之雅的寓指，其仪态成为乐器之形的美赞，其鸣声成为乐音之美的暗示，其神性也成为传统音乐之神秘权威的象征。

一、凤形乐器的文化意蕴

凤形乐器中，箫是极具代表性的。箫不仅常被称作“凤箫”，其乐音也常被比附为凤音。中国古代的箫，有洞箫和排箫两种，洞箫上常有凤纹雕刻，而排箫则为凤翅之形，因此，箫与凤的联系极为紧密。

如今常见的“箫”多指洞箫，即一管多音孔乐器，类似竖吹的笛。洞箫在古代常称为“篴”，常与笛被视为同一种乐器，只不过是一竖吹、一横吹而已。但“箫”的说法古已有之，唐宋之前多指排箫；唐宋时期出现了尺八、箫管和竖篴，可视为现代洞箫的前身。清代《律吕正义后编》曰：“明时乃直为箫，不复有竖篴。今箫长一尺八寸弱，从上口吹，有后出孔。笛横吹，无后出孔。则今之箫乃古之笛，信矣。”从这段记载可见，自明代时，将竖吹的“篴”称为“箫”，并明确了箫与笛的区别。此后便将洞箫专称为箫，而排箫之前则加“排”字以示区别。

洞箫有凤凰箫的别称，广泛流行于民间，尤其是在南方地区的丝竹乐中占有重要的地位，也常在民间乐队、戏曲演奏中充当着重要角色。洞箫的出现至早可追溯到汉代，在一些乐舞陶俑中可以见到俑人正在吹奏类似于箫的器物，此外，在汉代壁画、石刻中也常见到吹箫的画面。早期的箫有四个音孔，晋代的箫（常被称为笛）则已有前五后一六个音孔。这种箫的形制一直延续到现代。现今的箫常有前六后一的七孔形制，也有前七后一的八孔形制。洞箫多由九节紫竹制成，也可用白竹，直吹，上端有一吹孔，箫身有五至七枚按孔。箫的音域常为两个八度加一个音，但在现代的箫乐演奏中已经远远超出了这一音域范围。

在乐舞文化的发展历程中，箫的形制相对而言是比较稳定的，但在不同地区也出现了不同的箫类乐器，其形制大同而小异。除了常见的洞箫与排箫之外，现在流行于民间的箫还有如下几种：直箫，主要流行于黔、桂、云地区，在苗族和彝族极为常见，是当地民歌、舞蹈的伴奏乐器，其中著名的箫曲有《跳花场》《月亮》《银上谱》《筒筒腔》等；南箫，有前四后一五个音孔，较洞箫形制粗短，由唐代尺八发展而来，主要流行于我国福建沿海一带，多与其他乐器合奏，唐代流传至日本，其后形制有所改变；琴箫，有六个音孔，形制较其他的箫更长，音量悠细，常与古琴合奏，故此得名，民间又称其为“雅箫”；玉屏箫是我国箫中的珍品，因采用贵州玉屏竹制作而得名，玉屏箫有六个音孔，形制较琴箫略细，制作精美，箫身常雕刻有龙、凤图案，具有极高的收藏价值。此外，民间流传较广的箫还有夜箫、鸭嘴箫、姊妹箫、三月箫、直通箫等，多为少数民族的乐器。

箫的器身常有凤凰的纹饰。玉屏箫的器形、纹饰即是极为典型的。玉屏箫以贵州玉屏和邻近的镇远等地所产的小水竹制成。这种竹子竹节长而竹管细，材质坚硬、纤维紧密，是制箫的上等良材。玉屏箫的制作工艺精细繁琐，声音悠远清美，可谓箫中精品。玉屏箫不仅以其乐音优美而著称，更是素以雕饰精美而闻名。常见的玉屏箫多是在管身涂以古铜底色，再雕刻出山水花鸟等纹样，色泽谐和、造型纤巧，有极高的收藏价值。在玉屏箫中，又以“龙凤箫”为极品。“龙凤箫”为两支雌雄相配的对箫，雄箫略粗，上刻腾龙，音色洪亮；雌箫略细，上刻彩凤，音色柔美、含蓄。这种雌雄对箫是玉屏箫的代表，两箫合奏时，声音和谐悠扬，宛如男女二重唱，颇有韵味。因此有“仙到玉屏留古调，客从海外访知音”的美誉。箫的音乐柔和，乐音深沉悠扬，虽然外形及演奏技巧与笛相似，但其演奏的灵活度不如笛子，更适合演奏典雅、舒缓的乐曲，而并不适合表现轻快、花哨的内容。正因为箫乐的这一特点，使其吹奏的多是恬静抒情的乐曲，抒发的是悠长细腻的情感，体现的是对大自然的赞美和人物内心的微妙波动，这与中国传统音乐美学的审美追求是一致的。因此，箫乐也常被称为“雅乐”，箫因其丰富的表现力也常与古琴合奏，共同表现淡雅、缥缈的乐曲意境。

排箫在古代似乎比洞箫更著名。早在先秦时期，即有“籥”，这种乐器与今天的排箫大致相似，应当是排箫的前身。排箫的流传地域极广，世界各国都有类似的乐器；追溯其发展源流，很可能在原始时期即有此类乐器存在，因此也可以说，排箫是中国最古老的乐器之一。

排箫与洞箫不同，是一种编管乐器，由一组竹管并列而成，管数有十至二十四支不等。排箫的别称很多，常被称为“底箫”“雅箫”“颂箫”“舜箫”，具有明显的美颂意味；此外，由于其形制的特点，又被称为“参差”“凤翼”等，有时也被称为“龠”或“籥”。最初的箫应当仍是单管，与如今的笛相似，但为竖吹乐器。排箫为单管箫的一种变体，其起源可上溯到原始社会。在远古先民们的乐舞活动中，人们偶然发现不同长度的管子能够发出不同高度的乐音，于是将长短不一的管子按照顺序排列并绑在一起，最终发明了排箫。目前所发现的最早的排箫是河南省周口市鹿邑县太清宫长子口墓中的骨排箫，距今已有 3000 多年的历史。其后的排箫多由竹管制成，在古代“八音”中被归类为竹类乐器。此外，在河南淅川下寺一号楚墓中还发现了距今约 2500 年的石排箫，以整块石灰石雕成，共十三管。这一石排箫并非乐器，而是竹排箫的仿制品，当是作为明器陪葬之用。

从“龠”字的字形上，我们可以大致看出早期排箫的形制。龠为象形字，其甲骨文形制看起来即像是两个管乐器并列，上部为两吹孔（口），下部则被某种绳索绑在一起；其金文的字形又有进一步发展，上部像一个三角状吹口，中间为两个管嘴，下部则发展为四根龠管绑在一起的形状；其后的秦篆字形与金文较为类似，只是管嘴增加了一个；而发展到汉隶，则与现代的字形没有差别了。从这一字形的演变可以看出，“龠”即为一种吹奏乐器，而从其形态来看，与如今的排箫极为相似。其后“龠”字又发展为“籥”字，更进一步表明其是一种竹制乐器。

随州的曾侯乙墓中出土了两支最早的竹制排箫。这一对乐器各由十三支长短不同的细竹管依次排列，形状十分奇特，表面有黑底红色漆绘，并用三道剖开的细竹管缠缚成为一体，看起来犹如一对展开的鸟类翅膀。虽然形制一致，但这两支乐器大小略有不同，一支略大，管长略长，一支略小，管长略短。专家认为，这两支乐器即为雌雄箫，二者常作合奏，雄箫乐音洪亮悠远，雌箫乐音清亮缠绵，犹如男女合唱，颇有情趣。排箫的形制历代不断变化，管数和管的长短都不固定，但一直都是单凤翼的形状。到清代时出现了双翼排箫，则与凤凰更加神似。当然，排箫中也有竹管长短一致呈矩形者，则是在管中采取堵蜡封底的方式，以蜡的深浅使各管之间的乐音高低有别。这样的排箫被称为“底箫”，在外形上，则与“凤翼”有较大的差距了。

排箫与凤的关系，从其形制上即可看出。因其形如凤翼，所以常有“凤箫”的美称。汉代许慎《说文解字》中解释“箫”为“参差管乐。象凤之翼。从竹，肃声”，可见在汉代已经有非常成熟的排箫出现了。

舜帝所作的乐曲《箫韶》，即以箫名，可见箫应该是演奏雅乐的主要乐器。“箫韶九成，凤皇来仪”，正是源于这一传说，自古以来人们常以箫比凤，更是有“笛奏龙吟水，箫鸣凤下空”的说法。正因为此，箫乐常被比拟为凤凰之鸣，具有平和典雅、温柔敦厚的乐教意味。后代的诗文中常将箫乐与凤鸣并提，如唐代鲍溶《忆效天》诗曰：“至今满耳箫韶曲，徒羡瑶池舞凤凰”；箫乐也常作为天下太平的象征，如唐代苏颋《扈从凤泉和崔黄门喜恩旨解严罢围之作》“舜韶同舞日，汤祝尽飞时”，黄颇《凤不鸣条》诗也曰“太平无一事，天外奏虞韶”。可见，箫乐，尤其是以箫演奏的雅乐，是君明国泰、天下咸宁的标志。

凤首箜篌是另一种以凤凰为形制的乐器。与箫形似凤翼不同的是，凤首箜篌是借凤首的形象作为装饰，在重工镂刻之外，整张乐器形成凤凰之形，可谓精美绝伦。

箜篌是一种古老的弹拨乐器，又称“坎侯”“空侯”。箜篌常见的形制有三种，即卧箜篌、竖箜篌以及凤首箜篌。其中凤首箜篌造型优美，而且由于其象凤之形，历来被人们珍视。箜篌的名称很可能是音译，但在古籍记载中有不同的说法。唐代段安节《乐府杂录》中这样形容箜篌：

> 箜篌乃郑卫之音权舆也。以其亡国之音，故号“空国之侯”，亦曰“坎侯”。古乐府有《公无渡河》之曲。昔有白首翁，溺于河，歌以哀之；其妻丽玉善箜篌，撰此曲，以寄哀情。咸通中，第一部有张小子，忘其名，弹弄冠于今古，今在西蜀。太和中，有季齐皋者，亦为上手，曾为某门中乐

史。后有女，亦善此伎，为先徐相姬。大中末，齐皋尚在，有内官拟引入教坊，辞以衰老，乃止。胡部中此乐妙绝。教坊虽有三十人，能者一两人而已。①

①曾献飞：《〈乐府杂录〉疏证》，南昌：江西教育出版社 2015 年，第 72 页。

从这一则记录中，可以得出如下几点信息：其一，唐人认为，箜篌起自先秦郑卫之音，“权舆”即为开始之意。此处将其音与亡国之音联系起来，从而附会出“箜篌”之名的来源。但事实上，早在汉代即有对箜篌之得名的不同说法：一说汉武帝时乐人侯调依琴而作“坎坎之乐”，后贯以其姓，所以称为“坎侯”；另一说法则认为这种乐器取其中空，因此得名。从这些不同的说法来看，箜篌的流传及发展是很复杂的，很可能同时有几种箜篌流传于民间。其二，唐代是箜篌的流行时期，出现了不少善弹箜篌的乐人，如张小子、齐皋及其女。中唐诗人李贺作有《李凭箜篌引》一诗，其中“昆山玉碎凤凰叫，芙蓉泣露香兰笑”，极言箜篌乐音之美妙，足见唐代的箜篌演奏技艺已达到极高的境界。其三，箜篌隶属于教坊胡部，可见这一乐器最早应是外传而来，并非本土的传统乐器。事实上，这段记载中的《公无渡河》之曲，在许多文献中即记载为《箜篌引》，并认为是外来乐曲。如宋代曾慥《类说》载：“《公无渡河》，本《箜篌引》，朝鲜津卒霍里子高妻丽玉所作。”

但箜篌的起源至今未有定论。学者们一般认为，早在春秋战国时期即已经出现了箜篌的雏形，而在盛唐时期十分流行，但至明代即渐渐受到冷落，以致失传。二十世纪三十年代以来，音乐工作者们根据图文资料重新制作了箜篌，并将其运用到乐队合奏之中。因此，我们现在见到的箜篌，其实与古代的箜篌形制是有一定区别的。

关于箜篌的形制，在《旧唐书·乐志》中有较明确的记载：“似瑟而小，七弦，用拨弹之，如琵琶。竖箜篌，胡乐也，汉灵帝好之，体曲而长，二十有二弦，竖抱于怀，用两手齐奏，俗谓之擘箜篌。凤首箜篌，有项如轸。”这里分别介绍了卧箜篌、竖箜篌与凤首箜篌，而凤首箜篌应与竖箜篌较为相似。事实上，日本音乐学家林谦三先生在《绘画中所见的凤首箜篌形象》一文中即指出：“（凤首箜篌）这个乐器，原是一路经过中亚，一路经过缅甸而传入中国的竖箜篌。”[①]同时，林谦三先生进一步强调，这种竖箜篌事实上来源于印度的一种名叫“维那”的弦乐器。这一乐器类似于弓形竖琴，是印度最普遍的代表性弦乐器。一般认为卧箜篌本为我国传统乐器，而竖箜篌则是从波斯传入。不过可以肯定的是，凤首箜篌是传自印度的乐器“维那”的变体，它的来源与卧箜篌、竖箜篌并不相同。

①[日] 林谦三：《东亚乐器考》，上海：上海书店出版社 2013 年，第 228 页。

凤首箜篌得名的由来，明显与其形制有关。晋代曹毗《箜篌赋》曰：“龙身凤形，连翻窈窕，缨以金彩，络以翠藻。”可见这是一种装饰华美的乐器，而且以龙凤为形。但这种乐器是否皆是凤首，或仅仅是象凤之形，尚不能肯定。值得一提的是，在中唐德宗时期，骠国（即今缅甸）进乐，其中即有凤首箜篌。这一事件在《新唐书》中有记载：“有凤首箜篌二：其一长二尺，腹广七寸，凤首及项长二尺五寸，面饰虺皮，弦一十有四，项有轸，凤首外向；其一顶有条，轸有鼍首。”此外，唐代杜佑《通典》中也称“凤首箜篌，颈有轸”，可见唐代的凤首箜篌应是明确以凤首为饰。这种箜篌在我国敦煌和榆林的佛教石窟壁画中常能见到，其琴身弯曲如弓形，较竖箜篌略小，可横挟于左胁之下，仅以右手弹奏，与竖箜篌必须将琴身立于地而以双手“擘”奏是不同的。这也是凤凰箜篌与竖箜篌最大的区别。[②]

②参见牛龙菲：《敦煌壁画乐史资料总录与研究》，兰州：敦煌文艺出版社 1996 年，第 340 页。

缅甸也有凤首箜篌，至今在缅甸民间仍然流传，又称缅甸竖琴，当地人称为 Tsuan。在形制上，缅甸的凤首箜篌还有琴首雕成菩提树叶形的，可能是凤首的一种变形。有意思的是，最初由印度传入的“维那”并没有凤首之形，唐代从缅甸传入的箜篌却为凤首，有学者认为这可能是这一印度乐器传入缅甸之后的进一步发展和变形。凤首箜篌由于造型优美、乐音清越悠扬而在传入中国之后受到广泛的欢迎，在唐代成为乐队中常见的乐器。需要注意的是，唐代的箜篌并非只有凤首箜篌一种，但凤首箜篌由于其美丽的外观，无疑成为人们最喜爱的乐器之一。宋元之际的马端临也对凤首箜篌大加赞美，其《文献通考·凤首箜篌》条曰：“出于天竺伎也，其制作曲颈凤形焉。扶娄、高昌等国凤首箜篌，其上颇奇巧也。”可见当时的人们也认为这一乐器美丽奇巧，加之乐音悠扬，因此在中国大为流传。不过在明以后，凤首箜篌已很少见到，但在缅甸一直存在。据记载，清初，缅甸向清廷进贡乐器，其中有一种称为“总藁机”的乐器，即是凤首箜篌。“总”是至今还存在的缅甸弓形竖琴 Tsuan 的译音，多为九弦至十三弦。林谦三先生指出，缅甸人弹奏时，置此琴于膝上，两手用指弹奏。[①]

①[日] 林谦三:《东亚乐器考》，上海：上海书店出版社 2013 年，第 229 页。

凤首箜篌在我国音乐史上占有重要的地位。在敦煌石窟的初、中、晚唐壁画中皆有凤首箜篌的画面。初唐壁画是关于凤首箜篌的最早图像资料，也说明了早在一千多年前我国即有了凤首箜篌。此外，在宋、元时期的壁画中也有凤首箜篌出现。凤首箜篌大多由飞天乐伎或是经变乐队中的乐工演奏，体现出浓重的佛教意味。值得一提的是，敦煌及榆林壁画中的凤首箜篌皆是一根弦，这与现实中的凤首箜篌是不同的，很明显只是一种乐舞的象征，而并不是用来弹奏的乐器。凤首箜篌在民间的演奏并不常见，多见于宫廷乐舞记载及宗教图像，民间流行的则是竖箜篌。这也说明了凤首箜篌在中外乐器中具有特殊地位。但由于其制作及弹奏难度较大，所以多存在于乐舞记载之中，而在实际演奏方面则较受局限。究其原因，可能是凤首箜篌存在一定的功能上的不足，所以并不是一件十分完美的乐器；同时，它也并没有非常独特的功能，所以易被其他乐器所代替。[①]凤首箜篌是历史上中外音乐文化交流的标志，同时也以其美丽的形制，成为传统乐器中的一朵奇葩。

①高德祥：《凤首箜篌考》，《中国音乐》1990年第1期。

笙也可视为一种凤形乐器。应劭《风俗通义》曰："世本，随作笙，长四寸，十二簧，像凤之身，正月之音也。"许慎《说文解字》中也有类似的记载，但把十二簧改为十三簧："笙，十三簧，象凤之身也。笙，正月之音。物生，故谓之笙。大者谓之巢，小者谓之和。从竹，生声。古者，随作笙。"在这里，许慎指出古时一位名叫"随"的人创造出了笙。但事实上，在传说中，关于笙的记载很多，如《礼记·明堂位》曰："女娲之笙簧。"孔颖达疏曰："女娲之笙簧者，女娲所作笙中之簧。"簧是吹奏乐器中的薄片，用以振动发声。孔颖达的注疏是想极力调和关于笙的传说的多样性，同时进一步树立笙的神性来源。据闻一多考证，"女娲作笙簧"的来源在于，神话传说中女娲为葫芦的化身，而古代的笙多用葫芦制作，因此便将女娲与笙的出现结合起来了。

《列仙传》中也记载了王子乔吹笙而成仙的典故："王子乔者，周灵王太子晋也。好吹笙作凤凰鸣，游伊洛之间，道士浮丘公接以上嵩高山。三十余年后，求之于山上，见桓良，曰：'告我家，七月七日待我于缑氏山巅。'至时，果乘白鹤驻山头。望之不得到，举手谢时人，数日而去。"这则故事之后又有一段乐辞曰"妙哉王子，神游气爽。笙歌伊洛，拟音凤响"，将笙所发出的声音与凤鸣类比。凤之神性也使笙这一乐器具有了神性，王子乔吹笙作凤鸣而最终成仙，音乐在其中起到了重要的纽带作用。凤本为人们幻想之中的神鸟，在现实中不可能存在。因此，鹤、雉、孔雀等皆是凤的俗世形象。王子乔乘鹤而去，也可以视为是凤将其引度而升仙。

笙与凤凰的关系，不仅在于其乐音似凤鸣，更因其外形与凤有相似之处。从现代乐器形制来看，笙是一种活动簧片的口琴类乐器，与传统的“箄篥”较为类似，是宫廷雅乐及宴乐伴奏的重要乐器。笙亦为一种竹类乐器，由长短不一的十七根竹管组成。与排箫不同的是，笙的竹管是围成一圈，尾端置于杯状的风箱中。笙的乐音似凤鸣，外形似凤身，而竹管排列的形状像凤翅，因此笙也常被称为“凤笙”或“凤管”。值得一提的是，汉代之前有一种形似笙而较大的乐器——竽。竽多为 22 簧或 36 簧，笙则为 13 簧、17 簧、19 簧、23 簧不等。隋唐时竽多用在雅乐场合，而笙则用于燕乐。在宋代以后，竽逐渐消失，因此其后的笙和竽也便经常混同了。

笙乐在古代极受重视，在隆重严肃的场合才会演奏。《诗经·小雅·鹿鸣》曰“我有嘉宾，鼓瑟吹笙”，可见笙乐优美典雅，在有贵宾的宴饮场合吹奏;《小雅》中有六篇有目而无辞的诗篇，朱熹将其命名为“笙诗”，说明笙是常见的歌乐伴奏乐器;《礼记·檀弓》记载“孔子既祥，五日弹琴而不成声，十日而成笙歌”，体现出笙歌的文雅典重。这些都说明笙乐常被视为高雅平和之乐，这与一般的世俗声乐是不同的，也符合笙作为一种凤形乐器的深远文化意义。不过，笙乐发展到唐代，随着胡乐、俗乐的兴起，雅奏之乐受到极大的冲击，笙乐由于其乐音的悠扬美好虽然仍得以流传，但再也不是阳春白雪了。唐代诗人郎士元有《听邻家吹笙》诗：“凤吹声如隔彩霞，不知墙外是谁家。重门深锁无寻处，疑有碧桃牵树花。”此时的笙乐能在民间听到，可见已经成为民间喜闻乐见的流行乐曲。

古琴的形制即是依凤凰而设。古琴没有柱和品，这是与其他乐器的不同之处，因此古琴音域宽广，更富于表现力。古琴的全身依凤身而制，各个部位与凤身对应，有头、颈、肩、腰、尾、足等几部分，也可以说是与人身对应。

古琴不仅外形似凤，其各部位也多以凤命名，如琴头有凤眼，琴身有龙池凤沼等，无不体现出与凤的紧密联系。古琴的琴式极多，较有代表性的有伏羲式、神农式、仲尼式、师襄式、子期式、凤式、蝉翼式、蕉叶式等，从这些名称来看，或取于圣哲贤人之名，或来自历史典故，或取自自然物象，但皆充满象征意义。可以说，古琴自诞生之初即体现出“比德”的意味，这也是古琴以凤为形制的根本原因，而古琴之乐也完全符合儒家音乐美学中的雅乐理想。

二、乐器的凤纹及其意义

由于凤与中国传统音乐的联系，在古代乐器上常饰有凤纹。凤纹不仅可作为装饰，同时也彰显着音乐的神性和道德意义。各地出土的乐器上常能见到凤鸟图案，而楚地的乐器上凤鸟纹饰更为常见。随州发现的曾侯乙墓历来被誉为“音乐宝库”，其中大量的乐器上或绘有凤纹，或具有凤形装饰。这一现象的出现，很可能与楚人的凤鸟崇拜相关。

曾国古又称随国，是周初“汉阳诸姬”之一，封地为汉水流域，虽为中原姬姓国，却负责镇守南方，对南方日益强大的楚进行监视。《左传》记载，僖公二十八年晋楚城濮之战时，晋大夫栾枝曾曰“汉阳诸姬，楚实尽之”，可见楚国强大之后，汉阳诸姬已基本被其吞并。但曾国一直持续至战国时期，不得不说较为特殊。据说曾国曾帮助楚成王重返国都取得王位，因此楚国对曾国怀有感恩之心，这可能是其独存的原因之一。在曾侯乙墓出土的编钟中，下层甬钟正中央悬挂着一枚镈钟。钟上有三十一字铭文，从这段文字的记录可知，这枚与甬钟大小不一的镈钟是楚惠王赠予曾侯乙的。音乐史学家认为，楚王镈钟是挤掉编钟上原有的一件甬钟而硬塞进去的，与两侧的甬钟有明显的不同。[①]这可能是曾国人为表示对楚国所赠镈钟的重视，便将下排甬钟正中的一枚取下，以镈钟代替。因此也可以

①郭灿江：《国宝》，郑州：中州古籍出版社1998年，第22页。

说，曾侯乙墓中的楚王镈钟是曾楚两国关系的见证。在曾侯乙统治时期，曾国虽然没有被楚国吞并，但对楚国保持着从属关系。这种从属关系不仅体现在政治方面，也反映在文化方面。曾侯乙墓中出土的音乐文物虽然并非楚国乐器，却是楚式乐器。因此，曾侯乙墓中的出土文物正是楚文化的折光。

曾侯乙墓中出土的乐器上常见凤纹，其中又以均钟、瑟、鼓最具有代表性。曾侯乙墓出土的均钟又称五弦琴，这张琴形状狭长，全长 115 厘米，一半为空腔，形成音箱。这一乐器刚出土时曾引起研究人员的费解，从其形制来看，它应是一张琴；但其弦柱距离极近，又无法依琴的弹拨法演奏。音乐文物研究者们考证之后，最终认为这是一架均钟，又称均钟木，当是编钟的定调之器。

编钟在铸成之后需逐件磨刻钟壁以调整音高，而均钟能弹出绝对音高，其作用正类似于如今给乐器定音的音叉。这一乐器的特殊用途使它的存在具有了更神圣的意义，因此在器身上也绘有繁复的图案。均钟周身髹黑漆，并以朱红色绘有纹饰，其中琴侧和琴底绘有鸟纹，并绘有夸张的人形。人形图案的头顶或两耳处各有一蛇。更值得重视的是，在这件均钟的纹饰中，凤鸟图案非常集中，而且占据器身的重要位置。器身的一边侧板和底板上各绘有 12 只凤鸟，与之前所说的人形图案相对照。联想到均钟起到的是校正音高、规范音准的作用，这里的凤鸟图案可能正代表着十二律，表现的是伶伦作律的故事。可以说，曾侯乙均钟上的凤鸟图案暗示着对乐律的神性及权威性的强化。

古代的瑟上常绘有美丽的图案，故又被称为“锦瑟”。1957 年出土于河南信阳一号楚墓的一架锦瑟，通身以金、朱、黄、赭、灰等色加以彩绘，并绘有射猎、舞蹈、宴乐和巫神等图案。凤纹也是瑟上较有特色的纹饰。楚地出土的瑟很多，如湖南长沙浏城桥一号楚墓，河南信阳、湖北江陵等地的楚墓，以及曾侯乙墓和长沙马王堆汉墓皆出土有瑟。这些瑟的弦数从 23 至 25 不等，25 弦更为常见。曾侯乙墓共出土有漆瑟 12 架，大小略有差别，形制基本相同，皆为 25 弦。这些瑟通体髹漆，以黑、黄、银色彩绘有艳丽的图案。其中一张古瑟尾端有龙形浮雕，共鸣箱侧面有彩绘的凤凰图案。此外，沙市喻家台四十一号楚墓出土的一件瑟外形较小，仅为曾侯乙墓瑟的一半。瑟体两端髹黑漆，首尾及挡板、侧板上均绘有精美的龙、孔雀图案。孔雀图案因与凤纹相似，也可以视为凤纹的一种。

此外，古代的金石乐器上也常见凤纹图案。如山东博物馆保存的两件凤纹钮钟，一件钟体饰有双连体凤纹，一件的右鼓部有阴线凤鸟纹；山西太原晋国赵卿墓出土的春秋晚期编钟上，也绘有龙凤夔纹。此外，许多楚地出土的钟其钟面上也常饰有凤纹，如曾侯乙编钟上即雕绘有龙纹、凤纹、兽纹及植物纹等。事实上，凤鸟纹是中原及楚地一直流行的青铜器纹饰，其中不仅有较为具体的凤鸟图案，还有较抽象的凤纹、鸟纹，皆可以被视为凤纹一类。除钟之外，古代的磬上也常刻有龙凤纹图案，而编磬的簴上更是常以龙凤纹作饰。

鼓也是古代乐舞活动中重要的伴奏乐器，在全国各地皆有出土，而楚墓中出土的鼓数量和种类极多，具有相当高的研究价值和艺术价值。楚地的鼓多为漆木鼓，有鹿鼓、建鼓、带柄小鼓等多种，其中虎座鸟架鼓最具楚地特色。虎座鸟架鼓是凤形乐器的代表，在楚地十分常见，迄今已在楚墓中出土有 20 余件，除大小不同之外，形制皆相同。虎座鸟架鼓为对称布局的立鼓，以双凤、双虎为鼓架，鼓悬立于两凤之间。两虎相背伏卧，虎尾不相连；两凤鸟则相背立于虎背之上，尾以榫卯相连。鼓框上有三枚铜环，用绳连接，分别缚于鸟冠及鸟尾，使鼓悬空而挂。虎座鸟架鼓造型别致，构思巧妙，令人印象深刻，是楚式乐器的巅峰之作。因凤鸟在此处作为鼓架而并非鼓身，故而此处将这一器物也归于凤纹装饰类器物，而没有置于前面“凤形乐器”中阐述。

图 3-2 虎座鸟架鼓

古代乐器中以凤纹、凤形为装饰，包蕴着丰富的文化内容。正如李学勤先生所说：“在青铜器的各种因素中，纹饰的时代性、地域性最为鲜明，流迁变化最是敏感，就像服装的时尚一样。因此，我常说纹饰可称做青铜器的‘语言’，能告诉人们许许多多的信息。”①

①李学勤：《商周青铜器幻想动物纹研究·序》，载段勇《商周青铜器幻想动物纹研究》，上海：上海古籍出版社 2003 年，《序》第 1 页。

乐器上的凤纹多为几种意图：一是装饰之用，二是反映出古人的图腾崇拜，三是为增加礼器的威仪。此处就这三点略加论述。

其一，乐器上饰有凤纹，从视觉效果上增加了乐器的美观度。在传说中，伶伦依凤鸣而作律，自此凤鸟与音乐结下了不解之缘。在古代的乐器上常以凤鸟为图饰，或雕刻凤形为装饰，自然起到美观的作用。凤凰的羽毛金碧辉煌、五彩而文，是外美与内德兼修的标志。北齐刘昼《刘子·知人》中讲到“公输刻凤”的故事，说公输班雕刻的凤凰“翠冠云耸，朱距电摇，锦身霞散，绮翮焱发”，可谓兼具阳刚与阴柔之美。因此，以凤作为器乐之饰会增加乐器的灵动美感。古人认为，凤凰为音乐之鸟，其鸣声合律，其飞翔的姿态翩翩若舞，这也是凤常被装饰在乐器上的原因。尤其是在漆木乐器上，以彩漆涂绘的凤凰纹饰，更显得光彩夺目。常见的乐器中，琴、瑟等乐器面板上常绘刻有凤形图案，而钟磬等金石乐器上常见到凤形刻饰，钟磬簴部的凤鸟形饰也具有明显的美观作用。不仅如此，在许多与凤凰有关的图像中也常表现乐舞的内容。如长沙砂子塘一号汉墓的漆绘外棺头部挡板上画有双凤穿璧图，图中的双凤口衔以丝线串成的玉璧，玉璧下垂流苏。因此，以凤形作为纹饰，更可以增加音乐之美。

其二，乐器上的凤纹是早期原始社会中凤图腾崇拜的艺术化反映。溯其渊源，凤的形象起源于远古的鸟图腾崇拜。图腾一词是印第安语“totem”的音译，即“他的亲族”之意。古人的图腾信仰，事实上即是认为某种动物、植物与自己的氏族有亲缘关系，甚至可能是本氏族的祖先。因此，图腾崇拜可视为古人祖先崇拜的高级形式，图腾是氏族的标志和象征，同时图腾也常被视为部落的保护神。

在距今6700多年的浙江余姚河姆渡遗址中，出土了九件凤鸟形饰物。其中有一件双凤朝阳象牙雕，三件鸟形象牙圆雕，两件鸟纹骨匕，一件双飞燕器盖浮雕，还有两件鸟形蝶形器。这几件器物或为明显的凤形，或为较抽象的鸟形，皆可视为凤鸟类型饰物。尤其是双凤朝阳牙雕，双凤彼此面对，太阳居于双凤之间，体现出在古人意识中，凤凰与光明、温暖具有密切的联系。正因为如此，凤凰在古人（尤其是南方长江流域的原始先民）的心目中具有不可取代的神圣地位，凤凰的吉祥瑞兆和传奇神性，使其成为日常器物中常用的装饰性图案，在乐器上也时常出现。

凤图腾崇拜在楚民族的传统中表现得格外鲜明，这可能与楚人崇火重赤有关。《史记·楚世家》记载："楚之先祖出自帝颛顼高阳。高阳者，黄帝之孙，昌意之子也。高阳生称，称生卷章，卷章生重黎。重黎为帝喾高辛居火正，甚有功，能光融天下，帝喾命曰祝融。共工氏作乱，帝喾使重黎诛之而不尽。帝乃以庚寅日诛重黎，而以其弟吴回为重黎后，复居火正，为祝融。"从这段记载来看，楚人的祖先祝融本为帝喾火正，即火官，"掌祭火星，行火政"（《汉书》），而凤以其美丽的外表、高洁的德行以及向阳趋火的特性，被楚人视为图腾。在楚人看来，凤鸟代表着火与光，是健壮而硕大的，是南方的象征，更是部族力量与神奇之美的象征。凤鸟崇拜是太阳崇拜的一种，因此，先秦时楚人所崇拜的凤，与后世人们所认为的具有阴柔之美、代表着女性的凤是迥然不同的。

楚人的凤图腾崇拜在楚式乐器中表现得非常鲜明。以虎座鸟架鼓为例，整件乐器中以凤鸟踏虎之形为基座，凤昂首挺胸、霸气十足，而虎却低首屏气、矮小猥琐，恰好反映了楚人傲视一切的本我主义风格。除此之外，在曾侯乙墓及其他楚墓中的出土乐器上，凤纹或凤形皆是灵动而雄壮的，这体现出楚地凤文化的空前自信。

其三，乐器上的凤纹，尤其是青铜乐器上的凤纹，象征着礼乐重器的威仪。如前所述，凤纹图饰，体现着原始先民对凤的图腾崇拜，而对凤图腾的崇拜在长期的发展中更具有了祥瑞意味，同时在儒家文化中凤也被视为瑞应和谐的象征。再加之龙凤的神性与威严，凤纹作为青铜礼器的典型装饰纹饰，也为礼乐重器增加了威仪。

追溯商人对祖先"玄鸟"的崇拜，我们可以看出凤类图腾的演化痕迹。之前已叙及，舜部落也以凤凰为图腾。凤凰在先民们的观念中具有神圣的地位。在古人的观念中，凤凰的降世即代表着明君的出现，这也给明君的统治镀上了一层绝对神性。乐器（尤其是金石类乐器）作为古代雅乐的重要演奏器具，其上绘刻的凤鸟纹饰进一步加强了礼乐的合法性和权威性。乐器上的凤纹使乐器之音被赋予了“雅正”的意味，这也是常见的以凤纹装饰的乐器如琴、瑟等常被用以雅乐演奏的原因。

第四章

凤乐舞的发展流变

在人类社会的发展历程中，凤乐舞也不断发展流变。从早期原始社会的群歌群舞，再到两周时期的礼乐歌舞，凤乐舞的艺术性、功利性不断提高，到后来在民间乐舞活动中，凤乐舞表现出娱乐性不断增强的特点。从秦汉至魏晋直至唐代，乐舞文化的发展趋于鼎盛，乐舞中的人性因子逐渐增强，与凤有关的舞乐歌辞和舞蹈也迎来了重大的变革。宋代以后，中国的传统乐舞文化走向衰落，宫廷中的乐舞活动陷入低谷，但与之相反，民间的俗乐舞勃然大兴，凤乐舞也进一步向民俗化、地域化转变。纵观凤乐舞的发展历程，我们可以看出，乐舞文化与政治逐渐疏离，而与民众日常生活的联系却更紧密了。

第一节　凤鸟崇拜的歌舞演绎

远古至夏商时期是凤乐舞萌芽与初具规模的时期。在原始部落的日常生活以及各部落之间的交往中，乐舞充当着重要的媒介。这些乐舞是粗犷的，来自日常生活，保留着浓重的巫祭特色。至夏商时期，“重巫淫祠”的风气进一步发展，巫祭乐舞成为乐舞的主要部分，凤则在巫祭乐舞中扮演着重要的角色。

一、拟兽乐舞的产生

拟兽（鸟）舞[①]的产生，是原始人类对大自然崇拜的表现。人们在日常的采集、狩猎活动中见到动物的姿态，触发了模仿的灵感。可能是出于娱乐的需要，也可能是出于劳动时伪装的需要，人们选择某些飞禽走兽的样子进行模拟，并发展成舞蹈。在长期的积累与揣摩中，有些动作与姿态被模仿得惟妙惟肖且有一定的观赏性，这也使拟兽舞具有很高的艺术性和欣赏价值。

①为称引方便，将模拟鸟兽的乐舞简称为拟兽舞。

远古时期的生活环境十分恶劣，自然灾害、疾病，甚至猛兽的捕杀都给人类的生存带来巨大的威胁。原始人类无法理解这些恶劣因素背后的科学根源，只能猜测一切天时地势皆是神灵在操纵。因此，他们的乐舞便也带有了取悦神灵的目的。人与自然万物在世界上共生，许多舞蹈的灵感和动作也来自大自然，而拟兽舞即是其中一种。关于拟兽舞的产生，大约有如下几方面的原因：

首先，在日常生活中，人们刻意地模仿野兽的外形、姿态与动作，以获得更好的劳动效果。对原始人类而言，狩猎是重要的生产劳动。人们在狩猎过程中发现，如果自己能够打扮成鸟兽的外形，可以起到迷惑甚至吸引鸟兽的作用，狩猎会更加顺利。在狩猎之余，人们也产生了休息娱乐的需要。他们将这些模拟的动作和声音节奏化、艺术化，便成为拟兽舞。

“伶伦作律”的传说很可能便是来自原始社会对鸟类鸣声的模仿。这个故事虽然更具有神话性，但其中的现实性也是十分明显的。伶伦以凤鸣为律，可以理解成是以演奏乐器模仿凤鸟的鸣叫声。当然，凤鸟只是人们幻想中的神鸟，但由于其比德意义，人们认为其鸣叫是优美悦耳的。如果伶伦真的听到了凤鸣，那也应当是不同鸟类鸣叫声的混合。这些鸣声高低不同，却和谐悦耳，激发了伶伦的创作灵感。伶伦造律之后，黄帝依照其乐律造成了十二口乐钟，并用于乐舞《咸池》的伴奏。我们可以想象，《咸池》的乐调类似于百鸟和鸣，而与之相伴的舞容应当也是模拟鸟兽的动作。

其次，以兽皮、鸟羽作为舞蹈的装饰，会使乐舞更加美观，具有观赏性。旧石器时代的原始人类已经具有了美的意识，到新石器时代，人们更开始制作成熟而精美的装饰品。远古时期的人们认为，以动物的皮毛、翎羽装扮自己，是展示勇敢与智慧的最佳方式，同时也会带来美观的视觉效果。于是人们时常将五彩斑斓的鸟羽插在头上发间，或者将兽牙串成项链、头饰以装饰自己。乐舞也是原始人类展示自己的重要方式。当人们以兽牙、兽皮、鸟羽打扮完毕之后，在群歌群舞中，便更加努力地挥动手中的舞具，或是摆动身上的装饰品，以此来吸引异性的注意。这一举动与孔雀开屏极其类似，是原始人类展现自己的美丽、勇敢和智慧的最佳方式。

美丽的羽毛本是鸟类飞翔的工具，它们在脱离鸟类身体之后仍然可以带给人们无边的遐想。人们在劳作之余即兴蹦跳起舞，兽皮羽毛随风而起所带来的那种飘逸之美和胜利者的满足感给人们极大的审美愉悦。因此，许多原始的歌舞常用兽皮、兽毛和鸟羽作为装饰物，而鸟羽由于其斑斓的色彩、飘扬的美感尤其受到人们的喜爱。人们在舞蹈中，头饰与尾饰向不同方向甩动，这种扭身摇摆的动作显示出一种强烈的动感，也体现出原始乐舞的热闹。我们不难想见，鸟羽在原始乐舞中扮演着重要的角色，而随着人类社会文明的发展，鸟羽的含义更为抽象化了，最终成为一种神秘的自然符号。在这符号的背后，是人们观念中的“凤”所带来的巨大力量、祥瑞气氛以及崇高德行。也可以说，远古时期的拟兽拟鸟乐舞，是凤乐舞发展的重要基础。

再次，拟兽乐舞也是原始自然崇拜及图腾崇拜的表现。原始人类认为万物有灵。在他们看来，自然界的风霜雨雪、日月阴晴、星辰山川都由神灵掌控。人们对自然中神秘现象的不理解令他们恐惧不安，这种恐惧的背后似乎有一种力量，使人们对大自然由惧而生畏，最终形成了对神秘未知世界的崇拜。正如马克思所言："自然界起初是作为一种完全异己的、有无限威力的和不可制服的力量与人们对立的。人们同自然界的关系完全像动物同自然界的关系一样，人们就像牲畜一样慑服于自然界，因而，这是对自然界的一种纯粹动物式的意识（自然宗教）。"①

①[德]马克思、恩格斯：《德意志意识形态》，《马克思恩格斯选集》（第一卷），北京：人民出版社2012年，第3版：第161页。

远古时期的社会生产力水平极为低下，人们与鸟兽一样，受到自然界神秘伟力的震慑和控制，都被置于被掌握、被操控的地位。在大自然面前的无力感激发了人们对自然现象的想象与思考，他们给鸟兽镀上了一层神性的力量，认为鸟兽与人类一样具有自己的意识和灵魂，是上天和神灵的使者。因此，人们在乐舞中常会扮演鸟兽，以表明自己已成为自然界不可分割的重要部分，希望以此祈求上天福祉的降临。凤鸟的造型使凤乐舞与一般的拟兽舞不同，更具有神秘性和威仪感，因此能够在庄重的祭祀场合使用。

在后世发展中，拟兽舞变得更具有趣味性和艺术性。秦汉以来，拟兽舞已不再是简单粗犷的祭祀乐舞，而成为一种娱乐活动。《汉书·盖宽饶传》记载了这样一则小故事：

> 平恩侯许伯入第，丞相、御史、将军、中二千石皆贺，宽饶不行。许伯请之，乃往，从西阶上，东乡特坐。许伯自酌曰："盖君后至。"宽饶曰："无多酌我，我乃酒狂。"丞相魏侯笑曰："次公醒而狂，何必酒也？"坐者皆属目卑下之。酒酣乐作，长信少府檀长卿起舞，为沐猴与狗斗，

坐皆大笑。

从这段记载来看，西汉时期的拟兽舞是比较流行的，甚至在宴饮场合也能表演。不过此时的这支“沐猴与狗斗”已不再是端庄肃穆的祭祀乐舞，反而显得戏谑可笑，可见拟兽舞已经被娱乐化了。事实上，拟兽舞在后世一直存在，如《北史》记载一男子“好声乐，善胡舞，与诸优为‘沐猴与狗斗’”，而晋代的谢尚亦能作《鸲鹆舞》。《晋书·谢尚传》记载，谢尚曾拜谒司徒王导，恰逢王导举行盛会，王导表示久闻谢尚能作《鸲鹆舞》，希望能得一见，谢尚便着衣帻而舞，王导令宾客拊掌击节，谢尚“俯仰在中，傍若无人”。有人还据此作有《鸲鹆舞赋》：“公乃正色洋洋，若欲飞翔。避席俯伛，抠衣颉颃。宛修襟而乍疑雌伏，赴繁节而忽若鹰扬。”从这些记录可以看出，拟兽舞自出现以后一直受到人们的欢迎，其中既包括了拟兽的戏谑舞，也包括了拟鸟的舞蹈。从谢尚之舞来看，拟鸟较拟兽更为严肃优美，已经具有极高的艺术性。

许多学者认为，在古籍中记载的“百兽率舞”的场面应当是由人来表演的，这一理解符合常理，也使鸟兽乐舞场面更真实可信。但有学者指出，拟兽舞在后期逐渐发展为训兽舞，参与乐舞表演的鸟兽应当是真实的鸟兽，只不过是由人驯化而舞。[①]这一观点也有一些论据支撑，如东汉郑玄在为《尚书·益稷》中的“击石拊石，百兽率舞”作注时说，这些跳舞的百兽是“服不氏所养者也”。“服不氏”为官职名，其职责为驯养野兽，《周礼·夏官司马》中有所记载。我们也可以认为，早在远古及夏商时期，人们已开始驯养野兽以作为乐舞娱乐之用，而人类对鸟兽的驯服也体现了对自然的征服，这在当时是有可能存在的。远古至夏商时期拟兽舞与驯兽舞可能是共存的，这两种舞蹈的表演者不同，内涵也略有不同。前者表达了人们与

①见韩霞：《中国古代舞蹈》，北京：中国商业出版社2015年，第132页。

大自然和谐相处的祈愿，而后者则更体现为人类对大自然的征服。

二、凤乐舞与祭祀仪式

如前所述，远古时期的拟兽舞来源于生活。这些乐舞的表演目的，一方面是作为人们劳动之余的消遣娱乐，另一方面表达了人类希望以此与自然达成和谐。早期人类的世界是充满神秘的，由此而产生的“万物有灵”论使人们对自然界充满敬畏。这种敬畏需要表达，人们希望以此与上天沟通，祈求上天赐予更好的生活环境。于是，原始乐舞的功用逐渐向巫祭转化，发展至夏商时期，则形成了完整的祭祀乐舞。凤鸟在祭祀仪式中也充当着重要的角色。

《吕氏春秋·古乐》中所记载的“三人操牛尾，投足以歌八阕”的《葛天氏之乐》可作为原始祭祀乐舞的代表，其舞蹈仍然保留着拟兽舞的痕迹，其中的巫祭色彩更浓。可以看出，《葛天氏之乐》与劳动的结合仍然紧密，但不再是笼统的与上天沟通，而已细分为不同的祭祀乐章——八阕。其中《玄鸟》一章，历来学者们有不同的看法，但大多数观点将其视作祭祀祖先之乐。与之相应的是《诗经·商颂·玄鸟》一章，为祭祀商君武丁之歌，而开篇第一句“天命玄鸟，降而生商”则描写了商人祖先契的诞生。据说契为其母简狄吞鸟卵而生，因此，商人将玄鸟视为先祖。

玄鸟究竟是什么身份？不同学者有不同的说法。相对而言，持玄鸟为燕、为鹤、为凤这三种说法的较多。玄鸟生商的典故早在先秦时期即被人们广泛接受，如《楚辞·天问》即曰：“简狄在台，喾何宜？玄鸟致贻，女何喜？”王逸注：“简狄，帝喾之妃也。玄鸟，燕也。贻，遗也。言简狄侍帝喾于台上，有飞燕堕遗其卵，喜而吞之，因生契也。”因“玄”有黑色之意，而燕子体黑，故而这种解释流传甚广。李善注张衡《思玄赋》："玄鸟，谓鹤也。"可见对"玄鸟"的理解是不一致的。郭沫若则认为玄鸟为凤凰，不少学者也赞同这一观点，如郭静云即指出："纯粹从词汇对照发现，玄鸟与天凤的意思相同：'玄'字象征天的意思，所以玄鸟就是天鸟，同时甲骨文里'鸟'与'凤'混用，所以'玄鸟'就是'天凤'。"[①]《说文解字》解释凤鸟的形象为"燕颔鸡喙"，可见燕子本也是凤凰的原型之一。

①郭静云：《天神与天地之道：巫觋信仰与传统思想渊源》，上海：上海古籍出版社 2016 年，第 428 页。

凤鸟作为虚构的神鸟，是各种鸟类的结合体，燕子、鹤、鹭、野雉等皆可以视为凤凰之原型。因此可以说，《葛天氏之乐》中的《玄鸟》一章是古代人们对祖先的祭祀乐章，他们将凤鸟的形象融入乐舞之中，很可能即是扮为凤鸟之形，模仿凤鸟之声，以此来表达对祖先的纪念与崇敬。当然，当时的凤鸟与其后"五色备举"的斑斓凤凰是有许多区别的，但其本质相同，是代表着上天意志的灵瑞之鸟，也是先民们祖先的化身，同时也是部族的保护神。

随着人类社会的不断发展，原始乐舞的装饰也不断变化。我们从"舞"字在甲骨文和金文中的造型可以看出，最初的乐舞即是一人两只手分别持有舞具，而这舞具很可能即是兽尾或者鸟翎之类。《葛天氏之乐》中"三人操牛尾，投足以歌八阕"正是对这种装饰的描述，这是原始人类借助鸟兽的形象传达自己向上天的祈愿，但不同的祭祀仍然是融合在一支庞大的乐舞之中。到了周代之后，祭祀乐舞有了更明确的分工："六小舞"中的《旄舞》即是手持牛尾而舞，明显是对"三人操牛尾，投足"的舞蹈动作的发展；而《皇舞》则是将彩色羽毛装饰在头上，《羽舞》则是将鸟类羽毛握在手中，《帗舞》更是将五彩凤羽演变为五色彩缯，这些舞蹈显然都是对《玄鸟》之类的巫祭之舞的进一步发展。也许从现代的审美观来看，这些舞蹈并不具有十分的美感，但其中所包蕴的文化内涵是非常丰厚的。

三、凤乐舞与生殖繁衍

原始社会中，人们为了更好地生存并与大自然和谐相处，便把自身的生产，即繁衍下一代看成一个非常重要的活动，把性和性行为看成很神圣和很神秘的事情。[1]因此，生殖繁衍也是远古乐舞祭祀的重要内容。从另一方面来看，生殖崇拜发展到后来转化为祖先崇拜，祭祀祖先的乐舞也可以说是生殖祝祷乐舞的变体。

①夏永声：《汉字与乐舞》，广州：暨南大学出版社2015年，第7页。

殷商时期崇拜的玄鸟，可视为凤之雏形。大量典籍中皆有关于“天命玄鸟，降而生商”的传说，其中《诗经·商颂》《楚辞·天问》《史记·殷本纪》《吕氏春秋·音初篇》皆有记载，可见这一说法在当时是被广泛认可的。据说殷商的后裔迁徙到中国西南地区，古滇国即有“羽人之国”的称谓。目前在云南石寨山、李家山的古墓中发现了不少戴有羽饰的人物图像，这些人物皆作歌舞状，有的头插长翎，有的头戴羽冠或颈饰羽毛，还有的手持长翎作为舞具。这些乐舞的表演目的尚待研究，很可能是一种祭祀鸟类祖先的仪式。

事实上，在后世的记载中，“玄鸟”的外形也并非通体黑色，而是类似于凤鸟的“五色”。《列女传》中有一则关于商人始祖之母简狄的故事：“契母简狄者，有娀氏之长女也。当尧之时，与其娣浴于玄丘之水。有玄鸟衔卵过而坠之，五色甚好。……简狄得而含之，误而吞之，遂生契焉。”从这段描述来看，玄鸟应当是凤鸟一类，这与凤鸟的“五色备举”是一致的。根据郭沫若先生在《历史论》中的说法，“玄鸟”是生殖器的象征。若依据这一解说，《楚辞·天问》中的“玄鸟致贻，女何喜”一句，则是具有隐喻之意了。我们不妨这样来看，玄鸟所隐含的生殖寓意在诗歌中被委婉地描述出来，而“玄鸟”在此也成为商人的祖先。商部族以鸟为图腾，商的起源与玄鸟有关，这也是玄鸟被视为其先祖的原因。事实上，不仅是商部族，在许多地域和民族中对鸟类的认识常是有生殖隐喻的。这些鸟类在传说中被赋予了神性，最终成为“凤”的形象。

一个民族的图腾绝不是凭空想象出来的，它多是来自其他的动植物原型，是各类观念综合的产物。“天命玄鸟，降而生商”虽不能作为商朝的信史，从中却能看出一些相关信息。据记载，简狄见玄鸟卵并吞而有孕是在春分时节，《太平御览》载：“春分之日，玄鸟至。……玄鸟不至，妇人不娠。”如此来看，玄鸟为春日之鸟，而春天本身即有孕育万物、生命初生之意。因此，简狄遇见玄鸟的故事并不是单纯地讲述商民族的传奇渊源，很可能是记载了远古时期的一种求子习俗。这一习俗活动在夏商时期应该一直持续，至周代已成为一种祭祀活动。《礼记·月令》记载：“仲春之月，……是月也，玄鸟至。至之日，以太牢祠于高禖。”《说文解字》引《明堂月令》“玄鸟至之日，祠于高禖以请子”。“高禖”即管理婚姻及生育之神，又称“郊禖”，为女性，呈孕育状。因此可以这样解读，简狄是在高辛氏的陪同之下到郊外求子，感于玄鸟的神力，最终诞下了商之始祖契。这种求子的祭祀活动发展到后来，与上巳节的郊游祓禊结合，最终成为一种节令习俗。可以看出，“玄鸟”由于与春日的紧密联系，也带上了孕育的含义。

玄鸟为凤之一种（也可能是后世的传说以“凤”美化了普通平凡的玄鸟），因此，在许多与鸟、凤相关的乐舞中也表达了生殖崇拜。云南大理的一些旧石器时代的洞穴岩画中描绘了许多神秘的图像，这些图像大多显得肃穆庄严，其中的舞蹈人形却又如动物的形状。通常而言，代表雄性的动物更为勇猛、矫健，而代表雌性的动物较为温和、驯顺。此外，在表现生殖的乐舞场景中还时常以一些抽象的符号代替人形，如以点、线、羽毛形状代表男性等。这些符号从两性生殖器官外形中抽象简化而来，在其后的发展中则进一步抽象化，并发展为拟兽舞。前面已经分析过玄鸟（凤）与生殖的关系，我们可以相信，在许多生殖乐舞中，凤扮演了重要的角色。

凤与生殖的隐喻在现在的民间艺术品中仍然存在。如民间刺绣中的“凤穿牡丹”和“凤啄牡丹”图案，往往暗示着男女交欢、生殖繁衍的意义，通常在婚礼装饰、婚礼场合下使用，具有“多子多福”“早生贵子”的美好祈愿。以此来看，《葛天氏之乐》中的《玄鸟》之舞很可能即是表现生殖崇拜，并进一步表达了对祖先的纪念与尊敬。

第二节　礼乐规范下的凤乐舞

原始社会至夏商时期，中国文化的主要特征体现为以神为本。人们认为，社会生活中的各种重要事项皆由鬼神主使，而巫觋是沟通人神之间的重要灵媒。凤鸟作为上天的使者，不仅具有人类所无法企及的神性，更代表着上天传达给人类各种信息，预示着社会生活的不同变故；当中国社会步入两周时期，人们的观念也不断转化。鬼神主宰社会的观念开始动摇，原因在于人类在社会生活劳动中所起的重要作用愈益显著，人类自身也更被认可，在祭祀中的地位得到提升。此时的祭祀乐舞除了表达对神灵的崇拜之外，更重要的内容是对先祖功业的歌颂、对现世君主的赞美。简言之，两周时期的乐舞被纳入礼乐的规范之内，凤乐舞也是其中之一。

一、原始鸟舞的礼仪化改造

在上一节中，我们分析了拟兽舞。模拟鸟兽的乐舞来源于生活及日常劳动，但在其后的发展中则被赋予了神性，尤其是凤乐舞，更是承载了对祖先的崇拜、对生殖的祝祷等一系列内容。然而此时的凤（鸟）乐舞仍是粗朴的，我们目前所见的古籍中的典雅记载，大多来自后世学者尤其是儒家学者的雅化改造。

远古时期的乐舞活动激烈而热闹。人们以鸟羽和兽皮作为装饰，不仅可以带来更美的视觉效果，也是对其中巫祷内容的宣扬。鸟羽兽皮象征着大自然的赐予，人们将自己装扮成鸟兽也代表着与自然和谐相处的愿望。在这些乐舞中，拟凤乐舞是较为突出的一类。凤乐舞代表着天籁和神性，也体现出人类的精神与力量之美。在如今的一些少数民族聚居区，仍然流行着拟兽舞，不同的是，人们已不再将自己装扮成鸟兽之形，而更注重模拟鸟兽的动作。如苗族的木鼓舞，风格热烈豪迈，表现的是苗人先民们的生活场景和地理环境，叙述了民族的来源。在歌舞中，表演者们五体皆动，以胯为动力点，手、脚、腰部动作极大，模仿虫、鱼、鸟、兽的动作，从舞蹈中能看出鲲鹏展翅、雄鹰护窝、猿猴攀援等场景，显得粗犷豪迈，气氛热烈，极具活力。

远古先民的生活是浪漫而粗朴的，他们的乐舞活动也是写实而粗放的。但当西周初年制礼作乐之后，许多原始乐舞便被赋予了新的内容，它们由粗犷而变得典雅，由热烈而变得平和。原始乐舞之所以出现这样的转变，还需从儒家对乐舞神话的改造来进行分析。

儒家在原始乐舞的改造中起到重要的作用。要分析这一过程，必须先了解儒家对远古神话的现实化再创造。中国古代神话体系不发达，这不得不说与儒家对神话及乐舞的改造有关。正如鲁迅先生所言：“中国神话之所以仅存零星者，说者谓有二故：一者华土之民，先居黄河流域，颇乏天惠，其生也勤，故重实际而黜玄想，不更能集古传以成大文。二者孔子出，以修身齐家治国平天下等实用为教，不欲言鬼神。太古荒唐之说，俱为儒者所不道，故其后不特无所光大，而又有散亡。”[①]鲁迅的说法是比较中肯的。确实，孔子对远古神话进行了历史化改造，其中最著名的两例即是“夔一足”与“黄帝四面”。《韩非子·外储说左下》记载：

①鲁迅：《中国小说史略》，上海：上海古籍出版社 1998 年，第 10 页。

> 哀公问于孔子曰：“吾闻夔一足，信乎？”曰：“夔，人也，何故一足？彼其无他异，而独通于声。尧曰：‘夔一而足矣。’使为乐正。故君子曰：‘夔有一，足。’非一足也。”

这则故事记载了孔子对远古神话传说中“夔”的理解。关于夔的原型，在《山海经》中有详细的记载：“东海中有流波山，入海七千里。其上有兽，状如牛，苍身而无角，一足，出入水则必风雨，其光如日月，其声如雷，其名曰夔。黄帝得之，以其皮为鼓，橛以雷兽之骨，声闻五百里，以威天下。”这一则神话中“夔”本为一种一足的恶兽，黄帝命九天玄女将其杀死，以其皮制鼓，并用雷兽之骨将其支撑起来，可以“声闻五百里，以威天下”。可见夔皮鼓的声音是极具威慑力的。正是由于夔与鼓声、音乐的关系，在后世的传说中夔逐渐摆脱了最初的怪兽面目，而成为了尧、舜时期的乐官。这一变化很明显出自儒家学者的改造。例如《韩非子》中记载的孔子不但强调“夔，人也”，否认了夔为异兽的传说，而且将“夔一足”转变为“夔有一，足”，此时的夔已经成为一位能够辅佐明君的贤臣了。

与此相似的还有“黄帝四面”。《太平御览》引《尸子》曰：“子贡云：‘古者黄帝四面，信乎？’孔子曰：‘黄帝取合己者四人，使治四方，不计而耦，不约而成，此之谓四面。’”

在远古传说中，黄帝为远古帝王之一，号轩辕氏，曾与炎帝争夺霸主之位，在阪泉之野打败炎帝。黄帝本为“四面”，即有四副面孔，也说明了黄帝曾被神化。但孔子将“黄帝四面”解释为黄帝选拔了四个同心同德之人，让他们分管四方、各自独当一面。于是四方和谐一致，上下一心，故而称为“四面”。这一解释与“夔一足”一样抹杀了神话的浪漫色彩，而以现实的“明君贤臣”之治代替其中的神性。在这种现实化、历史化的理解趋势之下，远古神话自然也逐渐失去了其中的浪漫色彩。

儒家对夔、黄帝等半人半神（兽）的人性化解读也使与之伴生的乐舞被礼乐化了。远古时代的鸟兽之舞应当是存在的，但在儒家经典的改造之下也成为礼乐文化的体现。以《尚书》中的相关记述为例：

> 帝曰：“夔！命汝典乐，教胄子，直而温，宽而栗，刚而无虐，简而无傲。诗言志，歌永言，声依永，律和声。八音克谐，无相夺伦，神人以和。”夔曰：“於！予击石拊石，百兽率舞。”（《尚书·尧典》）
>
> 夔曰：“戛击鸣球、搏拊、琴、瑟、以咏。”祖考来格，虞宾在位，群后德让。下管鼗鼓，合止柷敔，笙镛以间。鸟兽跄跄；箫韶九成，凤皇来仪。夔曰：“於！予击石拊石，百兽率舞。”（《尚书·益稷》）

这两段记述有相似之处，描写的皆是舜统治时期的乐舞场景。《尚书·尧典》中的乐舞并未上演，而是舜帝在得到尧的禅让之后对各类职官的任命与嘱托。舜帝命夔典乐，即管理乐舞之事，其目的是以乐舞“教胄子”，这事实上是命夔以礼乐教育贵族子弟；而“直而温、宽而栗，刚而无虐，简而无傲”则是强调经过礼乐教化之后君子应当具有的品格，“诗言志，歌永言，声依永，律和声。八音克谐，无相夺伦，神人以和”则指出了在礼乐规范之下乐舞活动的特点及规律。正是在这一指导原则之下，夔进一步描述了乐舞活动的场面:“击石拊石，百兽率舞。”这里的“击石拊石”虽然仍带有原始乐舞的遗存，但“百兽率舞”已不再是远古的拟兽舞，而是以鸟兽之舞象征统治的清明。许多学者认为这一场景其实是以人扮演鸟兽而舞，表现的正是天下咸宁的统治局面。

《尚书·益稷》中则正面描写了一场乐舞庆典。舜帝与禹、皋陶讨论政事，并相互劝诫，乐官夔又一次敲击石磬，并以琴瑟伴奏。这一场乐舞明显具有祥和气氛，其中“祖考来格”“群后德让”两句，表明乐舞演奏的同时有祖先祭祀和诸侯来朝。此时对鸟兽之舞的描写更为详细，音乐是“箫韶九成”，舞蹈是“凤皇来仪”。很明显，这些鸟兽之舞是由远古的拟兽舞发展而来，但已不再仅仅显示气氛的热闹，更包含有对舜帝之德的颂扬了。《尚书·益稷》中还陈述了禹治水的功绩，记载了舜以文德感化“三苗”的功业，再一次强调了以“文德”治国的重要性。这与凤凰之德是契合的，因此出现了“凤皇来仪”的祥瑞景象。

现代学者普遍认为，《尚书》列于儒家五经之一，其中记述的已不再是远古时期的历史原貌，而是经过了儒家知识分子改编的远古神话。因此，这些神话已经被历史化了，打上了儒家礼乐观的鲜明烙印。而其中与凤有关的乐舞也被礼乐化了，成为太平盛世的符号之一。

二、生殖乐舞的典雅叙述

远古时期的原始人类将自身的种系繁衍视为重大的社会问题。在生产工具落后、对自然现象无法解释的原始部族中，人口是人们对抗大自然和其他部族的基础。因此，在原始社会的乐舞中，也有许多是与生殖相关的，尤其是模拟鸟兽等自然事物的乐舞更为明显。

前面已经分析过“玄鸟”之舞所蕴含的生殖寓意。“玄鸟”因其与春日的关系而成为生殖繁衍的象征，而《玄鸟》一类的乐舞则是人们扮演为五色之鸟，通过对“高禖”之神的祭祀以求生存繁衍。这类舞蹈又是原始凤舞的一种，具有粗犷质朴的特点。

西周统治者的制礼作乐其实是对远古时期乐舞的礼乐化改造的过程。对高禖的祭祀已经不再是鸟兽群舞，而成为农历二月仲春时节的重要祭祀活动。据说“高禖”即为女娲，掌管人类生育。《礼记·月令》记载，祭祀高禖时，人们需进行以猪、牛、羊三牲为祭品的“太牢”之礼，并以乐舞娱神。人们在“禖宫”前载歌载舞、通宵达旦，祭祀期间男女可以自由择偶媾合，体现出原始人类对偶婚时代的某些风俗遗留。[①]祭祀高禖时需跳《万舞》，这一舞蹈即包含有祈求生殖繁衍的意义。

①何晓兵：《音乐作品赏析教程：中国民歌》，北京：中国传媒大学出版社2008年，第34页。

《万舞》据说产生于夏代，它的舞容我们已无法得知，但从相关的典籍中可以看出零星的信息。《诗经·邶风·简兮》曰：“简兮简兮，方将万舞。”《毛传》曰：“以干羽为万舞，用之宗庙山川。”此外，在《大戴礼记·夏小正》中也有：“二月……丁亥，万用入学。”卢辨注：“丁亥者，吉日也。万也者，干戚舞也。入学也者，大学也，谓今时大舍采也。”从这两者记述来看，《万舞》的舞具有所变化，《毛传》中认为是“干羽”，即大盾与鸟羽；而《大戴礼记》中认为是“干戚”，则是大盾与大斧了。“干戚”可能正是由“干羽”发展变化而来，体现出儒家礼乐对远古原始乐舞的转变。无论是哪一种舞具，都可以看出《万舞》应当是一种表现武力的武舞。

最初的《万舞》可能是手持鸟羽而舞，此时的鸟羽可能是凤鸟的象征，展现出凤鸟作为巨大神鸟的威仪和力量。“凤”本为雄鸟，以青年子弟习《万舞》，并以鸟羽为舞具，自然有强化君子之德、彰显君子之力的含义。郑玄在注释《礼记·月令》时说：“乐正，乐官之长也。命习舞者，顺万物始出地鼓舞也。”仲春时期习《万舞》，正是顺应了万物生长的自然规律，而《万舞》又时常在祭祀高禖时使用，则其中自然也包含了生育繁衍之意。

当然，在儒家礼乐的改造之下，《万舞》中的祈祷生殖意味被掩藏了。周代祭祀时，舞者手执鸟羽而舞，用于祭祀山川等自然神祇。但这种舞蹈与一般的文德之舞不同，它展现的是男性舞者的阳刚魅力。《诗经·邶风·简兮》中描写这位《万舞》舞者的诗句曰：“硕人俣俣，公庭万舞。有力如虎，执辔如组。左手执籥，右手秉翟。赫如渥赭，公言锡爵。”舞者手拿的是籥与翟，即管类乐器与野雉的翎羽。从这里也可以看出，虽然《万舞》的舞具不断变化，但鸟羽一直是重要的舞具。这位舞者“有力如虎，执辔如组”，浑身散发着男性的魅力。可以想见，这位观舞的女子，她已经被舞者的魅力深深吸引了，甚至抒发了“云谁之思？西方美人”的少女情怀。《万舞》虽为祭祀天地山川之舞，但从其中体现的与文舞迥然不同的男性力量之美可以看出，它最初应当是由生殖乐舞发展而来，只不过在周代的礼乐文化中被进一步雅化了。

前面我们已经分析过，女娲为生殖之神，远古的“笙簧”据说是女娲发明的。笙簧这种乐器，应当属于笙一类，也是一种凤形乐器。女娲发明了凤形的笙，正说明了“凤”在乐舞中的生殖隐喻。这一说法在现代少数民族的乐舞中可以得到证明。广泛流行于几个少数民族的“芦笙舞”即有繁衍生息的含义。“笙乃有声之器，能动发阳气，使万物萌生，以象征人类的繁衍，所以跳葫芦笙舞又几乎成为这些活动中不可缺少的内容。”[①]芦笙舞即是苗族的民间传统舞蹈之一，跳舞时男女青年围成数圈，舞蹈有两种形式：一种是吹芦笙者领舞，其他舞者跟随其后随音乐舞蹈；另一种是吹芦笙者站在舞场当中，舞者以其为圆心，围成数圈踩跳。[②]跳芦笙舞是青年男女们重要的交际活动，为他们提供了极好的结识机会。

①袁禾：《中国舞蹈》，上海：上海外语教育出版社1999年，第12页。

②刘冰清：《中国节日志 姊妹节》，北京：光明日报出版社2014年，第81页。

当然，凤乐舞在经过儒家礼乐的改造之后，其中所包含的原始生殖意味已十分隐晦。但以鸟羽起舞，以芦笙伴奏，可视为凤乐舞生殖意味的典雅叙述。

三、楚凤腾飞与列国乐舞的发展

春秋战国时期，南方楚国势力渐强。《史记》记载，楚人来源于华夏族，其先祖可追溯到商代中期的季连。由于中原部落集团之间的激烈斗争，季连后裔被迫南迁。楚族迁入长江流域并与当地蛮族杂居，因此也被华夏族视为“蛮夷”，被称为“楚蛮”或“荆蛮”。

楚人崇凤，将凤作为图腾并加以膜拜。凤不仅是楚国巫觋升天的伴侣，更是至尊、至善、至美的象征。楚人对凤的崇拜与中原华夏民族是一致的，但更加诚挚而热烈。在楚人的观念中，凤不仅是沟通天地、人神的神鸟，亦是高洁志向的标志，是人们所追求的美善之神。《楚辞》中反复出现凤鸟的意象：“凤皇翼其承旗兮，高翱翔之翼翼”，“吾令凤鸟飞腾兮，继之以日夜”。这里是将凤作为诗人高洁远大志向的象征。又曰“凤皇在笯兮，鸡鹜翔舞”，诗人将自己比作凤鸟，却被囚于笼中，抒发了志向不得施展的苦闷。楚人对凤的热爱是无可取代的，凤已经成为一种文化精神，深深地嵌入楚人的生活之中。

楚地乐舞也受到楚凤之美的影响。著名的楚乐器虎座鸟架鼓是楚人观念中凤鸟强大与威仪的代表，显示出楚人充分的自信。楚地乐舞是浪漫优美的，这是对凤之美德的继承。楚乐舞在春秋战国时期脱颖而出，超越了中原乐舞，正是汲取了楚凤精神的养料而蓬勃发展的结果。

首先，春秋战国时期的楚地巫风炽烈，这与楚人的凤信仰有关，更直接推进了楚地乐舞的发展。据古文字研究者考证，最初的“巫”字是手持旌羽的舞者形象。“旌羽”，即以羽毛装饰的旌旗，其中的羽毛作为凤鸟的象征，取其沟通天人的功用。楚地巫风是楚地乐舞艺术取得极高成就的重要原因。在巫觋祭祀时，总会以乐舞取悦神祇，乐舞也同时起到了与神灵交流的作用。楚人的重巫淫祠是对远古巫风的留存，同时也与楚人与蛮人杂处，受到蛮族文化的影响有关。不仅如此，楚地君主对乐舞的喜好也直接推动了楚乐舞的发展兴盛。东汉桓谭的《新论》记载了这样一个故事：

> 圣王治国，崇礼让，显仁义，以尊贤爱民为务，是为卜筮维寡，祭祀用稀。昔楚灵王骄逸轻下，简贤务鬼，信巫祝之道，斋戒洁鲜，以祀上帝、礼群神，躬执羽绂，起舞坛前。吴人来攻，其国人告急，而灵王鼓舞自若，顾应之曰：“寡人方祭上帝，乐明神，当蒙福祐焉。”不敢赴救，而吴兵遂至，俘获其太子及后姬以下，甚可伤。

这则故事有对楚灵王的明显批评。作者认为，英明的君主应当是能治理天下，崇尚礼义谦让，讲求仁德的，因此不会迷信占卜之事，而只着眼于务实。而楚灵王却沉迷于巫祭，并亲自拿着“羽绂”起舞，当吴兵来攻仍沉迷于乐舞不肯停舞守国，最终落得一个身败国裂的下场。楚灵王在作巫舞时手持“羽绂”，这是一种雉羽做成的舞具，以五色丝带将野雉的尾羽捆扎成束，很明显是取凤之“五德”之意。可惜的是楚灵王并没有看到“凤之德”对君王统治的重要性，而只沉迷于舞乐之美。

其次，凤鸟的姿态之美及浪漫神性也为楚地乐舞提供了源源不断的艺术灵感。凤鸟之美是无可取代的，在其影响之下，楚地乐舞追求装饰的精美、场面的豪华，而舞姿也更加飘逸动人。相较于中原国家的乐舞而言，楚乐舞格外注重声色的渲染，这当然是对凤之美的片面继承，但同时也使楚乐舞向纯粹的艺术审美道路上发展，远远超越了中原雅乐的典雅沉重。《九歌·礼魂》曰：“成礼兮会鼓，传芭兮代舞，姱女倡兮容与。春兰兮秋菊，长无绝兮终古。”这里描写的是一场隆重的祭祀之后的乐舞。巫女们伴随着鼓声传递鲜花，姣美的歌者以从容的歌喉唱着动人的巫歌。美好的时光如春兰秋菊一般交错不谢，人们对神祇的敬仰也是百代流传、无穷无涯。从这些描写可以看到，楚地的巫祭乐舞与中原祭祀之乐迥然不同，它不再是凝重板滞地表达对祖先和神灵的崇敬，而是以优美的乐舞、动人的舞姿带给神、人万般的愉悦。

自春秋以来直到战国中期，楚地乐舞飞速发展，其艺术性远远超越了中原乐舞。虽然被当时的儒家学者们斥责为“郑卫之声”“靡靡之乐”一类，但其中的艺术美感是不容忽视的。这种艺术之美得益于楚人对凤鸟之飘逸灵秀的继承和发展，正是凤鸟的浪漫神性使楚地乐舞得以飞速发展。

在楚凤腾飞的同时，其他诸侯国的乐舞文化也在持续发展，但与楚乐舞相比大为逊色。究其原因，可能是因为中原之乐更注重礼乐的典雅，偏重对凤鸟之“德”的继承和重视，而对凤鸟的羽色之美有所忽略；而楚地乐舞却是对凤鸟之“美”与“飘逸”的升华，这使其具有了更纯粹的欣赏价值和更高的艺术性。应该说，这两种乐舞都是值得肯定的，但乐舞毕竟是视觉与听觉的艺术，片面追求乐舞之“德”最终会导致其失去艺术的活力，这也是春秋战国时期宫廷雅乐日益衰落，而燕乐和民间乐舞蓬勃发展的原因。可以说，楚乐舞从凤鸟的美德中发现了最适于促进自身发展的因素，并以实践证明了这是乐舞发展的正确道路。楚乐舞的意义是深远的，不仅是秦汉乐舞的直接来源，更影响到唐代乐舞的发展。在楚乐舞的指引之下，中国的传统乐舞寻找到了另一条更适宜发展的道路，最终达到了隋唐时期的隆盛。

第三节　凤凰乐舞的人性化转变

汉代是中国乐舞文化发展的第一个高潮时期。与周代不同的是，汉代的乐舞基本沿袭着楚乐舞的方向继续发展，更注重娱乐性及审美性，体现的是乐舞活动给人带来的视觉之美和听觉享受。在汉人的观念中，乐舞是人性化的，它们不再是娱神或祭祀的工具，而是为取悦于现世之人，满足人们的精神生活需要。汉代宫廷“弃周天子巫术风格的雅乐歌舞，大兴角抵、百戏、俗乐舞取而代之，中国歌舞音乐自此开始发生重大变革”[①]。汉代乐舞是中国乐舞文化的一大转关，乐舞表演的杂技成分更明显，突出了表演本身的技术感和新奇感。与之相应，汉代的凤凰乐舞也更趋于人性化。

①余甲方：《简明中国古代音乐史》，上海：复旦大学出版社 2017 年，第 123 页。

一、百戏中的凤舞

汉代俗乐舞发达，而宫廷雅乐衰微。宫廷及官府出行的宴乐，往往会伴有鼓吹，既作为仪仗，也为燕乐之用；汉代宫廷中有乐府，承担着“采诗以观民风”的职责，事实上已成为宫廷的娱乐机构；汉代民间歌乐盛行，歌者击节而唱，余者皆有和声，这可能是战国时期“楚声”和歌的进一步发展。汉代还出现了一种大型综合艺术表演形式，俗称“百戏”，又称“角抵戏”。百戏是一台节目的总称，表演人数众多，热闹非凡，不仅有表演者，亦有乐队，其中包括了乐舞、杂技、幻术、角抵、滑稽等各类表演。汉武帝时期国力强盛，乐舞娱乐活动也空前兴盛，百戏演出更加盛大。据说“（元封）三年春，作角抵戏，三百里内皆观”（《汉书·武帝纪》）。由于规模庞大、结构复杂，百戏一般由朝廷组织，每当表演时热闹非凡，不亚于一场大型联欢会。

汉代乐舞百戏中有许多精彩的节目。《汉文帝纂要》记载：“百戏起于秦汉曼衍之戏，技后乃有高絙、吞刀、履火、寻橦等也。”可见百戏以杂技为主，往往展示的是奇幻景象和美妙仙境。在许多汉代文学作品中皆提及了百戏，张衡《西京赋》中对这种都市艺术的五彩斑斓作了详细的描绘：“临迥望之广场，程角抵之妙戏。乌获扛鼎，都卢寻橦。冲狭燕濯，胸突铦锋。跳丸剑之挥霍，走索上而相逢。”从这些描写可以看出，百戏表演的内容是丰富而生动的，包括了举鼎、爬竿、魔术、抛球、舞剑、走绳索等技艺。汉代百戏表演中时常展现仙境场景，被称为“总会仙倡”。张衡《西京赋》对其有细致的描写：

> 华岳峨峨，冈峦参差。神木灵草，朱实离离。总会仙倡，戏豹舞罴。白虎鼓瑟，苍龙吹篪。女娥坐而长歌，声清畅而蜲蛇。洪涯立而指麾，被毛羽之襳襹。度曲未终，云起雪飞。初若飘飘，后遂霏霏。复陆重阁，转石成雷。礔砺激而增响，磅磕象乎天威。巨兽百寻，是为曼延。神山崔巍，欻从背见。

“总会仙倡”，即由倡优扮成仙人，模仿仙境生活的百戏表演。有的优人扮作传说中的尧帝之女娥皇女英，放声长歌，声音清亮婉转；有的则披着毛羽仙衣扮作仙人，站立指麾。在悠扬的乐曲中云起雪飞，观者仿佛进入仙境。之后又有百寻巨兽作“曼延”之戏，豹子、熊罴、白虎、苍龙亦纷纷起舞奏乐，给人无穷的遐想。这里描写的仙境中并没有凤鸟出现，但我们可以想见，凤鸟作为仙人的使者应当是存在于这场百戏之中的。伎人在扮演仙人时穿的不正是蓬松柔软的羽毛之衣吗？这里很明显具有凤的象征意义。

值得注意的是，汉代乐舞百戏中的凤凰已不再是凛然只可远观的神使，反而成为与百兽一样的驯化对象。凤鸟在汉代变成了一种普通的动物，虽然仍存在于幻想之中，但其高高在上的神性已经褪去了。几百年之后，唐代大诗人李白在《上云乐》中同样描写了朝廷中的一场盛大百戏，其中有诗句曰：“五色师子，九苞凤凰。是老胡鸡犬，鸣舞飞帝乡。”诗中的狮子、凤凰是随从西域朝贡者而来到中原的。它们甚至成为“仙人老胡的鸡犬”，为唐代君王献舞。这里的凤凰来自西域仙境，虽然神性仍在，却已失去了威仪。

山东省沂南县北寨村汉墓画像石《百戏图》中，完整地再现了东汉百戏表演的盛况。画面上共有五十多名演员，他们互相配合、各有装扮，构成了一个热闹和谐的整体。画面上除“跳剑”“寻橦”“走索”之外，更有当时盛行的“鱼龙曼衍”：画面上先有一象征吉祥的神兽舍利屈身跳跃，接着出现一位身着羽衣的小孩对兽嬉戏，憨态可掬；其后又是一条彩扎大鱼，三人摇着“兆鼓”逗引着；紧接着“鱼化为龙”，由马遍体披鳞扮成龙形，马背上驮着画卷，表现“河出图”的祥瑞；最后是由人乔装成一组凤凰，表现“凤凰来仪”的场景。这些凤凰修羽长翎，作展翅飞舞之态；又有一人穿花瓣状衣服，手持一株梧桐，表现“梧桐引凤”之意。[1]这一组画面皆以“仙境”为背景，展示了传说中的各种珍禽异兽和吉祥之兆，具有祈愿吉

①参见邹博：《中国国粹艺术通鉴·曲艺杂坛卷》，北京：线装书局2011年，第360页。

祥、平安、祥瑞之意。

从汉代的乐舞百戏可以看出，凤凰仍然扮演着重要的角色，但身上的神性已经弱化了不少，只成为一种象征吉祥的符号了。凤凰之德已经退居背后，人们更注重的是乐舞百戏表演带给人的感官享受，已越过了对“凤德”的仰慕而直接寻求其中的吉祥意味了。自汉代开始，凤凰的无上地位已经动摇，至唐代被大诗人李白比作仙人“鸡犬”也就不足为奇了。

二、琴曲歌辞中的凤凰意象

琴是中国最古老的乐器之一，是汉文化中地位最崇高的乐器之一。前文已经叙述过，在神话传说中，琴与凤凰有着密不可分的联系，琴木为凤凰所栖的梧桐所制，琴身效凤凰之形，因此在儒家音乐文化中，琴是君子的象征，自古有“士无故不撤琴瑟”和“左琴右书”之说。琴最初产生时为五弦，后改为七弦，沿用至今。

汉代独尊儒术，与儒家道德修养相关的琴也被提升到更高的地位。在琴曲中，“凤”也成为常见的意象。西汉初年已有七弦古琴，其面板较为平直。发展到西汉中期，古琴逐步改进，其面板完全平直，尾部实木处已改为与主体相连的共鸣箱，扩大了音量。[1]随着古琴形制的改进，演奏技艺亦不断提高。

①郭伯南、刘福元：《中国史话》，上海：上海古籍出版社2016年，第226页。

汉代的琴乐已经发展到较高的水平，而且随着汉儒对士人之德的解读，琴与士人的关系更加密切。东汉桓谭《新论·琴道》中即曰：“夫遭遇异时，穷则独善其身而不失其操，故谓之操。达则兼善天下，无不通畅，故谓之畅。”正是出于这种比德的目的，琴曲便有了各种体裁，而其中“操”“畅”是其代表。东汉学者蔡邕认为，琴曲应当抒发士人志向，他将搜集到的琴曲歌辞定名为“琴操”，并编有《琴操》一书。其中收录有《将归操》一首，其序曰：

《将归操》者，孔子之所作也。赵简子循执玉帛以聘孔子，孔子将往。未至，渡狄水，闻赵杀其贤大夫窦鸣犊。喟然而叹之曰："夫赵之所以治者，鸣犊之力也。杀鸣犊而聘余，何丘之往也？夫燔林而田，则麒麟不至；覆巢破卵，则凤皇不翔。鸟兽尚恶伤类，而况君子哉！"于是援琴而鼓之，云："翱翔于卫，复我旧居，从吾所好，其乐只且。"

这支琴曲虽托名为孔子，但很可能是蔡邕或汉时人托孔子之名而作。[①]曲中反映了孔子以"游"行道的救世者形象，表现了孔子矢志不渝的进取精神和忧国忧民的兼济情怀。[②]《史记·孔子世家》记载，孔子周游列国困于陈蔡之间时，仍抚琴弦歌不辍，可见孔子对琴乐的重视。《将归操》中孔子对"覆巢破卵，则凤皇不翔"的感叹，即是将凤凰作为贤德的化身。值得注意的是，在蔡邕的记述中，孔子叹息"鸟兽尚恶伤类，而况君子哉"，事实上已经将君子置于比凤鸟更高的地位。可以看出，在汉代儒士的眼中，凤凰仍为贤德的代表，但其地位已不再如先秦时期那般崇高，而是与其他鸟兽同类了。

①关于《琴操》的作者，历来有不同说法。有的学者认为其中所录歌曲为汉以前人所作，逯钦立则认为《琴操》为蔡邕所撰，其中所录多为先秦两汉歌辞，也有后人的作品。见逯钦立辑校：《先秦汉魏晋南北朝诗》，北京：中华书局 1983 年，第 299 页。

②于师号：《孔子"游"文化研究》，济南：山东大学出版社 2016 年，第 160 页。

汉代琴曲中最著名的当属司马相如之《凤求凰》。据传西汉才子司马相如应其友临邛（今四川邛崃）县令王吉的邀请到临邛做客。临邛首富卓王孙宴请王吉，便也邀请司马相如至府中赴宴。卓王孙之女卓文君青春貌美却守寡在家，听闻司马相如的才名，便悄悄在前厅的帷幕后偷看。司马相如偶见帷幕后的卓文君，也惊为天人，又听说卓文君深谙琴乐，于是在席间以琴弹唱了一首《凤求凰》。其辞曰：

凤兮凤兮归故乡，遨游四海求其凰。时未遇兮无所将，何悟今夕升斯堂！有艳淑女在闺房，室迩人遐毒我肠。何缘交颈为鸳鸯，胡颉颃兮共翱翔！凰兮凰兮从我栖，得托孳尾永为妃。交情通体心和谐，中夜相从知者谁？双翼俱起翻高飞，无感我思使余悲。

凤为雄，凰为雌，“凤求凰”是大胆的男女恋歌。卓文君听到司马相如的琴曲，不觉心有所动，不顾父亲的反对与司马相如私奔，成就了一段爱情佳话。歌辞中司马相如以雄凤喻己，以“遨游四海求其凰”比喻自己对佳人的爱慕，同时也隐含自己怀才不遇的苦闷。“凰兮凰兮从我栖，得托孳尾永为妃”“双翼俱起翻高飞，无感我思使余悲”几句，则大胆表白心迹，希望卓文君能与自己情投意合，双宿双栖。这里的“凤凰”已不再具有君子之德的意味，而是象征着两性欢爱的意象。从司马相如、卓文君二人冲破封建礼教自由相爱的行为来看，凤凰的意象甚至与君子之德是相悖的。可以说，此时的凤凰已完全脱离了儒家礼乐文化中“天德之使”的形象，仅保留了其美丽、祥瑞的特点。汉代琴曲中的凤鸟形象已更趋于人性化了。

在元代王实甫的杂剧作品《西厢记》中，张生“琴挑”莺莺时也唱了一首《凤求凰》。与司马相如的琴曲歌辞相比，这首曲辞情感更为直率大胆，也更为炽烈：

有一美人兮，见之不忘。一日不见兮，思之如狂。凤飞翱翔兮，四海求凰。无奈佳人兮，不在东墙。将琴代语兮，聊写衷肠。何时见许兮，慰我彷徨。愿言配德兮，携手相将。不得于飞兮，使我沦亡。

如果说前一首曲辞中的“凤”与“凰”尚有情趣高洁之意，这一段琴曲歌辞中的“凤”与“凰”则直接成为爱情的主角。曲中主人公反复表达了对“美人”的思慕，并说明其目的是“将琴代语”“聊写衷肠”。这里的凤凰进一步人性化了，并因其美丽而完全成为爱情的象征。从曲辞中来看，凤凰与音乐的关系仍然受人重视，这也是抒情主人公在曲中吟诵“凤凰”的原因。虽然这首琴曲是元人所作，但也可以看出凤鸟形象在汉代以后的发展中具有了更多的人间情味。

事实上，《凤求凰》是否为司马相如所作尚不能确定。史书中并未记载这一歌辞，最早的收录见于南朝徐陵《玉台新咏》，之前有序阐述了故事缘由。其后唐代欧阳询等编的《艺文类聚》、宋代郭茂倩编的《乐府诗集》中也有记载，可见这一故事在后世流传甚广。但可以肯定的是，《凤求凰》的歌辞在南朝之前即已出现了，很可能是两汉琴人假托司马相如所写的。无论作者为谁，在汉代，凤凰已从神天之上降落到人间，是能够肯定的。

三、宫廷中的凤乐舞

两汉宫廷中乐舞风气极盛，但与两周时期不同的是，此时的宫廷乐舞多是娱乐乐舞。汉代宫中雅乐不兴，再加之楚地文化对汉文化的影响，宫中更多巫祭之事。因此汉代宫廷中与凤相关的乐舞，也不再是歌颂凤德的雅乐，而是成为一种巫祭活动了。事实上，这种巫祭活动因其舞姿优美、乐曲动人，更常作为娱乐之用。

东晋干宝《搜神记》中记载有“贾佩兰说宫内事”一则：戚夫人有侍女名叫贾佩兰，后出宫嫁与扶风人段儒为妻。贾佩兰出宫之后，对宫中之事念念不忘，时常向人叙述：

> 在宫内时，尝以弦管歌舞相欢娱，竞为妖服，以趋良时。十月十五日，共入灵女庙，以豚黍乐神，吹笛击筑，歌《上灵之曲》。既而相与连臂，踏地为节，歌《赤凤皇来》，

乃巫俗也……

贾佩兰对宫中之俗的叙述很长，这里只摘录一部分。在她的回忆中，汉宫中的生活是美好欢乐的，“尝以弦管歌舞相欢娱”，说明宫中之乐多为用以娱乐的“俗乐”，与雅乐的严肃庄重是不同的；而“竞为妖服，以趋良时”，更是说明了宫女们打扮得妖冶靓丽，以丝竹乐舞度过美好时光，可见宫中流行的是“女乐”，即女子所跳的娱乐乐舞；乐舞是祭祀神灵的重要部分，宫女们“吹笛击筑，歌《上灵之曲》”，并“相与连臂，踏地为节，歌《赤凤皇来》”，可见《上灵之曲》和《赤凤皇来》是当时重要的巫祭乐舞。“上灵”即天上神灵，而“赤凤皇”为凤之一种。

舞蹈《赤凤皇来》表现的应是与凤鸟有关的内容，可能与楚人的崇凤习俗有关。楚人先祖祝融为“火正”，是以楚人崇火，崇日，尊鸟崇凤，其凤也被称为“朱凤”、“赤凤”或“火凤”。汉文化虽产生于秦文化之后，却与战国时期的楚文化一脉相承。汉宫中的《赤凤皇来》乐舞很可能是源自好巫淫祀的楚地的乐舞，并以“连臂”“踏地”等动作表现对凤凰的崇拜。

需要注意的是，宫女们的热闹祭祀，已经不再是两周时期贵族国子所表演的雅乐舞蹈，她们动作更加热情灵活，打扮更加妩媚多姿，与其说是表达对神灵的敬仰，不如说是借此机会寻求娱乐。这也说明汉代凤乐舞进一步走向人性化、娱乐化。

第四节　多元文化中凤乐舞的开新

魏晋南北朝时期，是继秦汉统一之后的又一次大分裂。自东汉末年群雄并起、三国鼎立之后，西晋实现了短暂的统一。但西晋统治阶级内部矛盾极其尖锐，“八王之乱”之后，西晋政权迅速衰落，北方少数民族趁机南下中原。西晋灭亡后，中原地区陷入长期的战乱之中，南北形成对峙局面。可以说，从汉末分裂到隋代的统一，魏晋南北朝近四百年的历史处于动荡不安的状态。但是在这“乱世”之中，文化却是极为活跃的，这不仅表现在文学方面，也表现在乐舞艺术方面。

一、凤鸟图腾的艺术化展现

魏晋南北朝时期以门阀官资计人贵贱。家族显贵者虽身居高位，却常由于统治者的争权夺利而被卷入政治斗争之中，如西晋陆机、陆云兄弟，南朝宋时的谢灵运等；家族寒微者则沉沦下僚，因有才难施而常怀郁愤。在这种社会背景之下，士人们普遍表现出率真任诞、清俊通脱的行为风格。这是一种艺术化的人生态度，与之相应，人们对凤鸟图腾的信仰也更为艺术化了。西晋重臣、文学家傅咸曾作《仪凤赋》，对凤鸟的品德极力赞美。他认为凤鸟体大且美，不仅能引人注意，而且有优越的才德。仪凤只有在“龙飞九五，时惟大明，阐隆正道，既和且平”之时才能出现，是天下光明的标志，也是天地和谐、泰然雍容的体现。凤鸟在傅咸笔下不再是远古神秘的通天神鸟，也不再是以美色悦人的汉代飞禽，而是气度宏阔、穷达自适的正直儒士的形象。这一形象又带有仙道的飘逸之气，与儒家的凝重肃穆大不相同。可以说，在魏晋南北朝时期，凤鸟的形象和特质被进一步艺术化了。

魏晋南北朝时期的乐舞处于承前启后时期：一方面，此时的乐舞承袭前代传统，对前代的雅乐舞曲多是继承与接纳；另一方面，此时处于南北文化交流的浪潮之中，乐舞活动又不可避免地被输入外来文化的内容。再加之南北民族的战争与交流进一步推动了民族融合，原本流传于北方的“清商新声”融入了南方的吴歌楚声，新的乐器和融会南北之长的新型乐舞也随之产生。因此，此时的乐舞是复杂而易于创新的，乐舞艺术空前活跃，凤乐舞即是其中的代表。

魏晋南北朝时期的雅乐仍坚持“乐以教化”的正统思想，但同时，雅乐曲目又受到士人的“通脱不羁之风”与外来胡乐的双重影响，已经不再限于对两周及秦汉以来乐舞的继承，又出现许多新创曲目，如《命将出征歌》《劳还师歌》等歌颂战争的曲目，还有《正德舞歌》《大豫舞歌》等庆典之乐。此外，一些民间乐舞也传入宫廷作为宴乐欣赏之用，如《江南可采莲》《乌生十五子》《白头吟》《子夜吴歌》《凤将雏歌》《团扇歌》等。[1]据《晋书·乐志》记载，《凤将雏歌》本为旧时徒歌，即没有乐器伴奏而演唱的歌曲，其后在发展中“被之管弦”，成为宫廷之中的大舞。这里的凤凰已经不再具有威仪之度，而成为具有母性的祥瑞之鸟，可见在魏晋乐舞中，关于凤凰的想象已经突破了儒家礼乐的固定程式，而更具人性和感性。在其后的发展中，“凤将雏”已成为喜添佳儿的美赞之辞，具有更鲜明的人情味了。

①参见贾福林：《中和韶乐》，北京：北京美术摄影出版社2015年，第45页。

相较而言，北朝统治者似乎对传统雅乐更为重视，这可能与他们的刻意汉化有关。北魏道武帝拓跋珪天兴元年（398），曾以中原传统的“八佾”之乐配鲜卑族乐舞《皇始》，这一舞蹈是道武帝亲自创作，表现的是其光复代王祖业的功绩。乐舞中体现出南北文化的融合，虽然略有生硬，但说明北朝时期的雅乐舞蹈已经被注入了新鲜的血液。此后北齐、北周也一方面秉承传统继承前代礼乐，同时也据时事加以改订。

魏晋南北朝时期的宫廷娱乐乐舞持续发展，最有代表性的凤乐舞当属北朝的《火凤舞》。北魏高阳王元雍有家伎名艳姿，体轻妖娆，善作《火凤舞》。此舞在文献记载中多留舞名，却少有舞容，据说表演时舞者手中持扇，以模仿凤鸟的飞翔起落。舞蹈既以“火凤”为名，应当还是与凤鸟趋火向阳的属性有关，想来此舞应该是欢快热烈的。唐代诗人元稹在新题乐府《法曲》中写道：“女为胡妇学胡妆，伎进胡音务胡乐。《火凤》声沉多咽绝，《春莺》啭罢长萧索。”这里将《火凤》与唐代乐舞《春莺》相提，可见此舞在唐代仍有一定影响。而且可以看出，在唐人看来，《火凤舞》为“法曲”的一种，与天宝末年涌进的“胡音”“胡乐”相比，是较有正统意义的，代表着中原的传统旧乐。这种观点的形成，也可能与其舞是对凤鸟之形的模仿有关。

总之，魏晋南北朝时期的凤鸟形象，无论在诗文中，还是在乐舞艺术中，都有一定的变化。这一时期的凤乐舞既保留着两周时期对“德”的重视，也发展了两汉时期对“美”的显扬。这一特点也体现在绘画、雕塑艺术中，使凤的形象更加潇洒自如。凤鸟形象的变化与乱世中士人对自身价值观的宣扬有关，也与佛教的传入有关，体现出早期凤鸟图腾的艺术化转变。

二、凤凰故事杂技的产生及演变

魏晋南北朝时期，乐舞百戏艺术进一步发展。社会动荡和长期的战乱一方面使经济、政治生活受到破坏，另一方面却也推动了南北民族的融合与交流。此时的乐舞杂技艺术也在原来的基础上进一步吸收了外来民族的文化传统，不仅具有更高的艺术价值，更成为宫廷与民间盛行的主要娱乐活动。

魏晋南北朝杂技中驯兽表演较多。其中最著名的有《猿骑》等节目。这一杂技模仿了北方游牧民族的马戏形式，由人扮作猿猴表演骑术，展现骑手的轻捷矫健。而南方的传统杂技则更重幻术、百戏等大型表演，其中较著名的有南朝齐永明年间的《天台山伎》，表现的是道士们发现仙境的故事。据说永明六年（488），赤城山忽然出现“仙境”，其中有石桥、瀑布等景物，人所未见。齐武帝以之为祥瑞，派人察看之后，又让太乐令郑义泰等将这一事件编排成节目上演。因赤城山位于天台山中，故称为《天台山伎》。这出大型幻术节目展现的是仙境情状，其中有彩扎动物如凤鸟、麒麟之类，表现的皆是祥和的仙界之景。

南朝刘宋时期最著名的百戏节目为《凤凰衔书伎》，又称《凤凰含书》。据《艺文类聚》引《春秋元命苞》记载："火离为凤皇，衔书游文王之都，故武王受凤书之纪。"火离为鸾鸟之属，应是凤凰的一种。这一传说有君权神授的意味，故而受到历代统治者的欢迎。《南齐书·乐志》记载："凤皇衔书伎歌辞，盖鱼龙之流也。元会日，侍中于殿前跪取其书。"这一节目较为正式，是宋齐两代朝廷元旦日的重要仪典。《隋书·音乐志》称《凤凰衔书伎》自宋齐以来皆有，而且均有歌辞，直到梁武帝普通年间下诏将其罢除。现将刘宋时《凤凰衔书伎》的歌辞摘录如下：

> 大宋兴隆膺灵符，凤鸟感和衔素书。嘉乐之美通玄虚，惟新济济迈唐虞，巍巍荡荡道有余。

这首歌辞的内容类似于朝堂雅颂之乐，却比雅乐歌辞更显流畅顺口；表演时打破了雅乐舞蹈的沉闷，而将杂技幻术融入其中。朝会开始之后，半空中飞来一只彩凤，凤嘴衔有祝词，送到跪在殿前的侍中手中，侍中展书阅读。这里的彩凤当然是由人表演的，以绳索之类悬吊，表现飞翔之态。可以说，《凤凰衔书伎》是传统雅乐与汉代以来宫中百戏的结合体，使枯燥的朝堂庆典有了一些趣味性。

《凤凰衔书伎》的表演不仅在南朝流传，在北方也有，但与南朝不同的是，北朝的这一节目是作为普通的杂技百戏供人娱乐的。《魏书》中记载了北魏道武帝天兴六年的杂技百戏，其中也有《凤凰含书》的名目，可见当时已经被列为宫中百戏了。

早在十六国时期即有“凤凰衔书”的相关记载。东晋陆翙的《邺中记》中有一则“木凤衔书”的故事：“石季龙与皇后在观上，为诏书，五色纸，着凤口中。凤既衔诏，侍人放数百丈绯绳，辘轳回转，凤凰飞下，谓之凤诏。凤凰以木作之，五色漆画，脚皆用金。”石季龙即石虎，为五胡十六国时期后赵皇帝。这里的“木凤”似乎只是作为帝王宣诏的一种工具，但其“五色漆画，脚皆用金”，已是经过刻意装饰的。这里的“木凤衔书”因装饰精美且具有一定表演性，已可以视为一种宫廷娱乐节目的雏形，表现的是帝王诏书的神圣权威，但也有一定的戏剧性。其后南北朝时的《凤凰衔书伎》明显是受此启发而来。

唐宋时期也有类似于《凤凰衔书伎》的百戏节目，可能是南北朝时节目的变体。这一节目的主角不再是凤凰，而是“金鸡”。宋代每逢宣赦犯人时皆在国都城楼前竖起各色大旗，其中的“盖天旗”最为高大。在旗帜旁边稍远处立有高十余丈的“金鸡竿”，竿尖有一大木盘，一彩扎金鸡立于盘中。鸡嘴中衔有一幅红绸，上写“皇帝万岁”四字。即将被释放的犯人们立于楼前，仪式开始之后，四名头戴红巾的伎人沿红绳攀上竿顶，从金鸡嘴中取下红绸。这时城楼降下一只彩扎木鹤，口衔赦书飞至彩楼之上，顿时鼓乐大作，犯人们开去枷锁，山呼万岁。自此楼下各种杂技表演开始，尽欢而散。[①]这一节目明显由南北朝时《凤凰衔书伎》百戏发展而来，因用于赦免犯人的场合，便将彩凤变成了彩鹤，但其表演的程式是大致相同的。总之，彩凤类的杂技皆是为表现帝德的高尚以及臣僚百姓对君主的拥护，具有明显的歌功颂德的意义。不过从其发展过程中

①见傅起凤、傅腾龙：《中国杂技》，天津：天津科学技术出版社 1983 年，第 52 页。

也可以看出，凤鸟的形象在乐舞百戏中已经越来越娱乐化了，人们在保留了凤鸟的德行及祥瑞意味的同时，又增加了趣味性，这是中国古代乐舞文化的重要发展。

在南北朝时期，还有一种宫廷面具乐舞，也可算作凤凰杂技的一种。这一乐舞即是《上云乐》。《上云乐》主要在皇帝寿诞时表演，虽是乐舞，却有一定的情节内容。其中主要角色有西域仙人“老胡”，以及与老胡相伴的狮子、凤凰等神兽、神鸟，此外还有由众多舞蹈演员扮演的老胡的门徒。目前大多数学者认为，《上云乐》中的狮子、凤凰由人假扮，应该是一种拟兽乐舞，其中展现的神仙世界的场景，明显具有道教的影子。这一乐舞百戏在南朝极为流行，梁武帝时周舍曾作有《上云乐》舞辞，辞曰：“凤皇是老胡家鸡，师子是老胡家狗。陛下拨乱反正，再朗三光。”从诗中可以看出作者对老胡神力的夸赞，而同时，凤凰与狮子则成为仙人鸡犬，其神性顿减，不再具有神秘威仪了。梁武帝萧衍也有《上云乐》组辞，其中描写的是神仙世界，应当也是为这一乐舞所作的歌辞。《古今乐录》曰：“《上云乐》七曲，梁武帝制，以代西曲。一曰《凤台曲》，二曰《桐柏曲》，三曰《方丈曲》，四曰《方诸曲》，五曰《玉龟曲》，六曰《金丹曲》，七曰《金陵曲》。”这一组曲辞中，“凤台”“桐柏”皆与凤凰有关，在乐舞表演中出现凤鸟一类的角色则是理所当然的了。

第五节　凤乐舞的衰落与凤乐舞诗的勃兴

隋唐五代时期是中国古代乐舞文化的繁荣时期。隋朝结束了南北分裂纷争的局面，也给乐舞文化的发展带来了新的契机。隋文帝对礼乐十分重视，即位之后执意复兴礼乐，使雅乐在一定程度上得以恢复，当时修订的雅乐也是隋唐雅乐的基础。但自炀帝开始直至唐代，大多数帝王更喜爱俗乐，尤其是唐玄宗时期大力引进胡乐，雅乐也随之被冷落。雅乐的衰落直接影响到与凤有关的乐舞。一方面，凤乐舞中的雅乐舞地位渐衰，人们更乐于欣赏活泼激烈的胡乐；另一方面，以凤凰为主体的乐舞意象在唐代诗文中颇受欢迎，文人们常以凤鸣、凤舞象征太平盛世的和谐欢乐局面。

一、凤乐舞与君权神授

中国古代的帝王为稳固统治，常借“君权神授”以加强自身的权威性。他们希望被统治者认为，帝王是因上天授德而即位，因此，为显示自身之德及固有的王气，他们常以龙、凤作隐喻。这在隋唐时期表现得尤为明显。隋文帝杨坚在登帝位前后，便有相关舆论传说其是龙的化身，这一说法甚至被记入史书。据《隋书·高祖纪》记载，杨坚“为人龙颜，额上有五柱入顶，目光外射，有文在手曰‘王’”，出生时“紫气充庭”，而且其母在抱着他的时候，“忽见头上角出，遍体鳞起”。这一系列的描写当然是为了说明隋文帝的“异相”，以此来表明其非同常人，具有天生的帝王之气。

隋唐帝王颇喜以祥瑞之象鼓吹自己帝位的合法性。隋炀帝继位之后，为实现朝政正规化、制度化，补救南北朝长年战乱后的礼乐沦丧，诏命修订车服仪仗制度。尤其是在下江都之后，深感于江南礼仪典章保存较好，而自己所用的车马仪仗无法体现中原的礼仪文明，便下令搜求典籍以修订礼乐制度。礼部尚书牛弘负责审定礼乐，外散骑侍郎何稠负责改设车马舆服，设计出豪华的仪仗。大业三年（607），朝中为装饰“羽仪”，诏令各地百姓广为采集鸟禽羽毛送至东京。所谓羽仪，即皇帝出行时仪仗所用的旌旗之类，以珍禽鸟羽制成，也有昭显皇帝的“凤德”之意。凤羽当然并不存在，于是制作仪仗时往往以鹤、孔雀或野雉的翎羽代替。

据笔者整理，隋唐大多数帝王统治时期皆有祥瑞，以此粉饰升平，彰显统治的强盛，其最终目的是以祥瑞之兆创造出“君权神授”表象，以加强自己的统治。这种“君权神授”的祥瑞一般有两种表现形式：其一是描写帝王的天生异相，以示其不同凡俗之人，乃为上天之子，如前文提及的隋文帝；其二是记录帝王统治时期各地出现的异事，以显示上天对帝王之德的肯定，彰显其统治合法性。这两种祥瑞的形式虽然不同，其目的却是一致的，而且大多是借龙、凤之形表现出来。

唐代凤之祥瑞在武则天当权时期出现最多。男性帝王多以龙自喻，武则天以女子身份理政，为强调其权力神授，便极力宣传凤之祥瑞。武则天迫切寻求对其统治合法性的支持，于是各地的祥瑞之报格外频繁。如高宗上元三年（676）十一月，陈州地方来报“凤鸟见于宛丘”。当时高宗患病不能理政，朝中政事由武皇后处理。武则天认为这一祥瑞表现了对自己身为女子而理政的肯定，于是下令改年号为“仪凤”。事实上，凤鸟自最初产生以来一直为雄性，且有“雄凤雌凰”之说，但在秦代时即已有以凤喻女性的先例。据说秦始皇曾令其嫔妃佩戴凤钗、足蹬凤鞋，故而凤之形象又有了女性的阴柔之美。因此，武则天将凤鸟作为自己掌握统治权的祥瑞之兆，一时间关于凤鸟祥瑞的奏报十分频繁。唐高宗去世之后，武则天临朝称制，将中书省更名为“凤阁”，门下省更名为“鸾台”，正是为迎合“鸾凤”的祥瑞。武则天在正式登基为帝之前，利用凤凰祥瑞大肆炒作，《新唐书》即记载，“御史傅游艺率关内父老请革命，改帝氏为武。又胁群臣固请，妄言凤集上阳宫，赤雀见朝堂”。这里的凤与赤雀皆为凤凰一类，此类鸟雀的大量出现，自然预示着女帝即将临朝。当然，在《新唐书》中称这一祥瑞为“妄言”，可见编纂者欧阳修等也深知这一事件为“君权神授”的炒作。但这一事件在《资治通鉴》中则成为“群臣上言：有凤皇自明堂飞入上阳宫，还集左台梧桐之上，久之飞东南去，及赤雀数万集朝堂”。这一记载中凤、雀群集的动静更大，且“凤皇自明堂飞入上阳宫”，明显是以凤喻武则天，认为她应当登明堂而掌大统。这一故事的发展应该是文人不断润色的结果。

唐代的雅乐虽不及娱乐乐舞繁荣，但也在持续发展。大多数君主即位时皆修订雅乐，虽然内容形式大体不变，乐舞歌辞却创作颇多。雅乐舞的内容多是颂扬帝王之功德，宣扬君位的合法性，美颂君主所受的爱戴，因此，在雅乐舞辞中，经常出现凤凰的意象。如《郊庙歌辞·唐郊天乐章·豫和》曰：“蘋蘩礼著，黍稷诚微。音盈凤管，彩驻龙旗。”《诗经·召南·采蘩》与《大雅·行苇》《大雅·泂酌》被《左传》列为“昭忠信”之作，被誉为诗教的典范。这里以“蘋蘩礼著”暗用《采蘩》的典故，说明此诗为礼乐之章；接着再以“凤管”“龙旗”比拟典礼的乐舞，极言其典雅之美，更以龙、凤显示君主统治的权威。

包含有凤之意象的乐舞，为何与“君权神授”产生密切的联系？其根本原因正在于凤之乐舞代表着礼乐制度。上层统治者的乐舞活动中，凤凰形象代表着平和、典雅，体现出君主统治的繁荣升平。凤所隐喻的“德行”寓意，也进一步暗示着君主之德足以统摄天下，从而成为“君权神授”的重要表现。

二、艺术性削弱与娱乐性增强

隋唐时期凤乐舞，或者说乐舞中有“凤”之意象者很多，不仅雅乐中有“凤管龙旗”的比喻，许多宫廷燕乐大曲中也有凤鸟形象出现。事实上，唐代雅乐中的凤鸟意象多出自典故，只是借凤鸟之祥瑞歌颂升平，其乐舞往往是凝重板滞的；而唐代宫廷燕乐中的凤鸟形象却更加活泼生动，显示出一定的艺术性。总体而言，唐代的凤乐舞更倾向于娱乐性，雅乐中的凤鸟形象因千篇一律、缺少欣赏价值，最终成为一种歌功颂德的符号。

《唐朝名画录》记载：唐德宗时新罗进贡一对善舞孔雀，德宗十分喜爱，并下诏令当时著名画家边鸾为孔雀写貌画像。边鸾绘出的孔雀“一正一背，翠彩生动，金羽辉灼，若连清声，宛应繁节”，可见其画技的高妙。据说当时一老臣因视力不济而近前看画，却忽然退回，双手护头，称这孔雀双翅飞舞掀起了大风。这个故事当然是称赞边鸾的丹青妙笔。从另一方面来看，孔雀虽常作为凤鸟之类，但唐人对孔雀善舞者已不再与“君子之德”对应，而是更看重其舞姿的美妙。新罗进贡善舞孔雀，可能有歌颂唐君之德的意味，但其直接目的则是以新奇鸟兽取悦唐君，这也体现出唐王朝对乐舞娱乐性的重视。

不仅是宫中的孔雀之舞成为娱乐节目，许多与凤鸟有关的乐舞也体现出娱乐性。武则天时期，朝中的宴乐舞蹈《天授乐》，舞者四人，穿五彩画衣，戴凤冠而舞。这一乐舞取名“天授”，正是武则天天授年间所制。据说垂拱四年（688），武则天之侄武承嗣进瑞石，称其得于洛水，石上刻有“圣母临人，永昌帝业”八个字。这当然是一场拙劣的“君权神授”表演，但据说武则天十分喜悦。武则天给瑞石命名为“天授圣图”，并于两年之后改元“天授”临朝称帝。改元之后，朝中音乐机构制作了《天授乐》，舞者戴鸟冠而舞，很明显取凤鸟的祥瑞之意。但此舞与传统雅乐大舞不同，虽有颂美之意，却仅为四人表演，服饰艳丽，明显只是娱人耳目。

总的来看，唐代的宫廷雅乐经历了从追求雅音到雅俗混用再到纯粹娱乐的过程。但由于唐代雅乐概念的含混性，且雅乐舞并非郊庙祭祀之乐，因此也不能完全等同于传统的雅乐。但唐代宫廷乐舞中“雅趣”的沦落是肯定的，具体的表现即是艺术性的渐失而娱乐性的渐起。当然这些乐舞并不完全表现凤鸟之形，而是由遵循“凤德”的雅乐变化而来，其中的《天授乐》仍保留着人戴鸟冠而舞的舞容，只是将凤之雅德娱乐化了。由此可见，隋唐时期的凤乐舞也走下了神坛，成为娱乐乐舞的一种。

三、凤乐舞装饰的极大发展

唐代国力强盛，宫廷乐舞十分繁荣，帝王也多喜好乐舞，宫廷燕乐、俗乐发达。在唐代帝王们看来，娱乐之乐并不是“亡国之音”，反而是经济繁荣、社会安定、百姓安居乐业的表现，因此宫廷乐舞活动时常成为向外展示自己成就和实力的手段，唤起对方对自己的尊重与敬畏感。[①]唐王朝国库充盈、经济发达，外国使者来朝，宫中常有宴乐活动。此时的宴乐歌舞已不再是两周时期的规范雅乐，而成为娱乐佐酒的工具，更重要的是，乐舞的气势和规模还有炫耀国威的作用。《旧唐书·吐蕃传》记载，武则天统治时期，吐蕃遣使者论弥萨入朝求和。“则天宴之于麟德殿，奏百戏于殿庭。论弥萨曰：‘臣生于边荒，由来不识中国音乐，乞放臣亲观。’则天许之。于是论弥萨等相视笑忭拜谢曰：‘臣自归投圣朝，前后礼数优渥。又得亲观奇乐，一生所未见。自顾微琐，何以仰答天恩！区区褊心，唯愿大家万岁！’”吐蕃使者还献《献忠心》歌诗两首以颂扬大唐之德。[②]从这一事件可以看出，当时唐王朝在宴请使者时所用乐舞为“百戏”，而非正统雅乐。这里的“百戏”应当是立部伎所奏，可以想见其规模盛大、气势宏伟，难怪会使吐蕃使者感受到唐朝的震慑力。

①参见王炳社：《音乐隐喻学》，北京：商务印书馆 2016 年，第 15 页。

②见党银平、段承校编著：《隋唐五代歌谣集》，南京：南京师范大学出版社 2014 年，第 383 页。

自高宗以来，唐王朝的宫廷乐舞愈来愈重视规模气势，尤其是立部伎表演时人数极多。高宗时《一戎大定乐》（又称《大定乐》）为纪念高宗平辽所作，是模仿太宗时的《秦王破阵乐》宣扬君主的武功。《唐会要》记载，此舞的舞者有一百四十人，披五彩文甲，持槊而舞。武后执政之后，宫中乐舞表演的装饰更为华丽，不仅舞者服饰精致优美，舞蹈所用的道具也别出心裁。与之相应，唐王朝宫廷中的凤乐舞也体现出这一特点。

武则天时期的《圣寿乐》主要为歌颂武后所作。这是一种“字舞”，舞者共一百四十人，戴金铜冠，着五色画衣。表演时舞者作字如画，共十六种变化，每次变化组成一个字，为“圣超千古，道泰百王，皇帝万年，宝祚弥昌”。《圣寿乐》虽不是模仿凤鸟的乐舞，但舞者着五色画衣，也是凤鸟五色的一种变体。玄宗统治时将前代帝王的乐舞进行了改创，新制《光圣乐》，表演者为八十人，头戴鸟冠，着五彩画衣，杜佑《通典》称其“兼以《上元》《圣寿》之容”，是说其舞者头戴鸟冠、身穿画衣，舞蹈动作与《上元乐》类似，同时又因讲究队形的变换而具有了《圣寿乐》“字舞”之容，可能是由《上云乐》《圣寿乐》等融合变化而来。可以看出，这两支乐舞其实都属凤乐舞，皆是借凤德宣扬君主之德，具有很明显的歌颂意味。值得注意的是，唐王朝宫廷凤乐舞的装饰是不断发展的，从武后时期的“金铜冠”再到玄宗时期的“鸟冠”，乐舞装饰也越来越精致了。

唐王朝的凤乐舞很多，除立部伎的《圣寿乐》《天授乐》《光圣乐》之外，坐部伎中也有不少拟凤乐舞。武则天天授三年，改年号为“如意”，九月时已六十九岁高龄的女皇“齿落更生”，遂又改年号为“长寿”，并制有《长寿乐》，使用舞女十二人，身着画衣、头戴花冠而舞。这一乐舞虽没有凤形装饰，但其内涵与凤乐舞的吉祥福瑞是一致的。

武后时期还有一种模拟鸟形的乐舞，名《鸟歌万岁乐》。

当时宫中养有一只能作人语的“吉了”，即俗称的“八哥”。此鸟常口称“万岁”，武则天以之为瑞兆，令宫中作此乐舞，也列于坐部伎。表演时有舞者三人，着鸟纹衣、戴鸟形冠，模拟飞鸟的姿态。这一舞蹈装饰完全模拟鸟形，想来极有趣味，但艺术性不会太高。太过于复杂、形象的装饰反而会束缚乐舞的表现力，将观众的注意力吸引到装饰上，而不是乐舞动作本身。这一舞蹈并非凤舞，但鸟形装扮施以华彩，外形应该也与凤鸟类似。从这一乐舞可以看出，此时的宫廷乐舞，尤其是凤形、鸟形乐舞，其装饰性极强，而且常在朝堂中表演，除了歌颂统治者的美德、渲染祥瑞气氛之外，也有炫耀帝国声威、营造隆盛之世的目的。日本保存有《万岁乐》舞，舞者初为舞女六人，后改为四名男子，但并没有戴鸟冠的记载。

唐代宫廷中对凤乐舞装饰的重视也影响到民间乐舞。例如当时山东民间就流传有不少表现鸟的乐舞，究其历史原因，可能是由于东夷文化中对鸟图腾的崇拜。相关典籍记载，山东民间自古即有《仙鹤舞》，以九位舞者分别扮成母鹤与八只小鹤翩翩起舞，模拟仙鹤的嬉戏之姿。这一舞蹈虽不是凤乐舞，但与凤乐舞的祥瑞内涵是一样的。表演者精心装扮，模拟成鸟禽的姿态，应该也是受到宫中乐舞的影响，体现出唐人在乐舞表演中注重装饰的风气。

四、乐舞诗中凤意象的内涵

唐代是中国封建社会的隆盛时期，又是乐舞盛世，在许多诗歌中皆有对乐舞的描写。唐人好乐喜舞，又有诗文之才，乐舞之美触动了心中的浪漫因子，于是唐代乐舞诗中常有仙境意象、仙人之姿，而凤鸟则是仙境中的重要角色。唐代乐舞诗中的凤意象极多，这些意象不仅用于雅乐舞辞的美赞，也用于听乐观舞时的感叹。事实上，唐代描写乐舞之美的诗歌中，凤鸟意象运用得非常频繁，此时的凤已不再是通天神鸟，而成为美的化身。凤可以喻舞女之姿、舞人之服，也可以表达诗人们在欣赏乐舞时的无穷遐想。唐人的生活是浪漫唯美的，他们用乐舞、诗歌与美酒构筑了理想化的人生，而凤鸟则是这理想人生中的重要点缀。大体而言，唐诗中凤意象的内涵，主要体现在颂扬君德、美赞皇室、表达音乐之美以及夸赞舞女姿容几个方面。可以看出，凤鸟的形象在乐舞诗中是双面的，一方面保留着传统的“凤德”“凤仪”，另一方面，又已经由“德”向“美”转换。凤鸟的形象，在唐人的眼中已经不再神圣，而只是一个象征符号，代表着唐人内心中对美、善的追求。大体而言，唐人乐舞诗中的凤鸟意象包括以下内涵：

首先，诗文中常以凤之德喻君德皇威。唐代乐舞诗在描写乐舞活动或乐舞场景时，多是赞美乐舞之美，歌颂乐舞之德，而凤鸟意象在其中出现得十分频繁。关于凤与君德的联系，前文已经分析颇多，此处不再赘述。我们在这里主要以乐舞诗句为主，品味凤鸟意象的隐喻。

唐代雅乐歌辞中常有凤鸟意象出现。诗句中的凤鸟无一例外是凤鸟之德的体现，也暗含着远古及两周时期的凤鸟神话。武则天时的《唐大享拜洛乐章》中的凤鸟意象十分典型。其《昭和》诗曰“升歌荐序，垂币翘诚。虹开玉照，凤引金声”，表现了对武则天统治的极力赞美。“升歌荐序”即庙堂中祭祀之乐响起，祭祀井然有序，“垂币”则暗用“黄帝尧舜垂衣裳而天下治”（《周易·系辞下》），歌颂君主之德。《论语·卫灵公》曰：“子曰：‘无为而治者，其舜也与？夫何为哉？恭己正南面而已矣。’”舜帝之治并非刻意有为，而是以君主之仁德影响天下，天下自然大治。“虹开玉照，凤引金声”两句，则以虹之光彩喻祭祀场面之华美辉煌，以凤鸣比喻庙堂金石之声，自然也说明了乐声之雅，具有强烈的美颂之意。

唐代郊庙歌辞中也常引入凤鸟意象。前文提到的《唐郊天乐章·豫和》曰“音盈凤管，彩驻龙旗”，一方面说明音乐之美，同时也以“龙”“凤”意象强调皇室的威仪。又有郊庙歌辞中《享文敬太子庙乐章·登歌》曰：“鸾旌拱修，凤鸣合吹。”文敬太子李谅本为唐顺宗之子，因受到其祖父德宗的喜爱，故而被收继为子，与自己的亲生父亲成为“兄弟”。贞元十五年（799）李谅去世。这首《享文敬太子庙乐章》为祭祀李谅所作，因其为太子，故辞中亦有“鸾旌”“凤鸣”之句，也是以“鸾”“凤”象征其皇族成员的身份，同时以“凤鸣”表现乐声之雅。

除了雅乐歌辞之外，唐代乐舞诗中还有不少宴饮时的作品。唐代帝王喜好游宴，尤以太宗、武后、中宗以及德宗、文宗为最。天子率群臣游宴，一方面增强君臣感情，另一方面也是君主重要的休闲活动。宴饮中有乐舞之乐，君主臣下皆有诗歌奉和，其中常书写乐舞之美。以李世民《帝京篇（其四）》为例：

鸣笳临乐馆，眺听欢芳节。急管韵朱弦，清歌凝白雪。彩凤肃来仪，玄鹤纷成列。去兹郑卫声，雅音方可悦。

这首诗语言直白，内容只是描写宴饮乐舞，并没有很高的艺术性。但从其中所用的几个乐舞典故来看，李世民是借诗表现自己喜好“雅乐”的审美趋尚。诗歌从描写宴饮中的伴奏笳声入手，表现了宴饮之乐和宴乐之美。笳的外形似笛，三孔，本为北方胡人乐器，因此又被称为“胡笳”。汉代时笳传入中原地区，成为鼓吹乐的主要乐器之一。汉末蔡文姬有《胡笳十八拍》琴曲，进一步推进了笳乐的雅正地位。两晋至隋唐时期，笳已成为乐曲演奏中的常用乐器。笳声清越悲怨，颇能动人心弦。从这首诗的描写中可以看出，李世民认为箛声应属雅乐，并以“阳春白雪”之典比拟音乐，极力表现其高雅不俗。再以“彩凤来仪”和“玄鹤成列”表现乐声的巨大感染力，同时，“有凤来仪”之典暗示用乐的场合及音乐规格。最后以“去兹郑卫声，雅音方可悦”直抒胸臆，则显得顺理成章。

隋唐群臣在奉和应制时，基本上都会在诗句中将凤作为比德的对象。虞世南历仕隋唐两代，皆为朝中重臣。其仕隋时的《奉和至寿春应令》曰：“后车喧凤吹，前旌映彩旒。龙骖驻六马，飞阁上三休。调谐金石奏，欢洽羽觞浮。”这首诗是虞世南在隋文帝仁寿年间陪侍太子杨广奉诏巡抚东南时所作，诗中用大量篇幅描写了出行仪仗，“凤吹”“彩旒”“龙骖”“六马”暗示天子车驾，虽没有直接赞美，却句句皆有美颂之意。“凤吹”，即笙箫等器乐，由于这些乐器与凤形、凤德有关，因此也表现出乐曲的高雅；“龙骖”“六马”皆是天子车驾，表现出对太子潜龙的歌颂。这首诗雍容典雅，用语精美，体现出极高的艺术性，其中描写的音乐虽无甚特殊之处，但委婉地表现出对天子之威、太子之德的美颂。

有的乐舞诗中虽然描写的不是皇家风物，但也常以“凤”字表达朝政清明、天下太平，以暗示得遇明君。初唐宰相李峤《奉和九月九日登慈恩寺浮图应制》曰：“御气鹏霄近，升高凤野开。天歌将梵乐，空里共裴回。”诗作于九月九日，唐人有登高之俗，而李峤作为朝中重臣，自然在君主登高时陪侍。“浮图”即是宝塔，慈恩寺塔为君主登高之所。诗中以“鹏霄”美称天空，以“凤野”美称大地，暗寓着君主气象阔大、德行远播。“凤野”又用“凤鸣岐山”之典，同样表达了对君主的美颂。

其次，乐舞诗中常以凤之名美称名物，以表达对歌咏对象的尊重和赞美。在隋唐乐舞诗中，除了以凤德直接比附君主之德以外，更将皇室名物冠以“凤”字，以体现这些事物的与众不同。以凤美称事物，仍然是出于歌颂天子之德的目的，但同时也表现出对皇室的尊重，以使人有望而生畏、无法企及之感。玄宗李隆基《同玉真公主过大哥山池》曰：

地有招贤处，人传乐善名。鹫池临九达，龙岫对层城。桂月先秋冷，蘋风向晚清。凤楼遥可见，仿佛玉箫声。

这首诗中也有乐舞意象，这“箫声”可能是事实，也可能是出于诗人的想象。诗中的“大哥”即让皇帝李宪，原名李成器，为睿宗长子，曾立为皇太子。因李隆基诛灭韦氏有功，李宪将储君之位让出，自己为宁王。这首诗为玄宗经过宁王别业时所作，将其城楼称为“凤楼”，自然是称其威仪；李宪能诗歌、晓音律，尤善羯鼓、吹笛，诗中称“仿佛玉箫声”，是暗示李宪喜好音乐之意。这首诗为君主所作，与一般奉和诗的溢美之词不同，但诗中也有玄宗对兄弟的尊重，这在诗中的“龙”“凤”意象中有鲜明体现。

乐舞诗中的凤意象也并非皆隐喻天子或皇室成员，在许多诗歌中，与凤有关的事物也可以用来表达对高官重臣的赞美。初唐李百药《安德山池宴集》曰：“朝宰论思暇，高宴临方塘。云飞凤台管，风动令君香。”此诗是对杨师道府中园林的赞美。杨师道为唐高祖、太宗时吏部侍郎、太常卿，封为安德郡公，其妻为高祖之女桂阳公主。杨师道位高权重，府中常宴饮，席间皆有乐舞诗赋。李百药的这首诗中，以“凤台管”美称席上箫管之乐，正是用了《列仙传》中萧史与秦穆公女弄玉台上吹箫引凤的典故。以“凤”称箫管，当然有美赞之意，同时也表达了对杨师道闲雅生活、高尚情趣的称赞。

再次，乐舞诗常以凤之声颂赞音乐之美。《列仙传》中记载，秦国萧史善吹箫作凤鸣，教其妻弄玉吹箫似凤声，故而有凤凰来止其屋。又据说黄帝时乐官伶伦以凤凰之鸣制十二律，并以十二支竹管定音。因此，箫、笛等管乐时常被诗人们称为“凤吹”“凤鸣”“凤凰调”等。如李峤《侍宴长宁公主东庄应制》“长筵鹓鹭集，仙管凤皇调”，张说《奉和圣制春中兴庆宫酺宴应制》“鸾凤调歌曲，虹霓动舞衣”，李颀《听安万善吹觱篥歌》“枯桑老柏寒飕飗，九雏鸣凤乱啾啾”等。这些诗句中皆运用了凤之意象，既表达了乐曲之高雅，更称赞了乐曲之美。“凤鸣”历来被奉为雅乐正声，但事实上，许多乐舞诗中的乐曲并非雅乐而仅是作为娱乐之用，这正好说明了“凤”之意象使娱乐乐舞也具有了“雅美”的色彩。

唐代的咏琴诗格外突出琴乐的优美与高雅，而凤意象也出现得更多，且多不出“凤鸣”“凤律”等典故。如刘允济《咏琴》诗曰：

> 昔在龙门侧，谁想凤鸣时。雕琢今为器，宫商不自持。
> 巴人缓疏节，楚客弄繁丝。欲作高张引，翻成下调悲。

这首诗作于中宗神龙元年（705），当时刘允济因与张易之有交往而被贬谪。这首诗很明显是借琴以自喻，表达自己虽勤勉谨慎，仍然无法把握命运的悲喜。首句“昔在龙门侧”，写琴木的出处。古人认为上等古琴以桐木制成，汉代枚乘赋《七发》曰“龙门之桐，高百尺而无枝”，因此“龙门侧”即指桐木；“谁想凤鸣时”继续以琴喻己，以“凤鸣”比喻自己被斫为琴，表达了自己对受到武后赏识的感激；然而接下来的“雕琢今为器，宫商不自持”两句则写出了自己仕宦浮沉、身不由己的无奈。最后四句，说明琴受环境左右，不得不弹出巴楚乐调，以迎合世人的喜好，本欲作优雅之曲，却翻成低下之乐。

这首诗表面写的是琴乐，事实却是借物喻己，其中的“凤鸣”看似描写乐曲之美，其实是暗示自己曾经受到重用和赏识。

初唐张说的《送尹补阙元凯琴歌》中则大量集中使用了凤鸟意象：“凤哉凤哉，啄琅玕，饮瑶池，栖昆仑之山哉。中国有圣人，感气飞来。飞来自歌自舞，先王册府，麒麟之台。羁雌众雏故山曲，其鸣喈喈，其鸣喈喈。欲往衔之，欲去未去。别鸾凤，心徘徊。明年阿阁梧桐花叶开，群飞凤归来，群飞凤归来。”尹元凯为唐中宗时官员，与张说友善。尹元凯善琴，张说作此琴歌以称其琴乐之美，也赞美其德。琴歌，即古代弹琴时所唱歌辞，在《全唐诗》中有很多，可谓诗歌与音乐结合的艺术，歌辞优美，以表现琴曲的高雅悦耳。这首诗将与凤鸟有关的传说故事完美地融入琴曲音乐之中而毫无生涩之感，确实体现出张说诗歌的非凡气韵。

最后，唐代乐舞诗中还常以凤之意象象征舞妓的妩媚动人。这些乐舞诗中，艺术成就最高者并不是雅乐歌辞，而是描写娱乐乐舞的篇章，这与唐代胡乐融入、俗乐蓬勃发展的文化趋势是一致的。这些乐舞诗中的凤鸟意象不再具有比德的意味，而只是取其五色之美，表现乐舞给人们带来的耳目之娱。较有代表性的如杨炎的《赠元载歌妓》：

> 雪面淡眉天上女，凤箫鸾翅欲飞去。玉山翘翠步无尘，楚腰如柳不胜春。

这首诗当是在元载府中宴饮所作，描写宴乐歌妓的动人风姿，《唐诗纪事》中此诗题作《赠薛瑶英》。诗歌应属宫体，着眼于女性的容貌描写，表现其纤柔袅娜之态。诗中第一句写歌妓淡妆雪面，但自有一种飘逸；第二句则以“凤箫”暗用萧史、弄玉之典，进一步凸显了歌妓的仙姿媚骨；第三句中“玉山”“翘翠”皆是女子首饰，形容其装饰之华美、居处之优渥；第四句则以“楚腰”形容其腰肢纤细、楚楚动人。薛瑶英为元载宠姬，苏鹗《杜阳杂编》称其“玉质香肌，善歌舞，唯炎及贾至与载善，得见”。可见杨炎的这首乐舞诗中，“凤”之意象已经不再用以形容君子，而转向形容美人之姿了。这可谓是乐舞场景中凤鸟意象的重大转变。与之相似的还有李峤的《舞》：“仪凤谐清曲，回鸾应雅声。”诗中虽有“仪凤”“雅声”，但伴奏之乐绝非雅乐，而只是以此形容舞妓之姿、乐调之美。戴叔伦《白苎词》：“新裁白苎胜红绡，玉佩珠缨金步摇。回鸾转凤意自娇，银筝锦瑟声相调。”诗中以“回鸾转凤”描写乐妓的舞姿，一个“娇”字，可见千娇百媚。张祜《周员外席上观柘枝》：“鸾影乍回头并举，凤声初歇翅齐张。”以“鸾影”“凤声”形容舞姬舞姿之美、乐声动人。

总之，凤乐舞发展到唐代，已经极大地娱乐化了，这在唐代的乐舞诗中有明显的表现。虽然在雅乐舞辞及奉和应制乐舞诗中，凤鸟仍然是具有君子之德的神鸟形象，但这种形象已经成为雅德的符号，不再有艺术之美。事实上唐代宫廷中许多正式场合之下的凤乐舞也已接近俗乐百戏，虽然仍有歌功颂德之意，但其装饰的新奇华美、舞姿的别出心裁已经体现出其更注重“娱人”而并非“比德”。从另一方面来看，凤乐舞的娱乐化体现出唐人对凤之美的重视，这也是唐代隆盛社会之下人们正常的精神追求。因此，乐舞文化发展到唐代，体现出唐人健康向上、崇尚活动的审美趋尚，这也使凤乐舞摆脱了“五德”的沉重束缚，而走上了一条生机勃勃的、纯粹的审美道路。

第六节　凤乐舞的民间转型

中国传统乐舞文化经过唐代的繁荣之后，至宋代虽有延续，但已趋于衰落。具体而言，音乐文化在宋元明清时期逐渐发展，更趋于优美精致；但舞蹈文化自宋代以后逐渐沦落则是很明显的。其中的原因十分复杂，可概括为几点：其一，唐代之后，乐舞文化在宋代走向两极，一方面是宫廷中的乐舞向大型舞队发展，更注重气势场面，个人的乐舞技艺较难表现；另一方面则是民间乐舞文化与民俗活动紧密结合，反而呈欣欣向荣之势，但其娱乐性更强，艺术性相对而言不高。其二，自宋代戏文兴起之后，戏剧成为人们的主要娱乐方式，对乐舞的欣赏需求逐渐减少。戏剧中的情节较乐舞表演更复杂精彩，从而吸引了大部分观众。其三，随着戏剧文化的发展，乐舞表演也融入其中，因此，自明代以后，纯粹的舞蹈表演极少，而大多成为戏剧表演的一部分，但音乐演奏仍然保留下来，成为独立的艺术形式。最后，还有一种可能的原因是，自五代以来的缠足之风严重束缚了女性的活动能力，女乐舞蹈也受到影响而逐渐衰落了。因此，在宋元明清时期，凤乐舞基本完成了由宫廷乐舞向民间乐舞的转型，并具有如下特点：一是体现出明显的民间娱乐性；二是与戏剧表演形成了融合；三是琴乐等演奏更多，而舞蹈表演极少。

一、凤之舞的没落与凤之乐的发展

自宋代以后，舞蹈作为独立的表演艺术呈衰落趋势，融入综合了唱、念、作、舞（武）的戏曲艺术，成为“戏曲舞蹈”。[①]独立的舞蹈表演虽然仍然存在，但其艺术活力与隋唐舞蹈不可同日而语。宋代宫廷颇有代表性的是“队舞”，即由宫廷乐伎组成的舞队，有男子队、女子队之别。宋代队舞继承了唐代著名的宫廷乐舞之名及少部分舞蹈动作，现在留存的名目有《柘枝队舞》《剑器队舞》《玉兔浑脱队舞》《菩萨蛮队舞》等，皆是唐代舞蹈的发展。宋代队舞的表演程式严格，并有一

①资华筠：《中国舞蹈生态学研究》，北京：中国文联出版社 2016 年，第 52 页。

定的故事情节，有朗诵致语，兼具礼仪典礼和娱乐欣赏多种功能。[1]但是宋代队舞的艺术技巧已不如唐舞，多以装饰、服饰及队形的变化取胜，而舞者个人的技艺并不突出。宋代宫廷队舞流入民间之后，与宗教、祭祀、农闲娱乐相结合，成为极具特色的民俗活动，并出现了“舞队”。这是一种庞大的民间舞蹈表演队伍，常将音乐、舞蹈、武术、杂技等多种节目综合在一起，在市井游行的时候进行表演。这种表演类似于前代的“百戏”，参与者众多，为市井百姓们喜闻乐见，反而产生了新的生命力。据《中国古代艺术》一书记载：宋代的民间舞蹈节目有小型歌舞《村田乐》、假面舞《抱锣》、滑稽舞《舞鲍老》，还有表现日常生活的《旱龙船》《竹马儿》，表现军旅生活的《蛮牌》《讶鼓》等，此外还有表现钟馗打鬼的舞蹈《舞判》等。[2]虽然这些舞蹈异彩纷呈，但皆带有浓厚的民俗色彩，其总体的动作技巧性较隋唐时期的乐舞有所衰落。

①伍英：《中国古代艺术》，北京：中国商业出版社2015年，第124页。

②伍英：《中国古代艺术》，北京：中国商业出版社2015年，第125页。

元明清时期，由于戏剧的兴盛，舞蹈活动更加衰微，而戏剧舞蹈由于其程式化、武术化，也并不能算作真正的舞蹈。此时的舞蹈还有另一个重要特点，即少数民族乐舞成分的加强。元顺帝时有著名的《十六天魔舞》，本是起源于藏传密教的“金刚舞”，体现出宗教特点；明代的宫廷礼乐也已不再是华夏传统礼乐，其中融入了四夷少数民族的舞蹈、百戏；清代的宫廷乐舞更具有浓郁的满族风格，体现出狩猎、骑射的遗迹。因此，自宋代以来，代表着仁德雅音、高雅风姿的凤之舞呈衰落趋势，艺术性不如前代，作品也极少，其文化内涵、表现技巧也没有什么新意了。倒是民间节日民俗活动中的凤乐舞具有别样的风味。

陈寅恪曾说：“华夏民族之文化，历数千载之演进，造极于赵宋之世。”宋代的社会经济、文化教育及科学技术皆高度繁荣，而音乐艺术也有了新的发展。

宋代及之后，最有代表性的音乐当属琴乐。宋代古琴制造工艺成熟，演奏技巧也随之进步，这都促进了琴乐的繁荣。前文已经阐述过，琴作为古代的高雅乐器，其形制、乐调及相关传说与凤鸟密切相关，而古琴曲目中也有不少以凤鸟作为主题。因此，宋代及之后，凤之舞虽然衰落，但凤之乐是持续发展的，而且在艺术性上持续进步。

宋代琴乐繁荣的一大特征是曲目繁多。宋代的古琴曲著录很多，而其中不少曲目皆以“凤”为名。北宋僧居月的《琴曲谱录》中载琴曲共 221 首，[①]其中《神凤操》《凤归林操》《凤游春》等皆以凤为名。此外，《王受命》《岐山操》《文王操》等亦与周代兴起时凤鸣岐山、文王受命的传说有关。宋代士大夫好琴，范仲淹、欧阳修、苏轼等皆是著名琴乐家。发展到元代，制琴技艺更为成熟，琴人辈出，如耶律楚材等皆是代表。

①参见张斌：《宋代古琴文化考论》，南京：南京大学出版社 2014 年，第 20-22 页。

明代古琴成为文人的珍品。明清时期的名画中，常见到主人身边随侍的童子抱一古琴，或是主人横琴而弹，童子于旁侍立。古琴对文人具有重要意义，而琴与凤德的关系，也使古琴被神圣化，成为绝妙雅音的代表。人们认为，弹奏古琴可以默养身心，又可陶冶情操，是高洁情趣的代表，而悠扬的琴音更使得天地谐和。

明中期琴人汪芝《西麓堂琴统》中记载有琴曲《凤翔千仞》，其跋曰：“凤云游，虞皇所制也。唐人薛易简年十七能精此弄，由是知名。易简天宝中以琴待诏翰林，所著《琴诀》至今传之，兹曲之来，当有自云。”《凤翔千仞》又名《凤云游》，是唐代名曲，流传至明代，备受推崇。明清琴谱更多，收录保存下来的有一千多首，著名的有《流水操》《广陵散》《潇湘水云》《鹤鸣九皋》等。清代琴曲“雅好古音”，注重对前代的继承，并形成不同流派，以“颐养性情”为目的。

总之，宋元明清时期，凤乐舞的发展方向发生了转变。朝堂雅乐中的凤乐舞当然一直存在，但已经失去了生命力而徒留古板陈旧的形式；民间娱乐乐舞却迅速发展起来，并与民俗、节庆和日常生活结合，受到人们的广泛欢迎，其中也包含有与凤相关的乐舞。此外，中国传统舞蹈自宋代以后逐渐衰落，凤舞也随之衰落，但民间乐舞中的凤舞还是存在的。这种宫廷与民间两极分化的格局，也为凤乐舞的发展提供了新的契机。

二、宫廷凤舞的零星遗存

宋朝十分重视对雅乐的整顿与改革。宋徽宗曾下令将前代雅乐重新整理、修订，希望能够流传后世，并于崇宁年间（1102—1106）设置“大晟府”以专门从事前代雅乐的整理工作。宋代崇宁年间制定的“新乐”被称为“大晟”雅乐，在宋朝与高丽的使臣往来中传到高丽。《高丽史·乐志》记载，高丽的宫廷用乐大致分为“雅乐”“唐乐”“俗乐”，而“雅乐”的主体部分即是宋代传入的大晟乐。《乐志》中还提及，高丽宫廷舞蹈被分为“唐乐呈才”“乡乐呈才”两类，事实上，这里的“唐乐”并非来自唐代，而是自宋代传入的宫廷乐舞。作为宫廷祭祀乐舞，高丽雅乐也继承了宋代雅乐典雅、庄重的特点。在乐舞开始之时，有两人引仗、龙扇、凤扇、雀扇、尾扇、盖等仪物入场，体现出浓重的典仪特征。这些乐舞是宋代宫廷乐舞的变体，其中的凤元素也反映出雅乐舞中尚有的凤鸟形象遗存。不过此处的凤扇并不是舞具，而是一种仪仗工具，这与王室的地位和身份是一致的。

元代宫廷乐舞具有鲜明的时代特征。宫廷中的乐舞主要继承宋金遗制，但同时也融入了蒙古游牧民族的风格，结合了宗教乐舞的部分内容，体现出元代乐舞的多元性。元世祖时，宫廷乐舞逐渐完备，并有宫悬、登歌、文武二舞之制。元朝统治者本为游牧民族，对中原传统雅乐虽有向往，但并未将其完全融入思想中，故而宫廷乐舞虽为“礼乐”，但礼教意味不浓，反而体现出浓郁的宗教色彩。如新年的“乐音王队”中有戴孔雀明王像面具的人，亦有扮作飞天夜叉者；“寿星队”中有男子扮作乌鸦，做飞舞之态；有的舞队中还有鹤舞形象等。[①]虽然这些乐舞也是模拟鸟形，但与之前历代宫廷乐舞中的拟鸟乐舞不同，其中并没有对凤之德的推崇，而更多的是具有宗教的神秘性。此外，这些乐舞的伴奏之乐也往往是汉、蒙古两族的乐器混用，与传统雅乐的雍容典雅并不完全一致。因此在元代宫廷乐舞中，很难看到真正意义上的凤乐舞。

①贾福林：《中和韶乐》，北京：北京美术摄影出版社2015年，第58页。

相对元代而言，明清时期的雅乐对前代继承较多，也体现了凤德之美。明代建立之初，太祖期望巩固朝纲，且为清除元代蒙古族游牧文化的影响，极重视雅乐的恢复，并将雅乐舞改称为“中和韶乐”，还令道士冷谦等着手恢复礼乐。此时的宫廷雅乐虽出于恢复礼乐雅德的目的，却显得不伦不类。正如《明史·乐志》所言：“殿中韶乐，其词出于教坊俳优，多乖雅道。十二月乐歌，按月律以奏，及进膳、迎膳等曲，皆用乐府、小令、杂剧为娱戏。”明代宫廷乐舞虽然形式齐备，但内容上出现了雅俗分化，一部分俗乐进入宫廷，使得宫廷乐舞形成了两种类型。一种是专门为皇家礼仪使用的雅乐，另一种则是民间杂艺百戏，与民间流传的艺术形式无异。[②]与前代一致的是，明代宫廷中的凤乐舞皆为文舞，用于大宴、朝贺等场合。此时的宫廷礼乐活动频繁，其中也有凤羽作为舞具，但由于其只注重仪式性而忽略了艺术性，皆是仅模其形而未得其神。伴奏乐器中也有钟、磬、琴、笙等雅乐器，但过程繁冗、音乐沉闷，已经失去了乐舞的生动性和美感。应该说，这些乐舞只是凤乐舞的零星遗存，对于凤鸟的象征寓意格外注重，但乐舞已经成为一种僵化的程式了。

②李莘、杜乐：《中国古代乐舞文化研究》，北京：中国电影出版社2015年，第215页。

清代宫廷雅乐在明代“中和韶乐”的基础上继续发展。“中和韶乐”之名，即是取“箫韶”之意，可见其中也暗含着“有凤来仪”的典故。此时的中和韶乐有文舞和武舞之分，文舞的舞具用“龠翟”，即一手持龠，一手持野雉翎羽做成的舞具；武舞则用干戚（盾牌与大斧）。龠即为籥，《说文解字》称：“龠，乐之竹管，三孔，以和众声也。”联系伶伦截竹而造律的传说，很明显这里的龠象征着正声雅音；而翟常被古人用来代替凤羽。“龠翟”这种舞具暗含着凤鸟的意象，代表着君王之德，同时也以此表明上天对君德的肯定与赞美。在《孟子·梁惠王下》中对“管籥之音”有一番描写：“今王鼓乐于此，百姓闻王钟鼓之声，管籥之音，举欣欣然有喜色而相告曰：‘吾王庶几无疾病与？何以能鼓乐也？’”可见这里即以“管籥之音”形容宫中之乐。清代中和韶乐的乐器也皆继承了前代雅乐乐器，包括钟类金制乐器，磬等石制乐器，此外还有鼓、笛、箫、琴等。中和韶乐主要用于祭天和太庙祭祖等场合，用“八佾之舞”，体现出对周代乐制的高度遵守，也体现了“八音克谐”的儒家礼乐思想，而其乐器、乐制、舞具的渊源皆与凤鸟有关，可谓是雅乐中对凤文化的继承。

三、词牌中的凤与词曲中的凤

词是一种音乐文学作品形式。关于词的起源，可以一直追溯到隋初建立的七部乐。隋代的七部乐、九部乐以及其后的唐代十部乐，皆为朝中宴饮所用，通称为“燕乐”，而与燕乐相配的曲词即是词的雏形。隋唐时期，宫廷燕乐发达，随之产生的曲词数量应该也是相当可观的，但由于没有收集整理，便散佚失传了。

五代时期，词的创作形成了一个小高潮，南唐后主李煜是重要的词作家。发展至宋代，词更成为“一代之文学”，无论是在艺术成就上，还是题材的丰富上，还是体裁的完备与作家的数量上，都达到了词坛的顶峰。其后的元、明、清三代，虽然词坛略有沉寂，但词的创作数量并未衰减，尤其是明末词坛又一次焕发出生机，为其后的清词中兴奠定了坚实的基础。词这一文学体裁，确是中国传统文学的一枝奇葩。

词与乐舞有紧密的联系。清代徐釚《词苑丛谈》认为词的最初起源为乐府，而梁武帝《江南弄》、沈约《六忆诗》则为词之祖。但齐梁时期正是格律诗初步形成之时，而此时的乐府皆采自民间乐歌，若以此为词，则是将词与歌谣等同起来了。清代汪森也持相似的看法，他认为早在远古时期即有词的产生，其《词综·序》曰："自有诗而长短句即寓焉。《南风》之操，《五子》之歌，是已。"如果完全将词等同于民间乐歌，这种做法是失之偏颇的。不过词的起源与发展确实离不开音乐。胡云翼先生即认为，词的形成与唐代乐舞文化的兴盛、文人士子们对音乐的喜好和趋尚相关；而乐工伎人们为了造出新歌新曲，对曲词的需求也越来越大，但他们文化水平不高，作词往往俚俗不雅，便多去求取文人的作品，文人与乐工的关系日益密切，便推动了词的诞生。[1]早初的词是宴乐时的乐歌曲词，至宋代之后，词与音乐的关系开始疏离，而成为独立的案头文学作品。但词的本质仍然是一种音乐文学。

①胡云翼：《词学ABC》，北京：知识产权出版社2017年，第20-21页。

在古代的词牌中有不少以凤为名的，而且都与凤凰的美丽传说有关。如《凤凰台上忆吹箫》《凤箫吟》这两支词牌，明显来自萧史与弄玉吹箫引凤的传说；而《凤栖梧》（又名《蝶恋花》），原本是乐曲名称，多配曲演唱，后来形成固定的词格，便成为词牌之名，其来历应当也与凤乐舞有关。《凤归云》也来自唐代教坊曲名，郭茂倩《乐府诗集·近代曲辞》中记载有唐代滕潜诗，其中有"曾将弄玉归云去"之句，这一词牌由此演化而来。南宋时期极流行《钗头凤》，这一词牌本由五代无名氏《撷芳词》改创而来。这一词牌名的产生，与南宋词人陆游有关。据传陆游年轻时娶唐琬为妻，因其母不喜唐琬，二人被迫分离。多年后陆游至沈园春游，与唐琬偶遇，心怀怅然，故而题《钗头凤》词一首于壁间，这一词牌由此出现。陆游将《撷芳词》改题为《钗头凤》，可能是由于五代的这首《撷芳词》中有“都如梦，何曾共，可怜孤似钗头凤”之句，以此隐喻自己与唐琬分离后的悲凄。

早期的词作本为歌席酒筵边佐酒的乐歌，为文人士大夫遣兴之用，因此内容大多婉约，多写男女柔情和乐妓之态。从这些含有“凤”的词牌来看，其由来或是来自与凤有关的爱情故事，或是来自唐代与凤有关的教坊之曲，但皆是柔美缠绵的，起初也多是婉约派作品。当然，随着词的发展，其“咏调名”的现象也减少了，词作内容与词牌来源没有必然的关联了。

除了词牌中常有“凤”之意象之外，宋词中也常有咏及凤鸟的内容。词句中的凤大多代表着这样几层含义：一是以“凤”美称建筑宫室之美，或室内器物之雅，这一点与唐代诗歌中的用法是类似的；二是以“凤”冠于物事之名，代指女子的居所或用品，也常作为乐器的美称；三是以“凤”暗喻乐妓，表达了对其容貌之美的倾慕；四是以“凤”“凰”成双喻爱情，抒写了男女恋情。下面就上述几点内容加以分述：

首先，在词曲作品中，常有以“凤”命名的事物，这些事物往往与皇家有关，体现出君权与威仪。在其后的发展中，也常成为固定的称谓。北宋柳永《玉蝴蝶·渐觉芳郊明媚》描写的是词人在京城郊外踏青时见到的春景之美，以及朝中权贵的排场与奢华，其结尾几句曰：“好雍容，东山妓女；堪笑傲，北海尊罍。且追陪，凤池归去，那更重来！”这几句写词人与这位朝中权贵相遇时的场面。二人可能有所寒暄，柳永也可能受邀参加了宴饮，于是有了“好雍容，东山妓女”之句，用东晋谢安携妓登山的典故，赞美权贵的儒雅之风。而“且追陪，凤池归去，那更重来”，则谦称自己欣然赴席作一陪同。“凤池”即“凤凰池”，原指宫中禁苑的池沼，这里则代表朝中机要的职务。可见，这里的“凤”意象的使用，既是对这位权贵的雅称，也表达了对朝廷的尊敬。

其次，词曲中常以“凤”形容器物，多为女子首饰，或为乐器的美称。张先《天仙子·十岁手如芽子笋》曰：“斜雁轧弦随步趁，小凤累珠光绕鬓。”这首词又题为“观舞”，描写了舞妓的动人风姿。词之上片写乐妓的美貌，下片则写其乐舞之美。“斜雁”指雁柱，因古筝的弦柱斜列如飞雁，故有此代称；“小凤”则指凤钗，乐妓头戴珍珠累成的凤钗，光艳动人。这里的“凤”指女性的凤形首饰，以此烘托女子的容貌。据五代马缟《中华古今注》记载，秦始皇时以“金银作凤头，以玳瑁为脚，号曰凤钗”，并命后宫嫔妃佩戴。汉代的凤钗更加华美，成为太皇太后、皇太后出席正式场合的首饰。《后汉书·舆服志》中说，当时的凤钗以玳瑁为股，长一尺，一端着花形发饰，上为凤凰，以翡翠为羽毛，下垂白色串珠、黄金饰物。后宫女子佩戴凤钗自然有“以凤比德”的含义，但装饰作用仍然是主要的，体现了皇室的奢华威严。唐代之后，凤钗成为妇女常见的首饰，不仅权贵富裕之家多有凤饰，乐妓舞女在表演时也常以此为饰，以增加视觉上的美感。张先词中的“小凤累珠光绕鬓”自然是写一位舞女的光艳美貌。

晏几道年少时常与歌儿舞女交往，其词中多写乐妓之情态。《丑奴儿》上片曰：“昭华凤管知名久，长闭帘栊，日日春慵，闲倚庭花晕脸红。”这里描写的是一位颇有声名的乐妓。“昭华凤管”代指笙箫，因其外形像凤之翼，故而有“凤管”的美称；“昭华”为乐器之美称，也暗示着乐妓正当妙龄，颇有青春之美。与此类似的词句还有其《采桑子》中的“芳意先愁凤管催”等。总体而言，以“凤”喻管乐器或管乐较为常见，这可能也与笙箫与凤形相似，而宋代宴乐场合多以丝竹乐器伴奏相关。

再次，以“凤”“鸾”等比喻乐妓之美，是宋代乐舞词中常见的写法。苏轼的《阮郎归》（一说为黄庭坚作）中有“歌停檀板舞停鸾，高阳饮兴阑”之句，也是以“鸾”比喻舞女，以示其飘逸艳丽之姿。赵仲御《瑶台第一层·上元扈跸》描写了上元佳节的舞乐之美，其中“人报道、嫦娥步月来。凤灯鸾炬，寒轻帘箔，光泛楼台”几句中，词人将宫女们比作嫦娥，又以“凤”“鸾”称元夜灯炬，显示出皇宫元夜的一派辉煌气象，同时也衬托出宫妓的风姿。

最后，在宋代的词作中，也常将“凤”与“凰”相对，比喻爱侣成双成对，抒写了缠绵婉转的男女柔情。贺铸《画眉郎·好女儿》即描写了一位闺中少女的怀春之思。词的上片写这位女子的容貌、才德，可谓是一位才貌双全的佳人。而下片则写她的择偶心理：“五马徘徊长路，漫非意，凤求凰。认兰情、自有怜才处，似题桥贵客，栽花潘令，真画眉郎。”汉乐府《陌上桑》中有“使君自南来，五马立踟蹰”之句，形容男方的富贵；而“凤求凰”则说明了这些权贵者对她亦有所追求。“题桥贵客”运用的是司马相如之典。据说司马相如离开故乡蜀地赴京城时，曾在成都升仙桥上题字：“不乘高车驷马，不过此桥也。”而潘岳是西晋著名的美男子，任河阳县令时曾在境内遍植桃李，故被称为“栽花潘令”。这两个人物都是风流才子，正是这位女子爱慕的对象。因此，这首词中正是通过“凤”“凰”之喻表达了女主人公对爱情的理想。这是一首爱情词，却超越了一般爱情词的秾丽而对爱情、婚姻有理性的思考。相对而言，词作中以“凤”喻爱情的内容不多，这可能是因为北宋前期的词作多为娱乐场合的歌辞，故而常有对乐舞者的赞美，而少有真实情感的流露；而北宋之后，词境进一步拓宽，天下事物、胸中块垒皆可入词，则词又不仅仅只用来写儿女情长了。

第七节　凤乐舞的当代演绎

凤不仅是远古中国的民族图腾，也是当代中华的人文信仰。凤鸟身上所承载的高尚德行、和谐因子，在中国人的精神品格中仍然适用；凤鸟的美丽与灵动，在中国的文学与艺术中仍然鲜活；凤鸟的知音与善舞，在当代乐舞文化中仍然焕发着勃勃生机。当代的凤乐舞是凤凰精神、凤凰美德的全新呈现，新时代的凤乐舞正如涅槃之凤，在极度炙热辉煌后浴火重生，焕发出永不衰减的恒久生命力。

一、凤之曲与凤之歌

中国乐舞艺术中与凤相关的音乐和舞蹈在新中国成立后焕发出新的生机。新时代的凤凰，早已摒弃了“君权神授”的教化功用，剔除了“通天神性”的迷信成分，进一步发扬了文德与美丽。正是因为凤凰的美德渗透在乐舞之中，当代凤乐舞奏响了华丽的篇章，呈现了众多的艺术精品。在本节中，我们介绍几部重要的作品。

在与凤有关的乐曲中，笙独奏曲《凤凰展翅》可谓是代表之作。若说《百鸟朝凤》是传统凤乐的一枝独秀，那《凤凰展翅》则是当代凤乐的一朵奇葩。这支乐曲完成于 1957 年，是中国传统乐器——笙的第一首独奏佳作。乐曲描绘了凤凰展翅飞翔的优美姿态，表现了对美丽与幸福的追求和赞美。

《凤凰展翅》是笙演奏家胡天泉、指挥家董洪德的作品。胡天泉是山西忻州人，自幼学习民族管乐，新中国成立之后参军并成为部队的笙演奏员；董洪德是山东高青人，13 岁加入部队宣传队，新中国成立之后进入上海音乐学院学习作曲，毕业后回济南军区前卫歌舞团任指挥。这两位音乐家都创作了大量的作品，而二人合作的《凤凰展翅》则获得了1957年第六届世界青年联欢节民间音乐比赛金质奖。

《凤凰展翅》的乐曲采用山西梆子音调，节奏轻快柔美。全曲由引子和三个段落组成，以优美的音乐引发人们的通感联想，使人们在欣赏音乐的同时，似乎看到了凤凰的优美姿态。

演奏开场，先由伴奏乐队演奏引子。这段引子的旋律自由、悠长而恬静，演奏者以笙吹奏出的嘹亮而清越的乐音贯穿始终，犹如凤凰在美丽的雨后晴空中舒展双翅；引子之后，是一段优美如歌、轻柔舒缓的旋律，演奏者运用“双音”“嘟噜”的技法，生动表现了凤凰展翅欲飞时左顾右盼、引吭高歌的动人情景；第二段中笙乐的节奏由舒缓而变急促，仿佛中凤凰已冲上高空、翩翩起舞；第三段中的旋律以笙乐大段的“呼舌”技巧来展现，与前段音乐形成对比，既表现了凤凰翩然飞翔的动感，又展现了蓝天、白云、雨后的彩虹等种种美景，仿佛在听者心中描画出凤凰在广阔的天地之中高飞展翅的形象，使人心醉神迷。而在曲子的结尾，则又一次由慢到快，吹出强有力的乐调，以干净、果断的收尾结束了全曲。[①]值得一提的是，乐曲在演奏中多次使用了胡天泉创造的“呼舌”技法，极大地丰富了笙乐的演奏技巧，更生动地展现了凤凰的雍容华丽和无限生机。整支乐曲在一些和音配置上运用了小六度、小三度，演奏时的调式以D—G—A的次序转换，显得和谐自然而又充满激情。

①陈建国：《中外音乐欣赏概论》，天津：天津人民出版社1994年，第115页。

《凤凰展翅》乐曲中，凤凰不仅是传说中的美丽神鸟，更是希望与幸福的化身。胡天泉、董洪德的笙独奏曲《凤凰展翅》，正是对幸福生活的赞美，是一曲充满希望和意境的颂歌。

大合唱《凤凰涅槃》则是凤之歌的代表。吕骥的这支合唱作品创作于 1941 年延安鲁艺音乐教育专业化发展时期，是延安大型声乐创作中的典范。《凤凰涅槃》采用了欧洲大型合唱常用的清唱剧形式，对西方传统音乐表现手法多有借鉴。大合唱《凤凰涅槃》的创作灵感来源于郭沫若的同名新诗作品，使原诗纵横驰骋的想象和丰富深刻的感情变化得到艺术深化，创造性地实现了“诗歌与音乐结合”。[①]

①魏艳：《论吕骥大合唱〈凤凰涅槃〉》，《乐府新声（沈阳音乐学院学报）》2010 年第 4 期。

整部《凤凰涅槃》合唱由《序曲》《凤歌》《凰歌》《群鸟歌》《凤凰更生歌》五个乐章构成，各乐章中的音乐形象相互独立，同时又成为一个整体。

《序曲》部分描述的是丹穴山上的一对凤凰集香木准备自焚的意象。《山海经 · 南山经》曰：“又东五百里，曰丹穴之山，其上多金玉，丹水出焉，而南流注于渤海。有鸟焉，其状如鸡，五采而文，名曰凤皇。”郭沫若诗及这支《凤凰涅槃》皆以丹穴之山为背景，体现了凤凰的不同凡俗。《序曲》部分的音乐以大小调交替的形式表现：大调展现凤凰自焚时的庄严肃穆，小调则描写宇宙的黑暗和人心的苦闷。音乐以和声、复调相结合的手法，表现出充满层次的情感体验，更展现了凤凰面对死亡时的勇敢和满怀的希望。死亡并不可怕，因为它昭示着旧宇宙的毁灭，即使这种毁灭中包括了自我的牺牲。但合唱以深厚的声浪告诉人们，牺牲不是无谓的，而是会创造出一个新的自我和新的宇宙。

第二部分《凤歌》是一首凤凰的哀歌。这一部分采用了西欧清唱剧中常见的宣叙调，在男声二部合唱的基础上交错着男高音独唱，如泣如诉、如怨如慕，音乐与诗歌完美地融合，咏唱着丰富的内心世界。这曲凤之哀歌揭露了黑暗的现实，是对旧中国的鞭挞与控诉，也是对万恶的黑暗势力的诅咒，宣叙调的极强抒情性淋漓尽致地展露出对黑暗世界的无尽憎恨。

第三部分《凰歌》为女声合唱。此段音乐巧妙地用以八分音符为节奏的音型表现出凰鸟鸣叫的“足足”之声。女声三部合唱倾诉着旧中国的苦难，饱含着对民族危亡的担忧与叹息，充满了“要到哪儿安宿”的感叹，表达了对民族前途的无尽忧虑。本部分的合唱基调是哀怨、悲凄的，在女声合唱中又交错着女高音独唱，恰好与凤的愤世嫉俗形成鲜明的对比，展现了凤凰无穷无尽的生命力，引领出全曲的高潮，预言着新世界和新自我的即将降临。

第四部分《群鸟歌》是一首谐谑曲，展现的是少数官僚政客的反动嘴脸，与前面的庄严肃穆与愤怒忧虑形成对比。这一部分的合唱音乐运用了多声部和声使群鸟同时歌唱，展示出群丑登台的场面。这是一段深刻的嘲笑和蔑视，与前几部分的或深沉或高亢，或哀怨或嘹亮相比，显得嘈杂而纷繁，却使群鸟的形象更加突出。群鸟所代表的这些反动统治人物，在凤凰的面前显得如此卑微和渺小。

最后一部分为《凤凰更生歌》，是对凤凰浴火重生的歌唱，一扫前面几段中的庄严肃穆和愤世哀怨，显得辉煌宽广。这部分音乐流畅优美，先以男声合唱引出，继之以男女声领唱。这是一段喜悦的颂歌，将语言与音乐完美地融合在一起，最后以高潮结尾，点出了整部合唱作品的主题：在自由、平等的新世界里，人人和谐欢快，永远充满光明。合唱在此达到高潮，其中对自由的讴歌，对幸福和团结友爱的赞颂让人久久难忘。[①]

《凤凰涅槃》作为一部长达三十分钟的大型合唱，虽然略显冗长，但瑕不掩瑜，仍是一部极为优秀的合唱作品。需要说明的是，由于时间匆促，作者吕骥并没有写伴奏，合唱的伴奏是在延安演出时由瞿维即兴弹奏的。这部宏伟巨制的深远意义在于，它通过凤凰的歌声表达了对旧世界的憎恨和对新时代的憧憬，它不仅是一部震撼人心的音乐作品，更以凤凰的奋斗精神和崇高气魄，表达了与黑暗抗争的勇气和乐观、正义的战斗

①本部分参考了严镐：《我们更生了——试评吕骥的大型合唱曲〈凤凰涅槃〉》，《音乐研究》1990年第5期。

心态，是一首关于自由、生命、光明和活力的赞美诗。

二、凤之舞

与凤之曲、凤之歌相比，当代凤之舞的作品更加丰富，其中歌舞剧《凤鸣岐山》、芭蕾舞剧《玄凤》以及大型舞蹈《龙凤呈祥》最具代表性。

歌舞剧《凤鸣岐山》表现的是“商朝灭亡、周朝兴起”的历史故事，其中穿插了神话元素。剧中的音乐是作曲家刘念劬的作品。刘念劬创作的音乐作品达三百余部，其中有许多表现了历史主题，如 1990 年的电视剧《封神榜》，其中的音乐即是其代表作之一。歌舞剧《凤鸣岐山》的舞蹈由上海歌剧院舞剧团于 1981 年首演，全剧共有六场，包括纣王东征、奸人献狐、宠美行暴、渭水拜相、武王伐纣、灭商兴周几个部分。故事背景设置在商纣王统治时期，当时商王大肆征战，民不聊生。当时为商朝大臣的周武王姬发征服东夷之后，解放了大批奴隶，其中包括小国贵族之女明玉。不久东夷谋臣费仲将狐狸变的妲己献与纣王，纣王从此沉迷于酒色之中，终日在鹿台寻欢作乐，对直言进谏的谋臣处以极刑。妲己在酒宴中令明玉献舞，纣王调戏明玉，老臣比干相劝，竟被剖心而死。周武王姬发见状怒斥纣王，反被治罪，将被炮烙。正在此时，雷震子自天而降救下了武王。武王在渭水河畔拜姜子牙为相，此时岐山金凤齐鸣，以示英主出现。武王为灭商纣积极展开军事行动，在最后一场鹿台决战中最终战胜了纣王，商朝灭亡，周王朝诞生。

这部大型舞剧借用了《封神演义》中的大致故事框架，同时又对其中的人物和故事加以夸张和改编，增加了明玉、小狐妖等人物，创造出一个琳琅满目、五光十色的奇幻舞蹈世界。剧中采取融合了羌、蒙古、苗、彝戏曲因素的舞蹈语汇，又熔芭蕾、古典舞、民间舞、现代舞、武术、杂技、体操、击剑于一炉，是对各种艺术形式的大胆尝试。

《凤鸣岐山》是一部以凤之德为主线的历史剧，表现了君德的重要性，强调了贪暴无道必然招致灭亡。剧中以传说中的凤德故事创造出一部灿烂的当代神话。凤鸟仅作为背景而出现，但“凤鸣岐山”代表着正义受到召唤，邪恶正被控诉。剧中将纣王的贪暴、妲己的祸国、武王的正义、姜子牙的谋略、明玉的善良展现得淋漓尽致，歌颂了正义，揭露了纣王的残暴无道，告诉人们人心向背可导致政权兴亡的道理。[①]凤凰在这部剧中是上天的使者，更是正义的化身。“凤鸣岐山”表达了人们对真、善、美的追求和热爱。

①张世珠：《一叶集》，贵阳：贵州人民出版社1983年，第203页。

与《凤鸣岐山》浓郁的历史氛围不同，芭蕾舞剧《玄凤》表现的是一段凄美动人的民间神话。《玄凤》由广州芭蕾舞团于1997年在广州首演，杜鸣心作曲，张建民导演及编剧。中国二十世纪九十年代的芭蕾舞剧为数不多，而《玄凤》是杜鸣心教授潜心投入的一部力作，艺术性及舞台效果皆达到高水平，荣获了第五届中国戏剧节优秀剧目奖等多种奖项。

《玄凤》取材于敦煌壁画《九色鹿》，分为《林中凤》《梦中凤》《画中凤》《火中凤》四幕，整个故事情节、舞台设置都具有浓郁的民族风格。舞剧开始，音乐随剧情发展而铺陈展开，剧情的跌宕变化带动着音乐的起伏变化。在小提琴音乐的悠扬声中，一只神奇的凤凰翩然而至。这只凤凰被塑造成大自然的精灵，代表着美与善。随着悠扬动听的旋律，这只美丽的凤凰翩翩起舞，婀娜多姿、步履轻盈，将玄凤的姿态和心理展现得淋漓尽致。

在舞蹈场景的布置中，剧中以彩绸群舞表现出林中春天的美丽景象，表现了生动的情思，将春天的勃勃生机、艳丽多彩展现在观众面前，使“林中见凤”优美动人；而第二幕中又以蓝色彩绸独舞表现人物的姿态，展现出“梦中思凤”的主题，同时融入极富中国宫廷特色的飘带，在芭蕾舞中又表现出民族舞蹈的风姿；第三幕“画中求凤”则以黄色的布景和灯光构成明黄色调，不仅代表着中国传统宫廷的辉煌，也仿佛给名利之徒展现了梦寐以求的前程，使其在金钱地位的诱惑下不惜出卖良心；第四幕中的彩绸代表着冲天的火苗，其运用和象征堪称出神入化。[①]

芭蕾舞剧《玄凤》是中国传统凤凰题材的新诠释，是新时期芭蕾舞剧的继往开来之作。《玄凤》的编导艺术家们对舞蹈演员的上身动作大胆开发，同时又谨慎运用中国古典舞和民族民间舞的动作元素和风格因子，使整个芭蕾舞剧在传统的主题之下又彰显出新的时代气息。

进入二十一世纪以后，与凤有关的舞蹈也屡有精品。2012年中央电视台春节联欢晚会上，大型舞蹈《龙凤呈祥》将晚会气氛推向了高潮。舞蹈音乐由苑飞雪编曲，领舞演员是李倩、张傲月。

在中国传统观念中，龙、凤皆代表着吉祥福瑞，龙与凤的结合，正是阴阳平衡、万物有序的标志。中国的年画、刺绣等纹样中常有“龙凤呈祥”的主题，二者一为众兽之首，一为百鸟之王，结合在一起则代表着喜庆隆盛。因此，龙凤呈祥的图案中，龙与凤的形象各占一半比例，二者互补对应、互相结合，展现阴阳和谐、如意美满。“龙凤呈祥”常作为新年、婚礼的吉祥画面或吉祥词汇，代表着人们对新的一年、新的家庭的美好祝愿。

春晚上的这台大型综合舞蹈节目《龙凤呈祥》正是将这美好的寓意、美丽的图卷搬上了舞台。舞蹈设计凸显了龙与凤在中国人心目中的崇高地位，通过舞蹈、杂技等带给人巨大的视觉冲击。整个舞蹈的服装设计以金、红、黄三色搭配，正符合

①参见罗辛、杜琴：《闯出芭蕾的中国学派之路——看芭蕾舞剧〈玄凤〉》，《广东艺术》1999年第4期。

中国传统审美中红红火火、富丽堂皇的特点。而舞蹈的动作造型以托举和双人舞的彼此呼应相结合，给人以交织流动之感。在舞台中央，龙凤各居一半，龙张目旋身、气象万千，正回首望凤；而凤展翅翘尾，仪态万方，正举目眺龙。男女领舞充当着龙、凤之首，其他演员则成为龙之身、凤之翅，二者互相呼应，互补融合，展现了中国传统观念中的阴阳平衡和物我合一。

舞蹈构图则突出了“方”的散点和“圆”的聚集，虽然是群舞，但自始至终都是以龙凤双人舞为圆心而展开造型。在画面中，一对领舞者在中间的方形舞台舞动，其他演员则在四周以圆形的画面流动，这是中国传统思想和智慧的巧妙结合，呈现出“天圆地方”的时空转换。“圆形给人造成的视觉印象是整体性（无残缺）、永恒化（无始终），是团聚、美满、丰盈、和谐。因为在中国人的心目中，圆形总是同天理物象人事联系起来，积淀着历史的、心理的内容，体现出一种符号化了的东方诗性智慧。”[①]在这种观念的暗示之下，舞蹈造型呈现出高度的和谐——天幕投影出印有蟠螭纹、藤蔓纹的圆盘，类似于中国传统的吉祥图案；在这圆盘的不断转动之下，光影形成的八卦形图案又如流光回旋，共同烘托着台中央庞大的龙凤造型，形成龙腾凤飞、相互追逐的画面。而在舞蹈结束时，龙凤互相衬托，阴阳达成了高度的平衡，场面气势恢宏、震撼人心。《龙凤呈祥》这支舞蹈，正为中国的新春佳节而生。春节万家团圆、普天同庆的气氛在舞蹈中得到充分的呈现，龙、凤共舞寓意着太平盛世、祥和美满，同时又把海内外中华儿女的情感紧紧地凝聚在一起。[②]

在古人的想象世界中，龙、凤等神物的通神之处正在于能飞，因此，在舞蹈中作者精心设置了龙腾凤飞的动作和造型。在几个高难度的托举造型中，龙腾空而起，却固若磐石；凤展

①邓佑玲：《舞蹈美学与舞蹈教育研究》，北京：中央民族大学出版社2011年，第151页。

②参见何际峰、周亮：《中国舞蹈中龙凤形象的审美意蕴——以2012春晚舞蹈〈龙凤呈祥〉为例》，《北京舞蹈学院学报》2013年第2期。

翅飞翔，又立于龙脊之上。二者虽然是舞蹈中的定型，却把飞升的动感烘托出来。舞蹈画面不仅呈现出视觉之美，更将龙、凤的自然属性与通天神性结合，使龙、凤既是春节的祥物，又是只可远观不可亵玩的神物。舞蹈演员的全身心投入，恰如中国古老壁画中龙飞凤舞的意象，伴随着古朴与现代结合的民族交响乐，烘托了大气磅礴的气势，更在视觉和听觉上给人以极大的审美愉悦。

舞蹈《龙凤呈祥》是中国传统观念中龙凤意象在现代社会中的充分解读。龙凤的神秘威仪得以保存，而其中的祥瑞意蕴、通天神性又进一步彰扬。龙与凤代表着中国人民的民族自豪和强烈自信，正象征着新时代的中国如龙凤一般腾空而起，带着古老、丰厚的底蕴，憧憬着更广阔、更辉煌的未来。

第五章

宗教乐舞中的凤

早在原始社会，人们便会在器物、崖壁上绘制动物图案并涂以彩饰，其中也有类似于凤的鸟类形象。这绝不仅仅是用于装饰，更大的可能是出于巫术或氏族信仰。早期的凤鸟崇拜因地域环境不同而形式不一，出土器物上的凤鸟形象也各有特色，但都与原始的宗教和巫术有关。而在宗教成熟时期，凤鸟也进一步被宗教化和神化了，因此道教和佛教中皆有关于凤鸟的传说。同样，在道教和佛教乐舞中，也有凤凰的灵动之姿，蕴含着人们的虔诚信仰和美好愿望。

第一节　凤与原始宗教乐舞

原始宗教与远古先民们的图腾崇拜有关。据说商部落奉“玄鸟”为始祖，故而视玄鸟为图腾及保护神。凤与龙一样，只是人们传说中的灵物，却具有其他动物所没有的夸张和神奇特征。人们在传说中赋予了凤鸟巨大的神性，这也使其在原始的宗教中扮演着重要的角色。

一、风与巫术

原始社会巫风极盛，《国语·楚语》言："及少皞之衰也，九黎乱德。民神杂糅，不可方物。夫人作享，家为巫史，无有要质。民匮于祀，而不知其福。烝享无度，民神同位。"可以说，远古时期人人信神、家家重巫，神本主义是原始文化的重要特征。

英国宗教史学家弗雷泽认为，根据巫术赖以产生的思维方式，即万物有灵和物质实体之间可以相互感应，可以将巫术分为两类：模拟巫术和接触巫术。二者具有共同点，即都认为事物通过某种神秘的交感而相互联系，进而跨越时空，产生相互作用。①因此人们便运用某种事物作为人与另一个世界的连接点，而这个事物便可称为"巫术灵物"。

①[英]詹姆斯·乔治·弗雷泽：《金枝》，西安：陕西师范大学出版社 2010 年，第 16-17 页。

现在发现的远古遗物中有许多带有原始巫术的痕迹，这些遗物很可能即是巫术灵物。原始人类在巫术祭祀时常将崇拜对象或部落图腾绘刻在祭祀器物上，以之作为传达自身祈愿和意念的工具。原始岩画遍布世界，是研究人类原始宗教的重要依据。目前在中国发现的原始岩画以云南、广西、四川、贵州等地为多，常以赭红颜料涂绘，内容包括了狩猎、畜牧、乐舞、天象等。这些岩画之所以以赭红色涂饰，可能代表着原始人类的神秘信仰。考古工作者们发现，山顶洞人在埋葬死者时，会将死者的身上和身体周围撒上赤铁矿粉末，而且他们也会用赤铁矿粉末涂饰的小石珠、兽骨等作为装饰品。山顶洞人生活于距今约一万八千年前，可见早在旧石器时代晚期，人们已经认为红色有某种神秘的力量了。正如历史学家胡新生所言："他们崇拜血液，崇尚红色，认为红色粉末可以补充死者业已枯竭的血液，红色石珠和鱼骨可以辟邪防身。"②可以说，早期的原始岩画代表了原始人类生活的几个重要方面，蕴含着明显的

②胡新生：《中国古代巫术》，北京：人民出版社 2010 年，第 7 页。

巫术意味。

动物图纹是原始岩画的重要内容，其中常包含有类似凤凰的鸟类图像。江苏连云港市郊的将军崖岩画中，即有人面、鸟兽、星空等图案。其中一组岩画中绘制了鸟喙、圆目，组成了抽象的凤鸟形象，形成一组意象化的人凤合一图像或“符号”。[①]这里的凤鸟形象与后世的凤鸟图像并不完全相同，但应当也代表着人类对这种神奇大鸟的崇拜和信仰，也许在其中也包含着某种巫术的意味。

①参见王大有：《龙凤文化源流》，北京：北京工艺美术出版社1988年，第25-26页。

此外，陶器上的动物图案可能也与原始巫术有关。新石器时代的半坡遗址中出土有一些陶瓶，上面绘有龙形和鸟形图案。这些鸟形图案类似于后世的“凤”，而这些陶瓶除了日常所用之外，也可能是一种巫术灵物。瓶上的龙凤形象，很可能即与某种巫术有关。

在南方的原始社会遗址中，凤鸟形象更为常见。湖南省洪江市高庙遗址中出土了一件“飞鸟载日”装饰的陶器。图案中的飞鸟头戴羽冠，双翅托举着类似太阳的八角星，飞鸟之外，还有长有双翅的兽面，造型灵动古朴。从这些图案组合来看，可能是此地原始部落奉祀的超自然神灵。[②]此外，在长江流域的河姆渡遗址中，还发现了一件象牙艺术品，上面雕有双凤朝阳图案。[③]这一图案也隐含着长江流域原始部落对太阳鸟的崇拜。

②湖南省文物考古研究所：《湖南洪江市高庙新石器时代遗址》，《考古》2006年第7期。

③《河姆渡遗址第一期发掘报告》，《考古学报》1978年第1期。

原始社会时期的凤鸟图案几乎出现在各地的文化遗存中，有些绘制于岩画、壁画中，有些是器物上的纹饰，也有一些是雕刻。虽然在原始人类的观念中，可能还没有关于凤鸟的完整定义，但这些鸟形图案、与鸟有关的原始崇拜与巫术很可能即是后世凤鸟传说的源头。

原始社会时期的灵物多为兽骨、兽牙、玉器、石器、陶器等，而发展至夏商时期，巫术祭祀时使用的灵物变成了青铜器。殷商时期已经形成了成熟的巫祭仪式，而其中巫祭礼器更起到沟通神人的重要作用。青铜器表面往往铸刻有图案，既作为装饰，也体现出某种原始的巫术、宗教观念。这些图案中最常见的有龙、凤、鸟、兽、鱼、蛙等，起初是完整写实的图案，后随着器物形状的变化越来越图案化、抽象化。殷商时期的青铜器动物纹饰都显得夸张而神秘，正如李泽厚先生所言："它们呈现给你的感受是一种神秘的威力和狞厉的美。它们之所以具有威吓神秘的力量，不在于这些怪异动物形象本身有如何的威力，而在于以这些怪异形象为象征符号，指向了某种似乎是超世间的权威神力的观念。"①因此，青铜器上的凤鸟纹饰也被神秘化、狞厉化了，常常是圆眼、勾喙、昂首的形象，具有威仪感和震慑力。学者们认为，这些凤鸟纹饰可能是商民族部落图腾的遗存，②也有的学者认为凤鸟纹与兽面纹、龙纹一样具有巫术和神灵意识，体现出人的世界与祖先及神的世界之沟通。③

①李泽厚：《美的历程》，天津：天津社会科学出版社2001年，第57页。

②见胡厚宣：《甲骨文所见商族鸟图腾的新证据》，《文物》1977年第2期；于省吾：《略论图像与宗教起源和夏商图腾》，《历史研究》1959年第11期。

③见张光直：《中国青铜时代》，北京：生活·读书·新知三联书店1999年，第420页。

二、原始宗教乐舞中的凤鸟形象

图腾崇拜是原始巫术活动的高级形式，这也说明了原始人类通过与自然界的逐渐融合和对未知世界的逐渐了解，将广泛的神灵崇拜集中到某一些特殊的事物身上。图腾以动物为主，也有植物或者非生物，原始人类认为，自己与图腾之间存在某种特殊的亲缘关系，他们将自己看作部落图腾的子孙，并渴望与之亲近、交流，从而获得与图腾一样的神性和能力。祭祀是亲近与交流的重要手段，在祭祀中，他们除了用雕刻、绘画描绘图腾之形外，还常以乐舞来模拟图腾的声音、动作、外形、姿态，从而进一步拉近自身与图腾的距离。

大多数原始乐舞都与巫术或宗教有关，其献祭的对象是部落图腾或与部落图腾有关的神灵。相传黄帝部落以"云"为图腾，于是部落中的乐舞称为《云门大卷》。《路史·后纪》曰：“（黄帝）命大容作《承云》之乐，是为《云门大卷》。”据说黄帝即位时，天上有瑞云出现，因此作乐祀云。许多学者认为《承云》很可能是作为一种云图腾崇拜的仪式，如舞蹈史学家孙景琛先生即持此观点。

原始宗教乐舞中常有凤鸟形象。远古传说中，华胥氏踩巨人足印而受孕，十二年后生下伏羲。伏羲之妹为女娲，二人皆为人头蛇身。在大洪水之后，伏羲与女娲繁衍了人类，故而被称为“人皇”。伏羲看到原始人类生活艰难，便教人们兴渔猎、养牲畜，并画八卦之图，以分天地阴阳，了解自然与社会发展的规律。伏羲时代人类的生产力大为提高，因此人们造有乐舞《扶来》，以此颂扬伏羲的功业。《扶来》又称《立本》或《立基》，其乐舞内容即讲述了伏羲发明网罟，教会人们以网捕鱼，使百姓们的生产劳动水平大为提高。据说当伏羲之网结成时，人们群情振奋、欢歌笑语，连凤凰也飞来翔舞祝贺，因此《扶来》即是《凤来》之意。《扶来》歌颂的是伏羲发明网罟，其所唱之歌即称为《网罟之乐》。由于年代久远，我们现在无法欣赏《扶来》舞蹈及《网罟之乐》，但唐代诗人元结写过《补乐歌》十首，自序称“自伏羲至于殷，凡十代，乐歌有其名亡其辞”，故而作歌以补之。其中有《网罟》一首，其辞曰：“吾人苦兮，水深深；网罟设兮，水不深。吾人苦兮，山幽幽；网罟设兮，山不幽。”事实上，关于人们造《扶来》以纪念伏羲，作《网罟之乐》以颂伏羲之德的说法，明显是后人对伏羲伟业的想象和创造，但我们并不能否认这类远古乐舞的存在。原始社会后期的人们作歌起舞以叙述农业渔猎生活是存在的，这些乐舞很可能是出于一种祈祷农业丰收、渔猎有获的原始宗教仪式，只不过在后世的传说中，将捕鱼织网的功绩附会到了一个伟人——伏羲的身上。《扶来》仅是一例代表，在原始社会留下的岩画中，有不少反映原始的渔猎生活景象。如新疆皮山县昆仑山口的岩画中，绘有许多狩猎的人物图形。这些人形动作美妙生动，姿态优美，很可能是在表演一种原始舞蹈。这些舞蹈出现在狩猎场合中，说明了它是一种带有宗教意味的祭祀乐舞。人们希望以乐舞的形式拉近自己与神灵的距离，最终使自己的祈愿得以实现。当然，这仅是原始社会渔猎生活的一个缩影，但我们同时也可以看到，远古时期人们的劳动、宗教皆与乐舞有密不可分的关系，而这些乐舞中也时常出现凤鸟的角色。

少昊氏时期的乐舞《大渊》，又名《九渊》，可能也是与凤鸟有关的巫祭乐舞，其舞容与舞辞不得而知。据说黄帝时期，有星如虹，其母感而有孕，于是少昊出生。少昊氏即位时，凤鸟刚好飞至，于是以鸟名百官。因此可以说，少昊氏族是一个以凤鸟为图腾的民族。而《大渊》作为祭祀部落神灵的“巫舞”，加之少昊氏族以鸟为图腾，其中应当也有模拟凤鸟形象的动作。大约在西周时期，少昊氏族的一支迁徙至今天的山东。如今在山东的民间乐舞中，与凤鸟有关的极多，这可能是远古时期凤鸟祭祀乐舞的遗存。

远古乐舞中最著名的莫过于《葛天氏之乐》与《大韶》。前者为原始时期的巫祭乐舞，其舞者“操牛尾，投足以歌八阕”，其中一章即为《玄鸟》。玄鸟为天凤一类，且被商人视为始祖，这支乐舞应当也是以凤为祝祷对象的巫祭乐舞。而《大韶》为舜时之乐，表演时有“百兽率舞”“凤凰来仪”，是为了彰显舜帝之德。这一说法当然是后世学者的创造，如果追溯其源，应当也是远古先民们扮作凤鸟及其他鸟兽之形以载歌载舞的反映。这些舞蹈也与原始人类的早期宗教仪式相关。

第二节　凤与道教神仙乐舞

道教是中国土生土长的宗教，其前身是先秦时期的民间巫术与神仙方术，在其后的发展中又将春秋时期老子的思想融入并加以附会衍生，老子也便成为道教的始祖。道教以升仙长生为目的，注重阴阳之间的制约与平衡，提倡“养气”和修炼之道，追求神仙世界的美好生活，因此便也与凤凰产生了密切的联系。在道教创造的神仙世界中，凤鸟是美丽的瑞鸟，更是神仙们的坐骑，也是常常引度人们升仙的使者，甚至还是呼风唤雨的神灵形象。凤鸟的身份是多重的，这正是远古传说中凤鸟沟通人神的灵性的进一步演变。因此，在道教乐舞中，也时常出现凤鸟的意象。

一、凤凰的神性与道教思想的契合

凤鸟与道教思想的契合之处正在于它身上的神性与仙气。在道教的相关传说中，凤鸟与仙道文化具有密切的联系。古蜀仙道文化中有不少传说。蜀人认为，其先王蚕丛、柏灌、鱼凫皆神化不死，最终都升仙而去。其后杜宇建立古蜀国，参加了周武王讨伐商纣的战争，建立了巨大的功业。杜宇统治晚期，蜀地有洪水为患，便使其相鳖灵治水。鳖灵治水有功，杜宇让位于鳖灵，隐居西山后化为杜鹃鸟，每逢春耕时节哀鸣苦啼。在道教传说中，杜宇化为杜鹃是后世道教中羽化升仙的雏形，杜鹃鸟便是升仙的媒介和使者。在道教信众的不断演绎和丰富中，杜鹃渐渐拥有了凤鸟之姿和凤之神性，于是便也被凤鸟代替了。这说明了道教传说与神话的不断合流。

蜀地的仙道文化与凤鸟密切相关。现在考古工作者们发现的三星堆文物中，就有不少栩栩如生的类似凤鸟的形象。如著名的大青铜树，其枝叶上即立有三只冠羽之鸟，形似凤凰。此外，金沙遗址中出土有一件玉琮，上面有线刻的鸟翅人体像，这也是凤鸟神性与羽人观念的结合，而金沙遗址的太阳神鸟金箔，正是“属火朝阳”的凤鸟天性的体现。

道教与凤鸟的联系，可视为凤鸟之通天神性在宗教观念上的投射。凤鸟生活的世界便是道教信众向往的仙界，修炼之后身轻能飞也许是受到凤鸟体形特征的启发，而道教修炼的最终飞升也往往是乘凤鸟而仙去。这些都体现出凤鸟在道教观念中扮演着重要的角色。为什么凤鸟与道教会有如此紧密的联系呢？

首先，道教追求的神仙世界与凤鸟生活的神仙世界具有高度的相似性。几乎每种宗教都为人们构筑了一个美好的极乐世界，以此号召人们尊崇教义并向这一美好世界努力。这个美好的世界当然不是真实存在的，它只存在于信众的精神领域，因此也被赋予了各种美好的想象。古人在诗文中描写了想象中的仙境，皆是奇花葱茏、异草遍地，更有“青鸟”徘徊翱翔。《汉武故事》中说道：“七月七日，上（汉武帝）于承华殿斋，日正中，忽见有青鸟从西方来，集殿前。上问东方朔，朔对曰：‘西王母暮必降尊像，上宜洒扫以待之。’……有顷，王母至，乘紫车，玉女夹驭，载七胜，履玄琼凤文之舄，青气如云，有二青鸟如乌，夹侍王母旁。”汉武帝晚年渴望长生，他听了方士的建议，常在承华殿斋戒静坐。这一次遇到青鸟的经历事实上是一场仙遇，据说从此以后武帝对求仙之事更加虔诚了。也正因此，青鸟又被作为信使的象征。后世的许多诗文中也写到了仙境中的青鸟，如唐代李峤《拟古东飞伯劳西飞燕》诗“传书青鸟迎箫凤，巫岭荆台数通梦”，宋代秦观《解语花》词“算此情，除是青禽，为我殷勤报”等。

青鸟又称“青鸾”，也为凤凰的一种。事实上，自然界中有真实的青鸾存在，学名为“眼斑冠雉”或“大眼斑雉”。[1]这

①参见张正明：《张正明学术文集》，武汉：湖北人民出版社 2007 年，第 635 页。

种鸟生活于热带丛林，全身覆盖着微黑的棕色羽毛，头颈部为蓝色，胸及足为红色。雄鸟尾羽长达二米，上面有耀目的大眼斑点。三月至六月是其繁殖季节，雄性会进行精心复杂的求偶仪式，通过悦耳的鸣声和美丽的舞蹈来吸引雌鸟。舞蹈时，雄鸟的双翅和尾羽会展开成扇状，犹如孔雀开屏一般；而雌鸟会将窝筑在地面上，在丛林或矮树下隐蔽。将孔雀与大眼斑雉相比，孔雀的翎毛之美可能更胜一筹；但斑雉的尾羽之长是孔雀不能匹敌的，这可能也是大眼斑雉被称为“青鸾”的原因。鸾鸟本来为凤之属，我们可以推想，五彩斑斓的凤凰，其外形可能来自大眼斑雉与孔雀的结合，当然也融入了不少其他鸟类的特征。因鸾与凤的外形相似度最大，故而鸾凤也时常通称。

青鸾生活于热带地区，偶尔由使者或商人带到中原，令中原人惊喜不已并视为神物。可能青鸾常伴随着西域使者出现，故而在其后的传说中也渐渐成为西王母的使者。在中国古代的典籍中，西王母是一位美丽的女神。《穆天子传》记载：周穆王是周朝第五位国君，喜好漫游，曾乘坐八匹骏马拉的车到达西王母之国。西王母居处风景秀丽，实为仙境。西王母在瑶池设宴款待穆王，穆王则向她赠送了中原的丝绸等特产。《列子·周穆王》中对仙界进行了更细致的描写：“王执化人之祛，腾而上者，中天乃止，暨及化人之宫。化人之宫构以金银，络以珠玉，出云雨之上，而不知下之据，望之若屯云焉。耳目所观听，鼻口所纳尝，皆非人间之有。”周穆王与西王母的故事反映了人们求仙长生的愿望，在目前发现的许多汉画像砖和画像石中皆可见到类似的主题。

《山海经》中描绘了不少奇异仙境，这些仙境常为鸾凤所居。《大荒南经》云：

有臷民之国。帝舜生无淫，降臷处，是谓巫臷民。巫臷民盼姓，食谷，不绩不经，服也；不稼不穑，食也。爰有歌舞之鸟，鸾鸟自歌，凤鸟自舞；爰有百兽，相群爰处。百谷所聚。

这里描写的“䓣民之国”所在的地方即是人所向往的仙境。据说舜帝之子无淫被派到这里进行治理，这里的人们不纺纱织布，却能穿上衣服，不耕种收割，但都能吃上食物。这里还有能歌善舞的鸾鸟和凤鸟，并有各种珍禽异兽自由生活。可以说，这里描绘的就是一幅人们理想中的极乐图景，是人们所向往的仙境。在《山海经》中有不少类似的仙境描写，如“诸夭之野，鸾鸟自歌，凤鸟自舞。凤皇卵，民食之；甘露，民饮之。所欲自从也。百兽相与群居，在四蛇北。其人两手操卵食之，两鸟居前导之”。《大荒西经》也称：“西有王母之山、壑山、海山……鸾鸟自歌，凤鸟自舞，爰有百兽，相群是处，是谓沃之野。”这些描写的都是仙境景象，而且为表达这些仙境的和平美好，常有鸾歌凤舞为之点缀。

其次，道教中“肉身能飞，其翔似鸟”的羽化观念，是受到凤鸟体形特征的启发，故而也使凤鸟成为道教中的重要神物。许多学者认为，古蜀的仙道文化是后世道教文化的源头。前文已经提及，蜀帝杜宇化为杜鹃的故事，可能即是最早的羽化形象。羽化飞仙是道教信众修炼的理想，而这种成仙的方式，与鸟类自然有着联系。道教认为，人要像飞鸟一样身轻自由，才能登天成仙，追求的是“萧萧高仙，飞步太清”的境界；而要达到飞鸟的成仙境界，则需要相应的符图。宋代张君房《云笈七签》卷八十《符图》之《元览人鸟山形图》曰：“太上曰：无数诸天，各有人鸟之山，有人之象，有鸟之形。……肉身能飞……其翔似鸟，出游三界之外；其神真人，入宴三清之中，总号‘人鸟’。”道教信众见到飞鸟的自由翱翔之姿产生了艳羡，再加上鸟类与仙境的奇妙联系，便最终形成了一套充满想象的理论。这也使道教与鸟类产生了不解之缘。

从巴蜀考古中发现的文物来看，许多器物都体现着羽人飞升的思想。如三星堆的人首鸟身青铜像，其人首高鼻纵目，而鸟身灵动奇异。铜像的双翼虽然残损，但原应为展开的形象，尾羽下卷，虽然比常见的凤鸟图像中的尾羽短小，但是也类似凤鸟之形。此外还有许多器物上的鹰头等鸟形，也类似于凤鸟的形象，这可以视为蜀地仙道思想中羽化飞升思想的体现，是道教中“人鸟”形象的雏形。

战国至汉初时期，方士们宣扬人可以长生不老，并可“羽化登仙”，一时追求长生的风气日盛，这一风气又以楚地更具代表性。目前发现的楚地出土文物中，有许多器物上皆有凤鸟的形象。这些凤鸟之形十分怪异，显得神秘诡奇。2000年湖北荆州天星观二号楚墓出土的一件凤鸟羽人漆器，身形为人，却长有鸟的尾巴和鸟爪，腿上还有鸟羽纹路。这位羽人站在凤鸟的头顶，凤鸟脚下则是一只蟾蜍。从这一造型中可以看出，古人认为凤鸟在升仙过程中起着重要的作用。漆人身上的羽毛纹路、背后的羽翅，都显示出其希望飞翔于天地之间，追求生命永恒的愿望。这些人物或动物背后飞翔的羽翅包括了两层含义：一是表现了超自然的力量能升降自如，升则可达九霄云外，遨游天界；二是蕴含着人类想超脱自然规律、摆脱死亡的恐惧之心，及实现“千岁不死”的理想。[①]道教的“羽化”正是这一理想最终实现时的质变过程。

①江崖：《漆水流觞：中华漆艺导读》，北京：中国美术出版社2014年，第64-65页。

再次，道教的飞升仙去需要媒介，而凤鸟的通天神性使其成为引人升仙的绝佳使者。古代的传说中，龙、凤、鱼这三种动物具有引魂升天的功能。战国至汉代的许多图像中皆有类似于凤凰的鸟类形象。这些鸟类有的似鹤，可能是因其长寿而受到人们的崇拜，故而常作为人去世后引魂升天的使者，再加之鹤的鸣叫声洪亮清澈，使人们产生上通神灵的想象。事实上，鹤正是凤鸟的原型之一，在许多升仙故事中，鹤与凤的形象常常是等同的。此外，有一些墓室图像中的鸟类类似于雀，雀之外形也成为凤鸟形象的来源。《后汉书·显宗孝明帝纪》载："是岁，甘露仍降，树枝内附，芝草生殿前，神雀五色翔集京师。"凤为五彩，代表凤之五德，这里的雀为"五色"，事实上也即是凤鸟之属。

在其后的发展中，这些鸟类形象基本上统一为凤。一方面因为凤鸟本身即带有生活于仙境、身兼五德的祥瑞意味，另一方面也因为凤鸟常作为神仙的陪侍。人们认为，远古时期黄帝乘龙升仙，他出行时众神陪伴，凤凰亦为其中之一。《韩诗外传》中更是将凤鸟视为通天的灵物："惟凤为能通天祉，应地灵，律五音，览九德。天下有道，得凤象之一，则凤过之。得凤象之二，则凤翔之。得凤象之三，则凤集之。得凤象之四，则凤春秋下之。得凤象之五，则凤没身居之。"凤鸟的通天神性使其成为佐助灵魂升天的重要使者。如河南新安磁涧西汉墓中的凤鸟图像，颜色艳丽、神俊非凡，头上有华丽的冠羽，身后有斑斓的尾羽。凤鸟在墓室壁画中出现，正因为它是沟通天地的媒介，也是引导灵魂进入极乐世界的使者，还是长生不老的象征。

正因为如此，作为道教传说的主神之一，西王母的身边时常有凤鸟陪伴。据说西王母居于昆仑山，是西华至妙之气所化生，掌管着所有女仙的名籍。《淮南子·览冥训》中曰："羿请不死之药于西王母，姮娥窃以奔月。"可见至少在汉代，人们已经认为西王母善于炼制长生不老之药。在道教信众看来，西王母是长生不老的象征，她的居所是人们向往的仙境，而这仙境中自然也有神鸟神兽。从《山海经》中的描写来看，几乎每次西王母出现，身边都有神鸟随侍。如《海内北经》曰："西王母梯几而戴胜杖，其南有三青鸟，为西王母取食。”又《大荒西经》中也记载：“有五采鸟三名，一曰皇鸟，一曰鸾鸟，一曰凤鸟。……（王母之山）有三青鸟，赤首黑目，一名曰大鵹，一名曰少鵹，一名曰青鸟。”从这里可以看出，西王母与神鸟是密不可分的，这些鸟类本为神异之禽，起初为“三青鸟”“三足乌”，在其后的发展中也成为凤。可能由于外形的相似，也可能因为鸾、凤本为一类，在许多故事中便将西王母与凤联系了起来。在汉代及之后的画像中，西王母身边常有凤鸟陪伴。如河南南阳熊营出土的画像石中，西王母与东王公相向坐于高足豆状高台之上，其下有一生有双翅的捣药兔，其上则有仙人骑鹿和凤鸟形象。[①]在另一汉代西王母画像砖中，西王母端坐其中，两旁为两侍女，身似鸟形，其下又有两凤，回首相对；而明代的《西王母乘凤返瑶池》图中，凤鸟则成为西王母的坐骑。这些画像正说明了凤鸟形象与西王母所在的仙境密切相关，凤鸟本身便也成为引导人们去往仙界的向导。

①见南阳汉画像石编辑委员会：《南阳汉代画像石》，北京：文物出版社1985年，图332。

图 5-1 明代西王母乘凤返瑶池图

二、步虚词中的凤凰意象

道士们在醮坛举行仪式时，常结合音乐吟诵词章，因其旋律优美缥缈如步行虚空，故得名“步虚声”，而在步虚时所吟诵的词章则被称为“步虚词”。据说曹魏时陈思王曹植于山中漫游，忽闻空中传来诵经之声，其声悠扬缥缈、灵远虚静，人皆称为神仙之声。后来道士们在绕坛打醮时便也模仿这种音调诵唱。《乐府诗集》卷七十八引《乐府解题》：“步虚词，道家曲也，备言众仙缥缈轻举之美。”由此可见，步虚词应当是一种与音乐结合的文学形式，类似于汉代乐府歌辞。

步虚的起源与道士的修炼过程有关。道教典籍《上清三洞太真道经》中有《步虚经》一卷，即是道教科仪中“高仙”步登玉京时伴随着乐舞而讽吟的章词。[①]因此步虚词中常描写神仙世界，并在祈福禳灾时使用，而想象、夸张以及大量的铺饰是其重要的特点，具有浓重的浪漫主义色彩。凤鸟作为仙界使者，也成为步虚词中常见的意象。

①张振谦：《道教文化与宋代诗歌》，北京：人民文学出版社 2015 年，第 280 页。

首先，步虚词中描绘的神仙世界色彩斑斓，而凤凰是其中重要的灵物。如南北朝时期的《空洞步虚章》描写了诡奇的仙境：“骞树圆景园，焕烂七宝林。天兽三百名，狮子巨万寻。飞龙踯躅鸣，神凤应节吟。灵风扇奇花，清香散人襟。”“骞树”指月中树林，而“圆景”则指月亮。这里有清冷的月光、绚烂的七宝林、巨大的狮子、低吟的飞龙、随节而歌的神凤，人间从未见过的奇花散发着阵阵清香。这一片景象正是道教所构筑的理想世界，神秘莫测，却又具有极大的吸引力。道教正是以这种气势非凡的想象表达对美妙仙境的敬畏与向往。

其次，唐宋时期文人在与女道士交往中所作的步虚词中，凤鸟意象又带有了情爱的意味。唐代佛道盛行，女冠成为一个特殊的群体。当时的道士（也包括女冠）享有社会特权，衣食无忧、生活闲散，故而人数十分庞大。唐代规定，道士必须识字念经，具有一定的文化素养；而女冠由于没有家庭的束缚，与男子交往相对自由。在道教文化的巨大影响下，许多文人也拟作步虚词。

首倡文人步虚词创作的是南北朝诗人庾信，但唐宋时期文人创作步虚词更为盛行。步虚时的神态威仪、缥缈之态以及仙境的奇妙虚幻极大地丰富了文人诗歌的内容，正如孙昌武先生所言："由道教科仪的步虚声演化为文人创作的步虚词，是道教促进文学发展的又一典型事例。"[①]文人创作的步虚词内容题材又与道教步虚时的歌辞有所不同，体现出步虚词的新发展。唐代诗人苏郁《步虚词》曰：

①孙昌武：《道教的仙歌及其文学价值》，《文学遗产》2012 年第 6 期。

十二楼藏玉堞中，凤凰双宿碧芙蓉。流霞浅酌谁同醉，今夜笙歌第几重。

"十二楼"指仙人居所，可见这里描写的也是仙境。其中"凤凰双宿""流霞浅酌""今夜笙歌"几句，表面来看是仙境中的美景和乐舞之乐，细读之却有暧昧之感。在这里，凤鸟"双宿"，暗喻着男女成双。诗中仙境的歌乐之美，很可能即是文人与女冠的宴饮之欢了。这里的凤鸟一方面代表着仙界的神性，另一方面也代表了凡俗人世的情爱，具有跨越仙俗的特点。

再次，在步虚词中，凤鸟往往还作为神仙的坐骑或驭者出现。这里的凤鸟并非主角，但仍带有通天神性，与西王母之"青鸾"具有相似的使命。宋代诗人白玉蟾《步虚词》曰："昔在神霄府，飞云步玉天。玉天三十六，六梵聚飞仙。太帝升烟殿，东皇驾凤軿。真灵来亿万，听演太灵篇。"白玉蟾十六岁时离家云游，后入住武夷山止止庵，并创立道教南宗宗派。作为道士，工诗善词，其创作的步虚词结合了自身的生活环境，也描写了虔诚的道家神仙世界。其“太帝升烟殿，东皇驾凤辀”两句写的是神仙赴会之景。太帝为远古帝王，传说是黄帝之孙、少昊之子，德行高尚，喜爱音乐。据说当其乐师咸黑奏乐时，凤凰、大翟等神鸟翔集，诗中的“太帝升烟殿”即写这一盛景；东皇即东王公，即东华帝君，与西王母是配偶神。东王公掌管男性神祇，为道教男仙之首。而“凤辀”则是以凤驾的车。这里的凤成为神仙驾车的工具，其实也是由神仙坐骑或随侍演变而来。“凤辀”的出现，同样使诗句中体现出鲜明的仙境特点。

三、道教乐舞中的凤凰

道教中的乐舞，是道家清静无为精神品质的体现，同时又吸收了中国传统乐舞中的一些元素，形成庄严肃穆、超凡绝俗的风格。前面分析的步虚词即为道教音乐歌辞的一种，这里则主要分析具有道教意味、体现出道教特点的音乐舞蹈。

道教音乐表演中，演奏者和歌唱者皆为道士。他们的表演不仅带有向上天神仙祈求福祉的意味，也常借此来吸引俗众，以宣扬道教教义。魏晋南北朝时期，道教文化得到极大的发展，道教的影响上移至宫廷，对宫廷音乐产生了不小的影响。唐代帝王大力推崇道教，并尊老子为始祖，极大地提高了道教的地位。因此唐代道观遍布全国，道士群体庞大，唐代也成为道教外丹术最兴盛的时期。在皇帝的提倡之下，大量的贵族、士大夫信奉道教，宫廷乐舞也受到了影响。在唐代宫廷中，燕乐大曲成就极高，代表着当时一流的乐舞水平，而其中的代表作《霓裳羽衣曲》与道教有密切的联系。《霓裳羽衣曲》又配有舞蹈《霓裳羽衣舞》。这支乐舞体现出浓厚的道教色彩，可以看作是道教乐舞的变体。

首先，《霓裳羽衣曲》的创作与道教传说有关。史书记载，唐玄宗李隆基曾梦游月宫，见到数百仙女身着素色霓裳在广庭中起舞，舞姿甚美、乐曲缥缈，人间从未见闻。玄宗问其中一位仙女："此为何曲？"仙女答曰："《霓裳羽衣曲》。"玄宗梦醒之后，梦中仙曲犹能记忆，当时正逢河西节度使杨敬述献《婆罗门曲》，于是玄宗将二曲结合改编，创造了唐代著名法曲《霓裳羽衣曲》。当今许多影视节目中对《霓裳羽衣舞》皆有演绎，但对其服装有不同的看法。有的舞蹈中舞者穿的是素色纱衣，而有的则穿的是五彩纱衣。事实上，"霓裳"应为素白衣裙，正与古人的求仙访道活动有关。早在战国时期，屈原《九歌·东君》中即曰："青云衣兮白霓裳，举长矢兮射天狼。"这里穿着白色霓裳的，正是祭祀的巫觋们。此外，"羽衣"可理解为饰有羽毛的服装。"远古的人们认为鸟的羽毛具有神奇的力量，可以使人飞升到天空中，实现人与神的沟通。汉代的方士，以及后来的道士们所崇信的'羽化登仙'，都与远古的信仰有关。"[①]因此，从服饰上来看，《霓裳羽衣舞》与道教有着密切联系，而其中的羽毛装饰，可能是对道教中乘凤飞仙的一种象征。"霓裳羽衣"之名体现出这支乐舞与凤鸟的隐含联系。

①代璐遥：《中国雅俗文化》，武汉：武汉大学出版社2015年，第105页。

不仅如此，在许多诗文中还记载了这支乐舞的来历。中唐刘禹锡《三乡驿楼伏睹玄宗望女几山诗，小臣斐然有感》诗曰：

> 开元天子万事足，唯惜当时光景促。三乡陌上望仙山，归作霓裳羽衣曲。仙心从此在瑶池，三清八景相追随。天上忽乘白云去，世间空有秋风词。

从诗中可以看出，中唐人认为，《霓裳羽衣曲》代表着玄宗求仙以望长生的愿望，也体现出玄宗对道家修仙的向往。唐代王建《霓裳辞》也曰："一声声向天头落，效得仙人夜唱经。"从这些诗文记载中，都可以看出《霓裳羽衣曲》的道教色彩。当然，《霓裳羽衣曲》也结合了《婆罗门曲》，其中应当也有佛教色彩，但从其名称、来历而言，道教的内容应当是主体。

其次，《霓裳羽衣舞》的装扮、动作，也体现出道教的仙境特点，其中更有模仿鸾凤的舞蹈动作。据说唐玄宗制成《霓裳羽衣曲》之后，杨贵妃据此编排成舞蹈。最初的《霓裳羽衣舞》是由杨贵妃领舞，其他宫女伴舞的近百人的大型舞蹈，安史之乱后此舞一度失传，中唐时期宫廷中又有排演，不过已经成为双人表演的小型舞蹈。中唐诗人白居易曾于唐宪宗元和年间在宫廷欣赏过《霓裳羽衣舞》，从此念念不忘，并作有《霓裳羽衣歌》，其诗曰：

> 我昔元和侍宪皇，曾陪内宴宴昭阳。千歌百舞不可数，就中最爱霓裳舞。……案前舞者颜如玉，不着人家俗衣服。虹裳霞帔步摇冠，钿璎累累珮珊珊。娉婷似不任罗绮，顾听乐悬行复止。磬箫筝笛递相搀，击擫弹吹声逦迤。散序六奏未动衣，阳台宿云慵不飞。中序擘騞初入拍，秋竹竿裂春冰坼。飘然转旋回雪轻，嫣然纵送游龙惊。小垂手后柳无力，斜曳裾时云欲生。烟蛾敛略不胜态，风袖低昂如有情。上元点鬟招萼绿，王母挥袂别飞琼。繁音急节十二遍，跳珠撼玉何铿铮。翔鸾舞了却收翅，唳鹤曲终长引声。……

这些诗句交代了欣赏此舞的背景和时间，其中对动作和音乐的描写是研究这支乐舞的重要资料。舞者"不着人家俗衣服"，足见扮演的是仙女之姿。诗中还列举了许多女神、女仙之名："上元"即上元夫人，传说她是西王母小女、三天真皇之母；"萼绿"则指"萼绿华"，据陶弘景《真诰·运象篇》记载，她是一位居于南山中的仙女;“王母”即西王母，为道教女神之首；而“飞琼”则指许飞琼，是西王母身边的侍女。这是一支双人舞，诗人白居易在舞蹈中似乎看到了仙女们的交往情景，体现出道教仙境的和谐美丽。诗人以“翔鸾舞了却收翅，唳鹤曲终长引声”来形容舞女们的动人舞姿，说明舞蹈中可能有模仿鸾凤的动作。天宝四年（745），杨妃被册立为贵妃，而杨贵妃之前曾受敕命出家为女道士。《霓裳羽衣舞》的编排和表演，可能也与杨贵妃的女道士身份有关。

总之，《霓裳羽衣曲》包含着道教的素材与精神。从《霓裳羽衣曲》和《霓裳羽衣舞》中皆可看出，唐代宫廷大曲受到道教音乐的影响是很明显的，甚至本身即是道教乐舞的一种变体。当然，道教乐舞不仅在唐代有极大的影响力，在唐代之后直至当代，仍是我国乐舞文化的重要部分。由于与道教仙境的紧密联系，凤鸟便成为道教乐舞的重要主题。

图 5-2 舞蹈《青鸾舞》[①]

①《吴晓邦舞蹈文集（第5卷）》，北京：中国文联出版社2007年，第117页。

当代著名舞蹈家吴晓邦先生于1957年创作了舞蹈作品《青鸾舞》。这是一支女子独舞，所用音乐为道教音乐。舞蹈中的少女渴望幸福与自由，她幻想自己变成一只鸾凤，能游历山海，饱览世间百态。在表演时，舞者双臂舞动白色长绸以象征双翅，并用舞蹈模仿鸾凤的飞翔之姿，抒发着自己的喜乐与忧伤，祝福天下人幸福、祥和。舞者为女道士打扮，又奇妙地将道教与鸾鸟之美结合在一起，可谓是道教乐舞的又一全新发展。

第三节　凤与佛教乐舞

两汉之际佛教传入我国。佛教中关于生死轮回的观念诱发了人们的无穷想象，也满足了人们寻求长生的愿望。凤鸟作为穿越人间和仙境的神鸟，也被赋予了无穷的灵性，成为陪侍在佛陀身边的圣者。在敦煌壁画、佛教仪式中，常有凤凰的形象出现；凤凰能歌善舞的特性也与佛教中以伎乐娱佛的供养形式刚好契合，又因其美丽吉祥的寓意，凤鸟最终也被吸纳入佛教世界。凤与佛教乐舞的联系虽不似道教那么紧密，但也体现出凤文化与佛教文化的相互融合与借鉴。

一、凤文化与佛教文化的交融

提到凤凰与佛教文化，人们常常会联想到“凤凰涅槃”。但事实上，中国古代关于凤凰的传说虽多，却并没有凤凰涅槃一说。在佛教中虽有“涅槃”一词，但将凤凰与佛教涅槃结合起来的，最早是郭沫若先生所作的诗歌《凤凰涅槃》。

西方神话传说中有类似于凤凰的灵物，名叫“Phoenix”。这种鸟本为古希腊神话中的圣鸟，又被称为“不死鸟”。古罗马诗人奥维德曾这样形容不死鸟：“不死鸟并非靠花草果实维生，而是以乳香为食，在降生五百年后，它会落在棕榈树顶端的橡木枝上为自己搭建一个巢，然后出外收集肉桂、甘松和没药等香料，衔入巢内，垫在自己的身下，当它呼出最后一口气后会悄然死去，此时从它的身体里将飞出一只新的不死鸟，同样拥有五百年的生命。等这只不死鸟长大到有足够的力量时，就会把父母的巢从树上升起，衔往埃及的赫利奥波利斯城，放在太阳庙里。这个巢是它的摇篮，同时也是它父母的坟墓。”[①]不死鸟虽会悄然死去，但死的同时也是新生命的开始，因此它具有永生的属性，并与太阳有深刻的渊源；而在中国古老传说中的凤凰，也被人称为“火精”或是“太阳精”，被视为火禽。因此，凤鸟也常被称为朱凤、丹凤，为太阳的使者。正是由于不死鸟与凤鸟共同的趋火向阳的属性，使它们之间有了相似之处。

①李四达：《幻想艺术概论》，北京：清华大学出版社2015年，第108-109页。

在印度传说中也有一种“不死鸟”，名叫迦楼罗。迦楼罗是一种巨型神鸟，有人认为迦楼罗即大鹏金翅鸟，是护持佛的天龙八部之一，外表为人面鸟身、鸟面人身或者鸟形。迦楼罗每天需吞食五百条毒蛇（一说毒龙），久而久之毒气聚集而无法排解。最终迦楼罗在金刚山自焚，涅槃往生。

佛教中有“涅槃”一说，意译为“入灭”或“圆寂”。佛教认为，涅槃者熄灭生死轮回最终达到人法合一、不再死亡的状态，同时也达到了一种新的精神境界。郭沫若先生在诗歌《凤凰涅槃》中将凤凰的火之属性、永生的特点与佛教之“涅槃”融合，赞美了凤凰的浴火重生，歌颂了追求自由解放的思想，表达了对和谐新世界的向往。自此之后，凤凰便与佛教涅槃联系了起来。

事实上，凤凰与佛教的融合，远在“凤凰涅槃”故事创作之前。敦煌壁画中即有不少关于凤的画像。由于凤鸟善乐喜舞的天性，壁画中的凤鸟多与天宫伎乐为伴，作翩翩起舞之态（下文将具体分析）。当然，在敦煌壁画中还有一些体现道教思想的内容，在这些壁画里，凤鸟多为仙人的坐骑或为仙人挽车，也显示出凤鸟的仙界身份。

在许多佛寺塔刹上也常雕刻有凤鸟图案。凤鸟往往伴随在佛像左右，或翱翔于天，或作引颈高歌之状。这些凤鸟其实是佛教中的大鹏金翅鸟，为佛教的护法神，因其喜食毒龙，故而也常在镇水之塔上雕刻其像以起镇龙的作用。在中国人的观念中，佛教中的大鹏金翅鸟已经与凤凰合而为一了。不过，大鹏金翅鸟虽然羽毛艳丽，但因为其护法的身份，常常是面含怒态、体形巨大的，这些特性事实上与凤鸟有很大的区别。在中国的佛教绘画和造像中却常将其绘制成欢歌翔舞的飞翔凤鸟之姿，一方面可能是凤鸟所包含的祥瑞意蕴、美善理念适合表现佛教极乐世界的升平之景，另一方面也是由于其善乐喜舞之性与佛教天宫伎乐中的氛围一致，此外，凤鸟所生活的仙境也正好与佛教追求的涅槃解脱妙境契合。因此，在明代说唱词话中，关于超度亡魂的叙述也常有凤凰的形象。如《全相莺哥行孝义传》曰："便差凤凰为丧主，百禽众鸟尽知闻。……凤凰有德为丧主，直到如今人见希。"从这些壁画、雕刻和文学作品中都可以看出，凤文化也与佛教文化逐渐相融。

在清代瓷器上的图案中，凤常与莲花、忍冬等图案结合，也体现出佛教对凤文化的影响。莲花、忍冬皆为佛教圣物，凤鸟在这两种花卉中穿绕，也说明了凤鸟在佛教中常代表着吉祥、福瑞和宁静。

二、天宫伎乐中的凤鸟形象

敦煌莫高窟中，有不少洞窟的窟顶四周绘有歌舞伎人形象。这些伎人有的手执乐器，有的轻盈而舞，似乎是在参加一场欢乐的盛会。专家们将这场盛会中的乐舞人物称为"天宫伎乐"。这些伎乐绘在一个形如半圆门窗的画面内，壁画中这种门窗的形象代表着天宫。关于敦煌壁画中天宫伎乐的来源，一般有几种说法：一种观点认为，天宫伎乐是在弥勒佛居住的"兜率天宫"中表演的乐舞活动，天宫伎乐的存在即是为了供奉、礼赞弥勒佛；另一种说法则认为，天宫伎乐是表现“帝释宫”的乐舞，帝释天本为印度神话中的巨神，升天后被封为“忉利天”（亦称“三十三天”）之主，后居住于须弥山的天宫里，终日有歌舞伎乐供奉；还有一种说法则认为天宫伎乐是佛经天龙八部中的乾闼婆和紧那罗的化身，在天宫奏乐歌舞。① 著名舞蹈家王克芬先生将早期壁画中在天宫奏乐的称作“天宫伎乐”，而将后期壁画中持乐器歌舞的称作“飞天伎乐”，为简明起见，本书中统称为“天宫伎乐”。

①王克芬：《天上人间舞蹁跹》，上海：上海人民出版社2007年，第53-54页。

在莫高窟的天宫伎乐图中有不少凤鸟形象。如西魏第435号洞窟中绘有一位化佛、二位菩萨，两侧还绘有供养天人及飞天。在洞窟的西壁现存天宫伎乐十三身，凤鸟一只，北壁上绘有天宫伎乐十六身，东壁上存天宫伎乐十身。在西魏第285号洞窟中也绘有迦楼罗图像。迦楼罗传入中国之后，其形象与凤鸟结合，常被称为朱雀。②

②尹泓：《飞天意象研究》，成都：四川大学出版社2014年，第459页。

敦煌石窟中的这些凤鸟形象与佛教传说中的金翅鸟相关。事实上，在许多壁画中，金翅鸟与凤凰的形象几乎是一样的。中国很早就有造像的传统，而当两汉之际佛教传入中国之后，石窟造像和洞窟绘画一时蓬勃起来。这些造像和绘画，大多表现白象、莲花、佛、菩萨等佛教题材，而凤鸟常作为装饰。在天宫伎乐中，凤鸟形象也作装饰之用，与这些没有乐舞的绘画与造像是一致的。前文已经提及，佛教中的金翅鸟在中国人的观念中与凤凰合而为一。之所以将金翅鸟与凤凰等同，可能是出于中国人对龙凤的崇拜，正如汪泛舟先生所言：“佛国世界里护法的八部神众的龙和迦楼罗，其本来的图象则为蛇与金翅鸟。但是，一当印度佛教传入中原和敦煌并与华夏文化相融合，便从内容到形式都发生了变化：不仅中原和敦煌石窟佛寺完全汉化，而且护法神众的蛇与金翅鸟也被中国人民所喜爱和崇拜的龙、凤图象所取代。”③

③汪泛舟：《敦煌石窟龙凤与库车石窟蛇金翅鸟图象异源考》，《敦煌研究》1996年第1期。

佛教中的天宫伎乐，正是渲染一种天宫欢乐和雅的图景，用轻歌曼舞的形象使人们在观佛的过程中得到愉悦的享受，这也是用于烘托佛法的一种艺术手段。[1]事实上，在现实生活中，佛教信众也讲究以伎乐供奉佛，同时也将伎乐作为一种吸引世俗民众的方式，从而宣传佛教义理。在北魏杨衒之《洛阳伽蓝记》中即记载了当时佛寺乐舞表演活动的盛况：

①王建林、朱英荣：《龟兹文化词典》，重庆：西南师范大学出版社 2015 年，第 64 页。

> （景乐寺）至于六斋，常设女乐，歌声绕梁，舞袖徐转，丝竹寥亮，谐妙入神。……召诸音乐，逞伎寺内。奇禽怪兽，舞抃殿庭。飞空幻惑，世所未睹。
>
> （景兴尼寺）有金像辇，去地三丈。……飞天伎乐，望之云表。……像出之日，常诏羽林一百人举此像，丝竹杂伎，皆由旨给。
>
> （景明寺）京师诸像，皆来此寺。……梵乐法音，聒动天地；百戏腾骧，所在骈比。

从这些记载中可以看到，佛教是极注重乐舞艺术的，而在佛教绘画中，伎乐更能表现极乐世界的和乐之景。凤鸟在伎乐中的出现，其实是中国神话对佛教传说渗透的结果。中国佛教中将美丽的凤凰与金翅鸟结合在一起，也因为凤凰更加美丽雅致，代表着和谐安宁，而且与天宫中的美好氛围更加协调。这也是天宫伎乐中常见凤鸟形象的原因。

三、迦陵频伽与凤凰

迦陵频伽是梵文 Kalavinka 的音译，也常译作歌罗频伽、加兰伽、羯陵伽等。中文中常称其为“妙声鸟”“妙音鸟”。据说迦陵频伽生活在喜马拉雅山中，能发出绝世妙音，佛教认为它是来自“极乐世界”。迦陵频伽是佛教建筑和用品上常见的装饰物，在壁画、幡画、舍利容器上都有装饰，江苏镇江甘露寺塔基地宫出土的金银棺椁上即有迦陵频伽的图案。

《佛说阿弥陀经》曰：“彼国常有种种奇妙杂色之鸟：白鹤，孔雀、鹦鹉、舍利、迦陵频伽、共命之鸟。是诸众鸟，昼夜六时，出和雅音，其音演畅五根、五力、七菩提分、八圣道分，如是等法。其土众生，闻是音已，皆悉念佛、念法、念僧。”《正法念经》也称：“山谷旷野，其中多有迦陵频伽，出妙音声。如是美音，若天若人，紧那罗等无能及者，唯除如来音声。”从这些记叙中可知，以迦陵频伽为代表的西方极乐世界中的鸣禽，皆是以美妙的乐音宣扬佛教，以使人们受到感化。据说迦陵频伽在卵中即能发出美妙的声音，其声音尤其悦耳。

佛教中的迦陵频伽多是人首鸟身的形象。常见的迦陵频伽图像头部多呈仕女形象，梳高髻，下半身为鸟身站立，手中常持乐器或果盘。如敦煌莫高窟第 61 号窟中的五代十国壁画

图 5-3 敦煌莫高窟第 61 号窟中的迦陵频伽乐队[①]

①金维诺总主编，丁明夷主编：《中国美术全集：石窟寺壁画（三）》，合肥：黄山书社 2010 年，第 582 页。

上，即绘有一组迦陵频伽乐队。画中的迦陵频伽头部为天女形象，身体为鸟形，分腿站立，有的演奏琵琶，有的演奏拍板或横笛。此外，甘肃瓜州榆林石窟第 25 窟中的迦陵频伽造型也与此相同，作站立状，手持琵琶和排箫。从这些迦陵频伽的图像中可以看出当时的乐器使用情况。

在榆林石窟第 25 窟中还绘有迦陵频伽与白鹤伎乐图，大约为中唐时期的作品。图画中的迦陵频伽手持拍板，白鹤立于旁边回首张嘴展翅而舞；此外，在同一洞窟中还有共命鸟与孔雀伎乐图，共命鸟为双人头共一鸟身，其中一头为人面鸟喙，另一头为人面，此鸟手持一凤头琴，为翩翩作舞的孔雀伴奏。共命鸟为佛教西方极乐世界的又一鸣禽，其外形与迦陵频伽极其相似，也是人头鸟身，不同的是多为双头。[①]

在敦煌壁画中也常见与伎乐共同起舞奏乐的迦陵频伽。与舞伎相比，图画中的迦陵频伽身形较小，面容为童子之态，手中持演奏乐器。在其后的发展中，迦陵频伽也常有曳长尾、呈飞翔之姿的，还有站立而身后曳有长尾的。如《迦陵频伽伎乐》一图，其中的迦陵频伽即为站立之态，但身后拖有巨大的长尾，几乎占据了画面的三分之二篇幅。这幅图原为莫高窟第 17 号窟藏经洞遗画，1908 年被伯希和运往海外，现存于法国吉美博物馆。[②]据学者们考证，从不同时代的遗物来看，迦陵频伽的艺术形象可分为两个时期：第一期大约在八世纪之前，以站立状为主，手中常持果盘和乐器；第二期大约流行于九世纪以后，身后多曳有叶片状长尾，站立或呈飞翔状。[③]

从迦陵频伽的形态变化可以看出其受到中国凤凰外形元素的影响。长有长尾羽的迦陵频伽多见于五代以后的绘画之中，这与当时凤鸟的形象变化是一致的。宋代凤凰的造型较唐代更显灵动飘逸，更加纤细苗条，而不再追求唐代的壮硕丰满之美。凤凰的尾羽多由孔雀及野雉的尾羽变化而来，取孔雀翎

①史敦宇、欧阳琳、史苇湘等绘：《敦煌舞乐》，兰州：甘肃人民美术出版社 2014 年，第 168 页。

②史敦宇、欧阳琳、史苇湘等绘：《敦煌舞乐》，兰州：甘肃人民美术出版社 2014 年，第 189 页。

③冉万里：《中国古代舍利瘗埋制度研究》，北京：文物出版社 2013 年，第 153 页。

羽之美，又结合了野雉翎羽之长。凤鸟的尾羽修长，呈飘带状，上面缀有美丽的叶片似眼圈，这与当时迦陵频伽的尾羽形象十分相似。因此，迦陵频伽虽为佛界鸣禽，由于其善乐的天性，且与中国神话传说中的凤鸟形象相似，在对迦陵频伽的形象绘制上，自然也参考了凤鸟之形。

第六章

民俗乐舞中的凤

在中国传统文化中，龙与凤都是吉祥福瑞的象征。《孔丛子·记问》曰：“天子布德，将致太平，则麟凤龟龙先为之呈祥。”古人认为，龙性喜水、好飞，有通天之性，同时又善变而灵异，具有征瑞、兆祸、示威等神性；而凤则有喜火、向阳的特点，同样具有通天神性，同时又有崇高的德行，代表着祥瑞和高洁。因此，龙与凤正好是相配互补的，一个代表着高飞勇猛，一个代表着优雅吉祥。民间便将二者结合在一起，寄托了人们向往美好、幸福生活的愿望。在与龙的匹配中，凤由雄性转化为雌性，而起初为雌性的凰，则与凤合而为一了。

在民间乐舞和曲艺中，龙与凤也常常是相配的。民间舞蹈中，人们常使龙凤成双成对，以龙飞凤舞表现和谐美满。当然，也有一些乐舞只是单纯地展现凤鸟的美好意象，但其中的吉祥意蕴与龙凤呈祥是一致的。

第一节　民俗凤乐舞

凤在中国民间是人人喜爱的灵物。它代表着吉祥如意、高雅美德，也是夫妻恩爱、国富民丰的象征。每逢佳节或庆典活动，人们会跳凤舞、耍凤灯，希望给家国带来祥瑞，也以此表达对生活的赞美和对未来的憧憬。几乎在全国各地都有与凤凰相关的乐舞活动，本节将摘录几个著名的凤凰乐舞加以介绍。

一、广东怀集凤舞

怀集县位于广东省西北部，是肇庆市最大的县。怀集县历史文化悠久，境内除汉族之外，还有壮族、瑶族居住。凤舞是怀集县汉族人民的传统舞蹈节目。

怀集凤舞至今已有200多年历史，主要在诗洞、撒塘、怀城、坳仔、大坑山等地流传，是当地重要的非物质文化遗产。追溯凤舞的源头，最早产生于诗洞镇，据说是从桂林传入的。相关文献记载，清代乾隆年间诗洞镇贡生植邦士在广西桂林读书，学到当地的舞凤艺术，回故乡后便将这一艺术传授给乡人，从此村里的舞凤风习便流传了下来。植邦士及其后人为怀集凤舞作出了巨大的贡献，在其重孙植长文的进一步改编训练下，舞凤技艺更加成熟。至今该地还设有舞凤班，名为“五桂堂童子班”，其名来源于植长文的五子，因他们参加科举皆取得了好成绩，故此得名。

怀集民间舞凤表演主要集中于新春佳节。新年之际，村民们都希望来年有福，所以争相邀请舞凤班表演。怀集的舞凤活动迎合了春节的气氛，表现吉祥、喜庆的场景，其表演时间一般从正月初一至正月二十。早在春节之前，人们便开始发请帖邀请舞凤班表演。为满足村民们盼望有个好兆头的心愿，舞凤班几乎有请必到，即使有些村没有发来请帖，舞凤艺人们也会主动献艺，为村里带来福兆，同时也与乡亲们共同娱乐，让大家的新年过得兴高采烈。元宵节是春节的尾声，也是舞凤表演的又一高潮，称为“耍元宵”。怀集“五桂堂童子班”名声远播，有一年受各地邀请，从大年初一一直舞至三月末。

诗洞镇的舞凤表演很有特色，不仅表演舞凤，也穿插有舞狮，多是夜间表演，以竹、布制作的凤凰、狮子为道具，狮凤同行、热闹非凡。舞凤队在出发之前，先派人持贺帖一叠到演出地交给村里德高望重者负责发帖，以示喜庆欢乐，并以此作为即将舞凤之家的标志。接到贺帖之后，村里便会做好迎接舞凤的准备，接到贺帖之家更需做好待客的安排。贺帖发出之后，舞凤队整装出发。民间认为，舞凤多为夜间表演，而狮子是辟邪之物，故而舞凤时应由舞狮开道，舞凤随后，再加上锣鼓队，一路队伍浩荡，鼓乐喧天，极为喜庆热闹。

舞凤队来到村庄之后，表演活动分两个阶段进行：首先向接到贺帖的家户贺新岁，并献上贺岁对联。对联内容根据对方的具体情况也有变化：若对方恰逢近迁新居，舞凤队便送上一副贺喜的对联，多是赞美家宅安适、福气满堂；若表演之地是祠堂，则对联内容应是颂扬祖德、泽被子孙之类。总之，对联要应景，内容也不能陈俗老套，要有新意，也要有传统风味。

舞凤表演时有一个约定俗成的规矩，即狮凤只能进一。每贺一门，若狮进屋则凤留在门外，凤进屋则狮留在门外。一般来说，新居的屋主多选凤，以图其富贵吉祥之意。舞凤表演的程序如下：唢呐曲《海棠》响起，凤展翅“飞”至屋门前，朝大门三鞠躬，再上下左右环视一番，做出读横批、对联的样子；之后再朝大门三鞠躬，扬翅进屋，边跳边舞。至厅堂后又作三鞠躬，并“读”厅上的对联。此时唢呐吹奏着《福禄寿》《仙姬送子》等乐曲，舞凤者伴着这些曲子的节拍舞约半个小时。舞毕时，舞凤向神仙深拜，并退步离开厅堂。退步时需一步一鞠躬以表虔诚。退至门外之后，舞凤再来三鞠躬。告别时，屋主会有“利市”（红包）相送，以表酬谢。

以上是室内的舞凤表演，最精彩的舞凤在室外，室内表演只相当于舞凤的序幕。当舞凤拜完村里的有帖之户后，便会到村里的空旷之地正式演出。此时舞凤、舞狮皆有表演，先舞狮后舞凤。舞凤动作不再有之前贺屋的那一套拟人的程式，而是更类似于对凤凰的鸟类习性、动作的模拟。在音乐的伴奏下，舞凤者会表现出展翅、觅食、扑食、吞食、扒食、洗身、晒太阳、养神等一系列动作，将凤的形象展示得栩栩如生、引人入胜。此时的凤舞真正是一场活跃的声乐盛宴。

怀集舞凤表演的伴奏乐器包括唢呐、二胡、秦琴、锣等，伴奏的乐曲有《海棠》《步步娇》《福禄寿》《仙姬送子》等广东民间的流行小调。此外，一些舞凤班还会创造性地运用粤曲中的曲目，如《赛龙夺锦头》《仙花调》《得胜令》等。二十世纪中期以后，部分舞凤班开始使用粤剧曲牌锣鼓，在舞蹈动作方面也进行改革，其中融入了其他民间舞蹈动作，使表演的艺术性更强。随着舞凤艺术的发展，怀集的不同地区产生了不同的舞凤形式，如诗洞地区的凤舞主要表现凤鸟的善良美丽，动作和谐生动，被称为“文凤”；而怀城地区的凤舞则动作激烈，表现凤的阳刚之气，被称为“武凤”。[①]

①本节中的阐述参见怀集县文学艺术界联合会编《怀集风采》。

怀集县怀城街道撒塘寨的凤舞很有名，与诗洞凤舞有同有异。相同点在于这里的凤舞表演也是在春节期间举行，表现的是人们追求新年吉祥如意的愿望；不同点在于，这里的凤舞表演为雌雄双凤而不是凤狮对舞，表演时间多在白天，与凤狮对舞多在夜间表演不同。撒塘寨的凤舞活动至今已经传承了五代。

撒塘寨凤舞第四代传承人名叫孔昭崇，他说，撒塘寨的孔姓族人全部是孔子的后人，他是孔子第七十二世孙。关于撒塘寨凤舞的来历，村里有一个传说。清朝末年，怀城一带连年遭受洪灾和蝗灾，几乎颗粒无收，由于地处荒远，老虎也时常到村寨伤人；当时又流行瘟疫，村里许多人得了病。有一次撒塘寨的孔姓族长梦见了一只凤凰。凤凰一出现，寨里的洪灾蝗灾都没有了，老虎也不来了，村民们的病也好了，一时风调雨顺、安宁祥和。于是族长让村里散居在外地的人四处打听，寻找能舞凤的地方和人物。当时孔昭崇的曾祖父孔传国在外经商，他在广西贩牛时听说苍梧人喜欢舞凤，便费尽周折找到苍梧擅长舞凤的师傅，并和他结为兄弟。之后，孔传国邀请这位师傅到撒塘寨教孔姓族人舞凤，制作舞凤道具。从此以后，凤舞便在撒塘寨流传下来。

撒塘寨的凤舞是双凤表演，一雌一雄，多在春节或庆典场合演出，既在舞台表演，也在村寨广场、农家门前屋后演出。凤舞表演时与诗洞凤舞一样，先发贺帖，贺帖上写着“即刻弦歌彩凤献舞”。舞凤班子来到邀请的村寨口之后，由早已等候在此的醒狮迎进村中，先拜完村中每户村民，再到村里的空旷之地表演。撒塘寨的舞凤表演有其独特的禁忌：舞凤时不能放鞭炮，因为鞭炮会把凤惊走，舞完凤也不能接着表演武术。另外凤与醒狮也不能同时起舞，如果狮进屋则凤留在门外，凤进屋则狮退于门外。

怀集的凤舞具有悠久的传统，虽然各地表演略有不同，但都表现出人们祈福求安、希望来年吉庆祥瑞的美好愿望。

二、广东清远双凤舞

广东清远自古被称为“凤城”，关于这一别称的来历，民间有一个美丽的故事。相传很久以前，清远遭遇暴雨，河水上涨，淹没了县城。城里有一位名叫张易的青年在暴雨洪水中一连救出了几位灾民。当他已筋疲力尽时却看到一株露出水面的梧桐，树上有一个凤巢，一窝刚出生不久的小凤凰正在向人求救。张易不顾自己的安危，救出了小凤凰，却牺牲了自己的生命。当大凤凰回来时，看到自己的孩子已经被救出，而救小凤凰的青年却已累死，便扑入洪水中，将灾民们托起，帮助大家逃生。最终大凤凰也因劳累过度而死，人们为纪念凤凰的救命之恩，便在城里修建了一处“凤凰台”，并将清远城称为凤城。

清远市丰富的凤文化、凤传说与凤舞相得益彰。清远双凤舞主要流传在清远市阳山县杜步乡旱坑村，其传承人邓介的祖籍即在肇庆。清咸丰十一年（1861），凤舞传承人邓介的祖父从肇庆迁至旱坑村，将肇庆的凤舞也带到了这里。因此可以说，清远双凤舞是由肇庆的凤舞发展变化而来。如今，双凤舞在旱坑村一带流传已有一百六十多年。

与肇庆凤舞不同的是，清远双凤舞不仅在春节表演，在元宵、端午、中秋等传统节日也常表演；表演时不仅有双凤，还有一位引凤人，共有三个演员。由于凤鸟代表的吉祥意蕴，人们在乔迁新居、婚礼庆典时也会请来双凤舞队表演。

关于清远双凤舞也有一个美丽的传说。据说古时这里有一个邓家寨，寨里有一条小河，河边的山坡上有许多梧桐树。梧桐树上有一对凤鸟，美丽无比、姿态非凡。有一次一位朝廷官老爷从这里经过，见到这对美丽的凤鸟，便想将它们捉回府中。谁知他使尽了浑身解数，无论怎样引诱，凤鸟也不从树上飞下，最后只能悻悻离去。当他走后，一位牧童来到树下休息，他吹响牧笛，没想到凤鸟与群鸟也伴着笛声鸣叫起来，梧桐树上的那对彩凤从树上飞下，在牧童面前飞舞，让人啧啧惊叹。当年，这里风调雨顺、五谷丰登，人们于是编了一首歌谣纪念这次牧童与凤鸟的奇遇：“彩凤飞来我山窝，牧童吹笛凤下坡。迎来丰收好年景，国泰民安幸福多。”从此以后，这里便将凤凰视为神鸟，年年跳起双凤舞，希望能引来凤凰降临，保佑有个好收成。

双凤舞表演配有精美的道具：凤身由竹篾扎成，上面用彩纸裱糊；凤头则用硬木雕刻，外面漆上黄色，顶上有大红色凤冠；凤尾则用三根篾片弯曲制成，外面缠上彩布，再用不同色彩的布片粘贴成羽毛。此外，双凤舞表演还有一个拜匣，是引凤人的道具。拜匣由木块制成，为一尺宽、六寸长、九分厚的匣形，漆成红色，中间还有一个金色的“喜”字。

双凤舞的演员为三名男青年，其中一人扮演引凤人，两人扮演雌雄双凤。引凤人手中拿着拜匣，引领双凤穿山越寨到各家各户去表演，以示驱邪消灾、迎祥纳福。双凤舞的表演动作矫健、生动活泼、富于变化。扮演凤的演员左手操作翅膀开合，右手操作凤头的摇摆和凤嘴的张合，在表演中还要格外注重脚下动作，要求上步落脚扎实、以脚带腿、步伐稳健，使手脚动作协调流畅。双凤舞的动作比较系统，主要有“举拜匣”“举匣亮相”“行礼”“交替步”“三步一抬”“凤颈相交”“理羽毛”“踏步扬头”“抬头远望”“展翅飞翔”等动作。

双凤舞的伴奏音乐以打击乐为主，包括锣、鼓、小鼓、大钹、小钹、大锣等。此外，伴奏中还需唢呐吹奏引子及过门。锣鼓等打击乐器与唢呐的结合，使双凤舞的音乐欢快热烈，表演时氛围异常热闹。[①]

①本节参考了朱松瑛主编：《中华舞蹈志·广东卷》，上海：学林出版社2014年，第181-182页。

在清远阳山县农村中流传着一句民谚：“田心鹤，迳下猫，东江龙，旱坑凤。”这里说的便是阳山民间几种有名的民俗表演活动。清远的双凤舞舞姿优雅、造型优美，对凤鸟的模仿生动传神，具有浓郁的乡土风情，成为清远凤文化的品牌之一。

三、广东新丰舞凤

广东新丰县也有与凤有关的民间乐舞，称为“新丰舞凤”。新丰舞凤与怀集凤舞有相似的地方，都是在表演时先逐家拜访，再在广场上表演凤舞，其舞姿主要是模拟凤的姿态与动作。二者的不同在于凤凰道具的外形。新丰县的舞凤道具由竹篾制成，再以绵彩纸和布裱糊，并点绘纹彩。因其外形与雄鸡相似，所以又称“舞鸡公”。

新丰舞凤表演时，表演者上穿白色衬衫，下穿红色灯笼裤，在头顶先垫一块棉垫，再钻入凤道具中，将双手穿入凤翅，紧握翅柄以操纵凤翅，便于舞蹈时做出各种动作，再将凤尾绑在舞凤者的臀部。表演时凤嘴必须叼一块上书“国泰民安，风调雨顺”的吉祥牌，以示给人们带来祥瑞。

关于新丰舞凤也有一个有趣的故事。据说唐太宗李世民曾偕一群文武大臣游猎于灵华山，山上的凤鸟带领百鸟来到李世民的御驾前鸣唱起舞。见此情景，众人齐呼“灵凤来仪，国运昌盛”，李世民龙颜大悦，便将凤鸟封为百鸟之王，将灵华山改名为“凤凰山”。从此以后，灵华山一带的居民便以歌舞来纪念此事，这便是新丰舞凤的由来。因此，新丰舞凤表演模拟的是粤剧《唐皇游猎灵华山》的内容，虽然凤鸟由一人扮演，参与演出的却是整个舞凤班。演出队伍中除了扮演凤的演员之外，还有整个乐队。乐队掌板者居中，扮演唐皇李世民；其他乐手分坐两边，扮演众臣。在隆重的演出中，台前台后的各人均要化装、穿粤剧戏服。舞凤表演时的唱腔曲牌有《五更三点龙登殿》《百鸟贺朝》《八仙祝寿》《赛龙夺锦》《五点梅》《水底鱼》《拉马头》等。舞凤者表演的步法和动作有“圆场步”“小跑步”“踏步”“弓步”“全蹲步”“卧鱼”“虚步”等，舞蹈套路有“凤出山”“朝拜”“梳羽毛”“晒翅”“觅食”“封赠”“展翅飞翔”等。这些步法和舞蹈套路皆来自《唐皇游猎灵华山》折子戏。因此，新丰的舞凤表演既是歌舞，也是戏曲，显得与众不同，颇有趣味。

新丰舞凤多于春节表演，也有一套固定的程式。在出游表演之前，要先派人到各村各户发“红帖”，红帖上书“兹定于×月×日瑞凤叩贺×××凤班拜”，告诉对方表演的日期及舞凤班的名称，以便对方做好准备。舞凤班大年初一在本村表演，初二开始到外村表演。至邀请村时，舞凤班会先到宗祠礼拜，再到村长、族长等家参拜，再按照日程到各户表演。表演时依据固定的舞蹈程式，表演完后户主则需赏以“利市”。舞凤班师父接到红包后会以红柬相赠表示感谢，有的大户人家还会在舞凤结束后举行隆重的“赏彩”仪式。“赏彩”时，户主手托放有金花和红绸的“云托”，与抱红帖盒的师父对唱《赏彩调》，并为凤插金挂红，以示赞美。有些大户人家还在引凤上门时举办“曲艺夜宴”，届时凤队不擎彩幡，凤也不化装，舞凤者手抱凤头跟随鼓乐上门参拜，并演唱有“吉祥如意”之意的曲子。演唱完毕，户主需设夜宴感谢，并奉上“利市”酬劳。①

①本节参考了朱松瑛主编：《中华舞蹈志·广东卷》，上海：学林出版社2014年，第184-187页。

四、河南苏家作龙凤灯舞

在河南，民间也流行着与凤有关的乐舞。焦作市苏家作乡即有远近闻名的“龙凤灯舞”，以龙灯、凤灯为舞具，表现出龙凤呈祥、吉祥如意的意味。据说苏家作龙凤灯舞是清代道光年间当地人毋黑旦所创。旧时当地春节玩花灯的风气极盛，在新年或庙会期间都会将一些花灯做成动物形状，悬挂于门前，有时也会用这些动物道具来舞动杂耍，有新年吉祥、万事如意的寓意。地方政府对玩花灯也十分重视，每几年都会举办一次“大耍灯”盛会。关于苏家作彩灯的来历，地方文献记载：道光六年（1826）正逢大耍灯年，各地都在积极准备，希望在这次活动中夺魁。苏家作乡人毋黑旦受到“龙凤呈祥”传说的启发，又想到龙是万兽之首，凤为百鸟之尊，有意将龙灯与凤灯相配舞蹈，正好切合了“龙凤呈祥”的意味。毋黑旦的构想，是在龙灯凤灯匹配共舞的基础上又增加数十种伴舞灯，这样更显气势，也符合吉祥如意的热闹场景。彩灯制成后，毋黑旦又编排了若干个灯舞节目，在比赛时一举亮相，绚丽的龙凤灯，灵活的舞蹈，瞬间惊艳全场，赢得了当年的“耍灯魁首”。从此以后，苏家作的龙凤灯舞便流传下来，至今已有近两百年的历史。

苏家作龙凤灯舞中的道具制作精美，先用竹篾制成龙凤骨架，再用白纱布蒙成“龙皮”“凤衣”，再在纱布上彩绘出龙鳞、凤羽图案，并在龙腹上系四十五只铜铃。龙凤灯舞的龙灯有青龙、火龙、白龙、黄龙四种，长度有二十米到四十米不等；龙的各节皆由竹笼制成，用青麻绳连接，舞动起来灵活自如；龙须则用青麻染成，龙角、龙爪用银箔镶裹，龙眼用灯泡做成，整条龙金光灿烂、栩栩如生。凤灯则由头、身、翅、尾四部分组成，各部分用五根细绳连接，同样镶金嵌银，金碧辉煌。为了营造龙凤翱翔于天的景象，每条龙灯之外又配有一个蜘蛛灯和二十四朵彩云灯。苏家作的龙凤灯制作细致，本身即是精美的艺术品，再加上舞动时灿烂夺目，令人叹为观止。

龙凤灯舞的表演也别具一格。参加演出的少则数十人，多则上百人，最多的一次参与者达到五百人，场面极大。在表演时一般为双龙一凤，周围还会有太阳灯、西瓜灯、动物灯等伴舞灯，有时行进队伍甚至长达一千米，可谓场面热烈、气势宏大。龙凤灯舞表演的套路有龙戏凤、龙游场、龙脱皮、百鸟朝凤等，既有龙凤的嬉戏跳跃，也有亲昵逗趣、翻扑追逐等场面，极有生活气息；表演的主要节目多来自民间故事，有《文王拉纤》《姜子牙钓鱼》《龙凤回头看牡丹》《百鸟朝凤》《龙凤对戏》等，舞者们对龙凤的形态模拟逼真，动作惊、险、奇、美，整个龙凤灯舞气氛热闹，妙趣横生。

龙凤灯舞本用于民间活动，早年是苏家作当地水神祭祀活动的重要组成部分，现在已经成为特色民俗表演节目。苏家作的龙凤灯舞，寄托着人们期待风调雨顺、向往美好生活的愿望。

五、山东淄博民间乐舞《百鸟朝凤》

山东省淄博市博山地区的民间乐舞《百鸟朝凤》，在凤乐舞中极具代表性。“百鸟朝凤”这一成语古已有之，往往喻指君主圣明、天下归附，亦比喻德高望重、众望所归，如《诗经·大雅·卷阿》曰：“凤皇于飞，翙翙其羽，亦集爰止。蔼蔼王多吉士，维君子使，媚于天子。”这里即是以凤凰喻周王，以百鸟比贤臣，以凤凰高飞、百鸟相随比喻贤臣对周王的拥戴。由这首诗也可以看出，凤凰作为百鸟之长的观念，至晚在周代即已经形成了。此外，在《大戴礼记·易本命》中记载：“有羽之虫三百六十，而凤皇为之长。”这些经典文本也衍生出以“百鸟朝凤”为主题的一批民间乐舞。前文已经阐述过的唢呐名曲《百鸟朝凤》即是一例。民间凤舞中，博山地区的《百鸟朝凤》生动优美、出类拔萃，表达着人们对美好生活的描述和赞美。

博山的《百鸟朝凤》舞，既是远古遗风的再现，也是现当代花灯艺术与乐舞融合的产物。临淄曾是春秋战国时期齐国的都城，而博山与其近邻，自古有崇古尚雅的传统。春秋时期，《韶》乐为雅乐舞的典范，《论语》曾记载，孔子在齐闻《韶》，“三月不知肉味”，可见《韶》乐代表着纯正雅音。《韶》乐的内容本是颂舜帝之德，其乐舞中必然会有凤鸟的角色出现，而博山民间乐舞《百鸟朝凤》或许与舜帝的传说有关。

《百鸟朝凤》的舞蹈动作看似简单，但技巧性很强，再加之舞队由一百人组成，阵容庞大，因此近年来很少有表演。此舞表演时以九十九只鸟灯围绕一只凤灯起舞，多在元宵节期间演出，寄托着人们希望国泰民安、人寿年丰的愿望。《百鸟朝凤》有时也与龙灯舞同时表演，有“龙凤呈祥”的寓意。此舞将花灯融入舞蹈之中，既是观舞，也是观灯。据博山当地老艺人陈东甫介绍，该舞最早出现在清光绪十七年（1891）元宵节活动上，是三元村艺人王玉书受同名花灯的启发编创的。目前所能见到的《百鸟朝凤》舞，则是王玉书之子王汇海传授的。

《百鸟朝凤》多由女子表演，舞容美丽。舞蹈由三部分组成：第一部分称“弓子”，由三十三人表演，每人背部系一“T”形竹弓，竖弓绑在后腰部，横担高过头顶，横担上丝弦的中部及两端各系一只鸟形灯，每弓三鸟，三十三弓共九十九只鸟；第二部分是“车子”，又叫“车芯子”，由车身、凤凰、扶把、车轮四部分组成，凤凰是“车子”的主体，由一只扎制的凤凰彩灯和一位由演员装扮的“凤仙”组成，“凤仙”坐于车身前上方，看起来像骑在凤凰身上；第三部分是“花瓶”，即花瓶状云彩灯，这些灯由竹篾扎成，顶端有太阳或月亮造型，外面由白纱糊成，上绘有云朵等图案。在表演时，“弓子”队演员们两手各提一只鸟，再牵动头前上方的一只鸟，配合舞步，做出“原地悠灯”“行进悠灯”和“圆场”“晃灯”等动作；而“车子”上的“凤仙”则拂袖起舞，与凤凰翅膀的扇动相互呼应；“花瓶”队的演员们也伴着音乐声翩翩起舞。此外，《百鸟朝凤》表演时有串街行进式和圆场表演式，前者为在锣鼓队的引导下，“弓子”“花瓶”相互交错，簇拥着“车子”前进，类似于花灯游街；后者则是在固定的场地中表演，“车子”簇拥着凤凰、凤仙跑入场地中央，“弓子”将“车子”团团围住，并随着锣鼓音乐的变化变换队形。[①]

①参见张玉柱主编：《齐鲁民间艺术通览》，济南：山东友谊出版社1998年，第246-247页。

《百鸟朝凤》舞蹈动作并不复杂，但是道具精美、气势宏大，大型凤凰灯与九十九只鸟灯交相辉映，伴随着“花瓶”上的太阳、月亮的光辉，给人以声光流动、灿烂壮丽之感。再加之“百鸟朝凤”的美好寓意、乐曲的生动活泼，令人耳目一新、目不暇接，确实是民间乐舞中的精品。

在《百鸟朝凤》舞的传承与保护中，王汇海作出了极大的贡献。王汇海不仅自幼跟随父亲学习该舞，更是三元村《百鸟朝凤》舞的带头人，培养了不少后进者，为传承这一珍贵的非物质文化遗产起到了重要的作用。目前该舞的代表人物赵韵清在舞蹈的传承，道具、服饰的收藏和制作以及表演套路的掌握上也作出了重要的贡献。[①]在传承人的共同努力下，《百鸟朝凤》的乐谱、服装、道具和舞容都得以保存。目前的伴奏锣鼓队的鼓谱有《急急风》《玉芙蓉》《喜鹊串梅》等，都是山东著名的民间乐调。

①李建国主编：《传统舞蹈》，济南：山东友谊出版社2008年，第219页。

六、湖北郧阳凤凰灯舞

郧阳凤凰灯舞流行于湖北省十堰市。郧阳自古以来竹木丰茂，风景优美，人多群处而民多豪侠。在这样的人文环境之下，郧阳的凤凰灯也独具特色，在荆楚的凤凰灯中别具一格。当地人称这种民俗乐舞活动为“玩凤凰”“凤凰舞”。

关于郧阳凤凰灯的起源有一个传说。当地人王明德出身书香世家，是清光绪九年（1883）进士，后辞官回乡。当时慈禧太后掌权，大力宣传“凤上龙下”，民间与凤凰有关的乐舞和曲艺十分兴盛。王明德每年都会在府门前悬挂凤凰灯，灯为竹篾扎制、彩纸裱糊，头部和身体内皆有蜡烛，点亮之后光彩灿烂。加之这种凤凰灯的颈部还可以活动，一时成为当时一景，人人争相观赏。见此情景，王明德便向当地民间耍灯艺人建议玩耍凤凰灯。受其启发，民间艺人参考了王府门前凤凰灯的原型并将尺寸放大，最终制成了两人执掌耍弄的大型凤凰灯。为了配合表演，艺人们还以吹打乐为凤凰灯舞伴奏。[②]自此以后，郧阳凤凰灯常在佳节表演，经过几代艺人的不断改进和完善，凤凰灯在道具制作和表演模式上都有了很大的提高，成为郧阳独具特色的民间花灯舞。

②陈日红：《荆风楚韵：湖北民间手工艺研究》，北京：文化艺术出版社2015年，第440页。

郧阳凤凰灯道具制作精美、工艺讲究。在制作时，事先挑选柔韧度适中的竹篾分别扎成头、颈、翅、尾和腿的骨架，再以上好的纱布和细布缠裹，上面以五色彩纸裱糊之后，再将凤凰灯的各部分连接组装起来。每只凤凰灯伸展开来可长达八米，宽度可达三米多。凤凰的身体下部有一米多高的木把，可以通过绳索来控制双翼缓缓扇动。除了凤凰灯之外，在表演时还有花盆灯、太阳灯等与之配合。为使凤凰灯的表演更具观赏性，艺人们在制作灯时还要加上一个名叫“荞火”的道具。荞火主要用于表演时喷撒，点燃后可以产生火花迸溅、烟雾升腾的效果。

郧阳凤凰灯舞由数名青壮年男子表演，表演时舞者一个执掌凤头，一个用身体支撑凤身，另有六人分别举着太阳灯、牡丹花灯和鲜花灯，立于表演场地四周。表演还有专业的伴奏乐队，主要乐器有唢呐、笙、鼓、锣、钹以及三弦等，伴奏音乐兼收了四六句、二棚子、两竹高腔、山二黄、八岔子的精华旋律，配以民间打击乐，形成了宫调式和徵调式为主的联曲体，并有独创的《凤凰点子》曲牌，专司凤凰灯。[1]

①牛孝文：《天乳》，武汉：长江文艺出版社2005年，第192页。

郧阳凤凰灯舞表演可分为四个传统节目，包括“丹凤朝阳”“凤凰戏牡丹”“双凤朝阳”“鸾凤和鸣”，又有11个程式，包括凤鸣、出巢、游园、寻花、戏牡丹、擦痒、鸽翅、理羽、打盹、朝阳、扑翅。其中“朝阳”和“扑翅”为表演的高潮，会有专人撒荞火，以渲染现场热烈欢快的气氛。目前流传最广的节目是“丹凤朝阳”，表演完一系列的程式之后，再以“凤凰三点头”结束。

郧阳凤凰灯舞常在春节、元宵节等传统节日表演，是荆楚地区极有特色的民间乐舞活动，尤其以正月十五、十六最盛。凤凰灯舞集民间纸扎、绘画、音乐、舞蹈于一体，在乐曲中又融入了地方戏曲的元素，成为郧阳一道独特的民俗风景线。

郧阳凤凰灯舞的产生与楚人的凤鸟崇拜有关。荆楚大地上的劳动人民为表达对凤鸟的喜爱之情，常将凤凰元素融入生活之中，并有大量的凤舞或凤舞的变异乐舞在民间流传。除了郧阳凤凰灯舞之外，湖北咸宁的通山县还有“戏凤凰”，崇阳县也有“散戏灯”等。这些民间凤灯、凤舞是“楚人崇凤”遗风的生动诠释，也是荆楚人民表达对美好生活的热爱的方式。

七、山西原平凤秧歌

凤秧歌是流传于山西省原平市的民间乐舞。历史上的原平是晋北中部的重要交通枢纽，南北文化汇聚。而凤秧歌可能正是吸收了原平地区南来北往的文化元素，最终形成了独具特色的民间歌舞。

原平凤秧歌历经三百多年的兴衰演变，至今仍活跃在民间舞台上，以其独特美观的道具、刚柔相济的舞蹈、欢快悦耳的伴奏乐曲受到人们的喜爱。原平特殊的地理环境使当地农事活动结束较早，从十月到来年二三月都是农闲时节，这也从客观上推动了民间娱乐活动的兴盛，而“凤秧歌”即是其中的代表作。

关于原平凤秧歌的来源有多种说法，其形成的时间，有人说是秦始皇时代，还有人说是北宋末年。据说秦始皇修筑边境防御工事时，围城征募劳工。有一家的小儿子为躲避苦役装疯，脚步颠簸地跑出城外，而家中其他人也以追赶疯小子为名相继逃命。乡亲们为谴责暴秦，便以凤秧歌来模仿他们的脚步。还有另一种说法是北宋时期梁山起义军为了搭救被朝廷捕捉的兄弟，扮成卖艺人的模样劫了法场，后人为纪念这一行动，便模仿卖艺的形式，最终产生了凤秧歌。①

也有人认为原平凤秧歌的得名正是由于其舞蹈道具形似凤凰。凤秧歌表演时男演员头上会戴一顶草帽，草帽顶端缀有一红绒球，很像凤凰头上的红冠；而女演员则头戴凤冠、身穿彩

①参见顾小英、王丽霞、史莉丽：《原平凤秧歌研究》，北京：中国文联出版社 2014 年，第 177 页。

衣。二人舞动起来犹如凤凰起舞，凤秧歌之名也便由此而来。

原平凤秧歌表演时有不同的角色扮演，演出队伍规模较大，少则十余人，多则几十人。早年的凤秧歌都是由男子表演的，随着社会和时代的发展，女性也开始加入其中。女演员表演时化装精美、道具独特，又因其柔美的舞蹈风格，使凤秧歌更具美感。凤秧歌的角色有如下几种：一是野太医，戴凉帽，八字胡，穿长袍，系披风，左手拿虎撑，右手拿蝇掸；二是疯公子，小生装束，外穿长袍，握扇；三是丑婆，右脸画蜘蛛，左脸画蝎子，镶金牙，发髻上吊有红辣椒、萝卜片和小绣花鞋，手拿绣帕；四是“二小”，梳朝天辫，穿中式对襟袄，披云肩，持马鞭。此外还有男角若干名，有的头戴盘有竹圈的草帽，挎腰鼓，有的鼻上画白色石榴，八字胡，戴白色毡帽，持扇；又有女角若干名，包头，穿彩衣，手拿彩帕。①

①顾小英、田彩凤：《山西民间舞蹈教程》，北京：中国戏剧出版社2011年，第125页。

凤秧歌的表演一般有三种形式：“过街秧歌”“踩圈秧歌”“轱辘秧歌”。“过街秧歌”简称“过街”，是秧歌队在街头行进和广场打场子时的表演。舞队排成两行，且走且舞，变化出不同的队形，如“二龙出水”“梅花阵”等，同时伴有固定的舞蹈动作。“过街”之后，开始定场表演，又名“踩圈”。踩圈表演除包含一个男角、一个丑婆、一个二小之外，其余均是女角。男角是主要表演者，手执花扇将围绕一圈的女角一个个点出共舞，丑婆与二小除参与舞蹈之外，还会与男角调笑、逗乐，做各种滑稽动作，表演时边舞边唱。“轱辘秧歌”又称“开轱辘”，以演唱为主，唱的是具有角色和故事情节的民间小戏，主要节目有《五峰山赶会》《观灯》《看地》等传统剧目，还有《卖余粮》《过大年》等歌颂现代生活的剧目，约有四五十个，都与农村生产与生活密切相关。②凤秧歌参与人数最多可达百余人，歌、舞、戏结合，具有浓郁的乡土气息，体现出当地的民俗风情。

②参见夏玉润：《凤阳花鼓全书·史论卷（上）》，安徽：黄山书社2016年，第484-485页。

凤秧歌的表演形式比较灵活，“过街”以轻盈的舞蹈表演为主，“踩圈”则是诙谐欢快的歌舞，“开轱辘”则以演唱为主，以舞相伴。这三部分既可以完整地表演，也可以只表演第三部分。在凤秧歌表演时男角既要将帽子上的竹圈甩出去围绕身体转动，又要将腰间的花鼓敲响，腰、腿的配合难度较大；而女角则既要在击锣的过程中将手中的小锣敲响，又要注意上身动作与胯部动作的配合。因此，凤秧歌在表演时阳刚与柔美结合，动作快慢交错，具有极强的观赏性。

原平凤秧歌的舞具有十六种之多，包括男角的甩圈帽、腰鼓，女角的小锣，丑婆的扫帚等。其中甩圈帽是将竹皮经过特别处理后做成螺旋形，甩动时不紧不慢，看似慢悠悠，却需要相当的技巧和力度，显得情趣盎然又令人忍俊不禁。这种舞具对舞容舞姿、舞蹈动作甚至音乐的形成都有极大的影响。

据学者考证，原平凤秧歌最初可能是用以娱神，后逐渐发展为一种民间的娱乐活动。追溯其来源，可能是安徽的“凤阳花鼓”传入原平并与本地的“踩圈秧歌”结合之后，又吸收了民歌小调，最终演变成了成熟的凤秧歌。目前，原平凤秧歌经过一代又一代民间艺人的努力与改创，已经成为当地民众广泛喜爱的歌舞表演形式。

八、江西渝水凤凰舞

在江西省新余市渝水区，民间流传着一种别具一格的凤凰舞。因为凤凰舞是区里夏家村万姓人家祖传的民间灯舞，故而又称“万家凤”。

渝水凤凰舞是一种大型灯舞，本源于明代宫廷舞蹈《凤凰戏牡丹》。据传，明代宫廷御花园草木丰茂，春夏时节百花争艳、牡丹绽放。一对凤凰被园中盛开的牡丹吸引，于夜晚飞入园中在牡丹间嬉戏。一宫女路过时偶然见到，忙报告给皇后。

皇后随宫女来到御花园，果然看见一对凤凰在牡丹间飞舞，它们有时上下翻飞、互相追逐，有时穿花而过、窃窃私语。皇后认为凤凰戏牡丹乃祥瑞之兆，便命工匠制成精美的凤凰道具，并命乐舞艺人将凤凰戏牡丹的情景编成舞蹈，再配以音乐于宫中表演。当宫廷灯舞《凤凰戏牡丹》在朝廷宴饮中表演时，受到皇帝和百官的一致夸赞。此后，《凤凰戏牡丹》便成为明代宫廷的重要宴乐舞蹈，每逢重大节日和庆典活动都会上演。据当地凤凰舞艺人万恒达回忆，当时的翰林院编修兼兵科给事中万发祥为渝水夏家村人，当他回乡省亲时，皇帝恩准其将宫廷凤凰舞的舞者、乐队和道具带回家乡表演。万发祥回乡后，宫廷乐舞队表演了精彩的《凤凰戏牡丹》舞，并将舞蹈要领、舞蹈乐曲及道具制作技术传授给万姓本族青年。因此，《凤凰戏牡丹》便在渝水流传下来，并被人称为“万家凤”。经过几代艺人的不懈努力，该舞蹈不断改进、创新，现在已经发展成由龙、凤配合表演的大型灯舞，共有三十四人表演，其中舞凤者六人，舞蹈道具是以竹篾扎架、彩纸装饰的凤凰，形态逼真，极具观赏性。

渝水凤凰灯舞表演的第一部分是表演之前的准备工作。首先是“亮彩门”，由两名男青年手持书有赞颂万姓家族的对联上场，对联上联为“万民欢腾锣鼓齐鸣催龙飞”，下联为“家族鼎盛笙箫竞吹伴凤舞”，横批为“万家灯彩”，两位演员手持对联绕场一周后立于后场；接下来是“挂灯笼”，由两名少年手持一对大红灯笼上场，灯笼上写有“万”字，绕场一周之后立于两侧。

第二部分是舞龙表演。锣鼓声响起，一条青龙、一条黄龙腾挪翻滚，忽而腾空而起，忽而俯冲而下，两条龙相互交缠，舞者来往穿梭，在井然有序中又俊爽凌厉，令人眼花缭乱、目不暇接。

第三部分为凤凰灯舞表演。在舞龙表演结束后，音乐再次响起，四对金童玉女手持花灯、蝙蝠灯上场，绕场一周后立于场地四角。两名演员将一盆大红牡丹道具抬至场地中央，随后一对五彩斑斓的凤凰徐徐“飞”上舞场。首先表演的是“游四门”。这一对凤凰由六位演员操纵，在布满鲜花灯的舞场中来回舞动，一会比翼双飞，一会轻啄花木，一会前后追逐，一会展翅长鸣，真可谓栩栩如生。接下来表演“探牡”。一对凤凰飞临鲜红的牡丹，见到牡丹后欣赏万分，一会侧面翻飞，一会对面齐飞，一会触摸花瓣，将面对牡丹时既新奇又喜爱的情态表现得淋漓尽致。表演的高潮是“窜四门”：一对凤凰围绕牡丹上下翻飞、左右盘旋，动作急速敏捷，戏牡丹的场面欢快热烈，令人赏心悦目、叹为观止。正当观众眼花缭乱之时，舞蹈却戛然而止，凤凰昂首长鸣，恋恋不舍地飞上长空。

与郧阳凤凰灯舞、博山“百鸟朝凤”等民间乐舞相比，渝水凤凰灯舞的表演规模并不太大，虽是模仿凤鸟的姿态、动作，但步法要求谨严，艺术技巧更高。渝水凤凰灯舞的几个部分非常考验演员的功夫，要求凤凰“游园”时脚步轻盈、动作优雅，凤凰“戏牡”时动作激烈、脚步快捷，六位演员的步法、步态必须完美配合，才能够将凤凰的姿态表现得生动多姿。

除了六位舞凤的演员之外，灯舞还需“龙队”十四人、“龙套”十四人（包括门牌、灯笼、蝙蝠、牡丹花）。[1]这支凤凰灯舞不仅适合广场、街头表演，也适合舞台演出，是渝水珍贵的非物质文化遗产。

①参见田永斌主编，渝水区史志编纂委员会编：《渝水区志（1983-2003）》，北京：方志出版社2003年，第559页。

第二节　民间戏曲中的凤

民间戏曲中有民歌歌舞、说唱艺术和滑稽表演，是一种综合的艺术形式。民间戏曲的内容来自劳动人民的口头传说和民歌，经过艺人和文人的加工润色，最终成为一种融配乐演唱、舞台动作表演于一体的艺术形式。自宋代以后，乐舞活动开始向戏曲表演融合，凤乐舞也逐渐转变为凤戏曲，在民间舞台表演中历久不衰。

一、戏剧对凤凰故事的改编

自宋代开始，戏剧艺术勃兴。中国传统乐舞作为独立的表演形式渐趋衰落，但乐舞艺术逐渐融入戏曲之中。就中国戏曲艺术的发展来看，宋元明时期是上升期，作者辈出、佳作如林，其艺术性也不断提高。正如王国维《宋元戏曲史》中所说："凡一代有一代之文学：楚之骚，汉之赋，六代之骈语，唐之诗，宋之词，元之曲，皆所谓一代之文学，而后世莫能继焉者也。"王国维对元杂剧的艺术成就给予了极高的评价。而在元代之前，宋代戏文已经是较为成熟的戏曲作品。宋元明清时期，戏剧节目中也有不少或是涉及"凤"的主题，或是以"凤"喻人，我们姑且称为"凤戏剧"。中国传统戏剧本是通俗化、大众化的艺术形式，戏剧中的"凤"也不再是高高在上的神鸟，而成为美的化身、爱的化身。

凤戏剧的源流，可以一直追溯到远古时期。若《尚书》中记载的舜帝时期"击石拊石，百兽率舞""箫韶九成，凤皇来仪"为事实，那么早在原始社会时期便已经出现了动物戏的雏形。大多数学者认为，这里的"百兽率舞""凤皇来仪"是一种拟兽乐舞，因为有简单的情节，表达了舜德感召天下、百兽来朝，也可以视为一种早期的动物戏。这种动物舞蹈是以模拟动物之形表达象征与暗喻，具有一定的叙述性，可能与原始图腾或宗教祭祀有关，没有完整的情节，也与以舞姿塑形、展现人体动作之美的舞蹈有所不同。当然，"凤皇来仪"很可能是儒家学者对原始乐舞的美化，但原始时期近似"戏"的拟兽舞应当是存在的。在目前所发现的岩画中，有不少头戴羽毛的舞人图案，表现的是祭祀和日常生活场景，可能正反映了这种早期的凤戏。

汉代百戏中有不少乔装动物的表演，如前文提及的“鱼龙曼衍”即是代表。此外，在东汉李尤的《平乐观赋》中也描写了当时宫中的百戏盛况：“有仙驾雀，其形蚴虬。骑驴驰射，狐兔惊走。……鱼龙曼延，嵔蜒山阜龟螭蟾蜍，挈琴鼓缶。”“蚴虬”即矫健飞动之貌，这里的仙人所驾之雀，应当也是凤鸟之类。这些珍禽异兽很明显都是由人扮演的，是掺杂着乐舞表演的百戏。汉代画像砖中还有“戏大雀”表演，大雀形似巨大的凤鸟，而下面是一双人足，自然是对人扮雀戏的写实。汉代这些杂戏表演充满了神话色彩，可能与当时帝王追求升仙长生有关。

南北朝时期动物杂戏继续发展，尤其是北魏时增修百戏，象形杂技格外兴盛。隋唐五代时百戏表演仍然繁荣，往往与乐舞结合，是载歌载舞的综合娱乐节目。如隋代“九部乐”中有《文康乐》，其中即有凤凰鸟的造型。

宋代百戏中出现了新的种类——口技。宋代口技多是模仿自然界中的声响，以示祥瑞热闹，其中最著名的是“百禽鸣”。吴自牧《梦粱录》中这样描述“百禽鸣”表演时的景象：“乐未作，殿前山棚彩结飞龙舞凤之形，教乐所人员等效学百禽鸣。内外肃然，止闻半空和鸣，鸾凤翔集。”这一口技常于君主或太后生辰庆典时表演，模仿不同鸟类的叫声并配合装扮成鸾凤的演员的飞翔动作，确实声势浩大，颇有气势。当然，这种大型口技表演通常见于宫中，是较为隆重的祝寿节目，民间是看不到的。清代也有口技表演，与宋代相似，也是模仿各种鸟类的叫声。著名表演者有画眉杨、百鸟张等。他们的表演效仿百鸟齐鸣的场景，表现的也都是“百鸟朝凤”之类的主题。

宋元时期，中国的戏剧表演完全成熟。当时南方地区流行的民间戏曲艺术称为“南戏”或“戏文”，本脱胎于温州地区的民间歌舞小戏，由里巷歌谣、山歌杂唱发展而来，具有鲜明的通俗文学特征。正如明代徐渭所言：“永嘉杂剧兴，则又即村坊小曲而为之，本无宫调，亦罕节奏，徒取其畸农、市女顺口可歌而已。”（《南词叙录》）南戏在流传过程中艺术水平也不断提高，元末高明《琵琶记》的诞生标志着南戏创作取得了极高的艺术成就。

宋元以后的戏剧作品与凤有关者，最具代表性的是《凤求凰》。汉代司马相如与卓文君的故事所展现的才子佳人的爱情模式成为后世戏曲作品的创作范式，不仅成为许多戏曲、小说作品的直接题材，还产生了许多与其内容相似的作品。如元代王实甫《西厢记》中即有“琴挑”的情节，很明显是由“凤求凰”的故事演化而来。据统计，现存的宋元明清时期与“凤求凰”故事相关的戏曲作品大约有十七种，包括杂剧六种，传奇十一种，[①]可见“凤求凰”故事的巨大影响。在许多地方戏剧中也有《凤求凰》剧目，如川剧、豫剧中至今仍在上演。

弹词中也有《凤求凰》曲目，此外还有《双珠凤》《凤双飞》《凤凰山》《凤凰图》也较为著名。《双珠凤》的情节围绕着明代洛阳才子文必正至南阳闲游时拾得一支遗落的珠凤展开，也是一段才子佳人的爱情故事。《凤双飞》为清代程蕙英撰，卷末作者自题七绝云：“阁上凤凰飞已去，余音犹绕碧梧桐。”弹词虽为说唱艺术，但有些弹词底稿类似于小说，情节曲折、人物生动，其中连缀以大量唱词，运用的是边说边唱的艺术形式，是一种介于歌唱与说书之间的民间艺术，在民间受到广泛的欢迎。

从杂戏、戏剧、弹词中的凤形象来看，这些凤多数为“民俗之凤”，或为主人公之名，或为首饰之形，也有的是对早期

①何煜婷：《〈凤求凰〉改编自〈鹔鹴裘〉之考辨》，《蜀学》第八辑，成都：巴蜀书社2014年，第12页。

凤凰传说故事的演绎，都具有通俗、显畅的特点，而且多讲述才子佳人的爱情故事。事实上，此时的凤只是作为美的化身，常常隐喻着主人公的美貌高才，与远古及两周时期凤鸟的神秘威严形象迥然不同了。这一现象的出现，说明了凤鸟已经从通天神鸟变为民间祥瑞之物，其本身的意义只代表着美与善，而与君权、皇德无关。

二、民间经典“凤”戏曲

中国各地的民间皆流传着与凤鸟有关的美丽传说，更有许多以“凤”为名的人物，以“凤”命名的地点，演绎着奇闻趣事、爱情故事和英雄传奇。因此，民间戏曲中常有关于“凤”的主题，而其中的“凤”可能并非特指凤鸟，而是以“凤”喻人，表现人物的美丽和德行，也暗示着人物的地位。较著名的与“凤”有关的戏曲，有京剧《龙凤呈祥》《游龙戏凤》，杂剧《女状元辞凰得凤》等。

京剧《龙凤呈祥》讲述的是三国刘备迎娶孙尚香的故事，其内容基本取材于《三国演义》相关情节。当然，戏曲并不是小说的翻版，而是对其中人物、情节的改编。京剧《龙凤呈祥》故事的形成及最终定型是十分复杂的，从十九世纪中期到现在，这出著名戏剧已经在舞台上活跃了一百多年。

《龙凤呈祥》故事的形成是一个长期的过程，最初本不叫这个名字，而是叫《甘露寺》《美人计》或《回荆州》。但《甘露寺》与《龙凤呈祥》又不完全相同。在京剧《甘露寺》折子戏中，主角是乔玄。这一人物本是戏曲中虚构的，但在《三国志·周瑜传》中提及：“策欲取荆州，以瑜为中护军，领江夏太守，从攻皖，拔之。时得桥公两女，皆国色也。策自纳大桥，瑜纳小桥。”由此看来，“乔玄”应当是由历史人物改编而来的。

在京剧《甘露寺》中，吴国太也是一位精彩的人物形象。戏中吴国太作为孙尚香之母，极力支持孙刘结亲，对刘备这一女婿也相当满意。在女儿随刘备回荆州时，她特赐尚方宝剑以防止孙权、周瑜对二人进行追截，展现出深明大义、疼爱女儿的母亲形象。

《甘露寺》在当时即受到人们的高度评价，在其后的演变中，逐渐更名为《龙凤呈祥》。据相关典籍记载，清代道光年间，庆升平班二百七十二出所演剧目中已经有了《甘露寺》，此时皮黄初兴，这出戏在宫中颇受重视，但在民间尚未热演。其后在清光绪二十二年（1896）福寿班成立，排演了许多新戏，并将旧有曲目加以改编、新创，其中即包括《甘露寺》等剧目，并逐渐改名为《龙凤呈祥》。

《龙凤呈祥》自诞生后即成为中国传统春节的保留剧目，其主要内容沿袭《甘露寺》而来，讲述的仍然是孙刘联姻的故事，但是将主要人物形象设置在孙尚香与刘备身上。春节期间，人们爱唱、爱听吉祥戏，更注重戏曲名称的吉祥瑞兆。《龙凤呈祥》讲述的是夫唱妇随、郎才女貌的故事，更倡导了和平联盟，使孙刘暂时休兵建交，故而被人们视为吉祥戏。而“龙凤呈祥”之名即代表了人们向往和美、追求吉祥的心愿。

《龙凤呈祥》的具体情节是赤壁之战以后，刘备迟迟不还荆州，孙权因多次讨要荆州未果，便与周瑜定下“美人计”，假意将胞妹许配给刘备，以此诓骗刘备过江招亲，其实是意图以此挟持刘备，逼迫其归还荆州。诸葛亮将计就计，建议刘备应允亲事，并赠予三个锦囊，让其在危急时打开。刘备过江之后，依照锦囊之计，寻求乔玄的帮助。乔玄将刘备引荐给孙权之母吴国太，吴国太对刘备十分满意，将刘备招为女婿，美人计弄假成真。孙权周瑜无奈，只好诱刘备滞留于江东，沉迷于新婚宴尔、声色犬马之中。赵云在第二个锦囊的建议之下，假报曹操发兵攻打荆州，刘备大为惊慌，便欲急归。孙尚香追随刘备同行，周瑜果然派人追赶。刘备在第三个锦囊的建议下，请孙夫人出面喝退追兵。最终诸葛亮、张飞在江边接应，刘备、孙尚香一行化险为夷，返回荆州。

《龙凤呈祥》这出戏既取材于《三国演义》，同时也借鉴了元杂剧《两军师隔江斗智》、明传奇《试剑记》、清传奇《东吴记》以及元讲史话本《三国志平话》中的故事情节。剧中的人物形象丰满，故事情节一波三折，再加之矛盾冲突尖锐、夫妻情感突出，迎合了人们追求夫妻和谐的大团圆结局的喜好。剧中文武场面交错结合，张弛有度，可谓“龙飞凤舞”“鸾凤和鸣”。一出《龙凤呈祥》虽然并非讲述真正的凤鸟故事，但表现的是民间追求龙凤呈祥的心态，代表着中国传统龙凤文化的精髓，可称为传统“凤戏曲”中的代表作品。

《游龙戏凤》是另一出著名的京剧剧目，又名《梅龙镇》或《戏凤》。这出戏曾有一段时间在舞台上息演，近年来经过重新排演、改编后，又一次出现在舞台上，焕发出新的生命力。

《游龙戏凤》的故事情节较前面阐述的《龙凤呈祥》要简单，内容取材于毛奇龄所撰的《明武宗外纪》。明武宗朱厚照是明朝第十位皇帝，也被称为正德皇帝，十四岁即位，在位十六年。他在位期间颇有建树，但同时也留下了喜好嬉游玩乐的名声，被称为“风流皇帝”。《游龙戏凤》讲述的即是他于民间微服游历时的一段风流韵事。明代正德年间，明武宗为察访民情出京微服私访。一行人来到山西大同府梅龙镇，见一路边客店，便进去用餐。客店主人为李龙、李凤兄妹。夜晚武宗一行在客店过夜，李龙在外守夜，凤姐照看客店。武宗见凤姐貌如天仙，便对其百般挑逗，凤姐亦半推半就、故作娇嗔。最后武宗言明自己为皇帝，将凤姐带回宫中，封为妃。

《游龙戏凤》的故事情节并没有出色之处，仅仅反映了明代皇帝的贪好女色，而男女之间的打情骂俏也体现出该剧对市井口味的迎合。有人认为这一出戏包含了对明武宗喜好嬉游、不务正业的批判，但这在剧中并没有明显的表现。

在湖北省武汉市江夏区姚家岭一带，还流传着宋徽宗与酒家女李凤姐的故事。其故事情节基本与《游龙戏凤》相同，表现的也是风流天子与民间女子的“才子佳人”故事，应当是同一故事在不同地域产生了一定的变化。

然而，这出情节简单、人物单一的小戏却久演不衰，自民国以来，梅兰芳、程砚秋、尚小云、荀慧生、张君秋等旦角名家皆演出过此剧，一时间红极一时。究其原因，应是这出戏的表演及唱腔皆十分优美，颇能引人入胜。剧中多以四平调配以欢愉的西皮流水，节奏舒缓而又欢快，再加之青年天子与怀春少女的眉目传情，令观众赏心悦目。此外，剧中的酒家女李凤姐一夜之间成为皇妃，正是中国式“灰姑娘”的故事，迎合了人们追求浪漫爱情的传统心理，也表现出人们向往富足、幸福生活的美好愿望。

京剧《游龙戏凤》是两位演员的对手戏，唱做繁重，极为考验演员的表演水平，再加之情节活泼有趣，在戏剧舞台上占有一定的地位。剧中的“龙”代表真龙天子，而“凤”则为女主角之名，也暗示其今后会进入后宫为妃。《游龙戏凤》虽然讲的是颇有封建意味的民间故事，但也表达了人们对龙、凤所代表的祥瑞的追求，体现出广大人民对龙凤文化的热爱。

《龙凤呈祥》《游龙戏凤》至今仍活跃在戏剧舞台上，杂剧《女状元辞凰得凤》目前却并不见演出，不过其中的故事情节仍以另一种形式在舞台上延续，如现今黄梅戏《女驸马》、越剧《孟丽君》即与《女状元辞凰得凤》有极大的相似性，故而在此对《女状元辞凰得凤》略作叙述。

《女状元辞凰得凤》又称《女状元》，是明代才子徐渭的代表作品《四声猿》中的一部。《四声猿》为杂剧，包括《狂鼓史渔阳三弄》《玉禅师翠乡一梦》《雌木兰替父从军》《女状元辞凰得凤》四部，被誉为“明曲第一”。

《女状元》讲述的是一个浪漫动人的故事。西蜀才女黄春桃父母双亡，自幼与乳母相依为命，家境十分贫寒。春桃因仰慕花木兰替父从军，而自己知书善画，便也欲参加科举。于是黄春桃化名为黄崇嘏，乔装为男子，进京城应试，结果一举夺魁，并被授予成都司户参军。后来丞相见崇嘏才华横溢、一表人才，欲招他（她）为婿，便请其至府中赴宴。崇嘏了解到丞相的心意，不得不万般拒绝。丞相又派人去崇嘏府中说媒，崇嘏万般无奈，只得赋诗一首将实情说出：“一辞拾翠锦江涯，贫守蓬茅但赋诗。自着蓝衫为郡掾，永抛鸾镜画蛾眉。立身卓尔青松操，守志铿然白璧姿。相府若容为坦腹，愿天速变做男儿。”丞相读到此诗，叹为奇迹，同时对崇嘏的经历极为佩服。恰逢其子得中状元，丞相便上书皇帝，请求让崇嘏做自己的儿媳。于是一对男女状元成婚，成就了一段佳话，正可谓“女状元辞凰得凤”。[①]

①蔡茂友：《西厢夜半》，北京：今日中国出版社1994年，第150页。

黄崇嘏的故事在民间广为流传，清代袁枚《随园诗话》曰：

> 俗传黄崇嘏为女状元。按《十国春秋》：“崇嘏好男装，以失火系狱，邛州刺史周庠爱其丰采，欲妻以女。乃献诗云：‘幕府若容为坦腹，愿天速变作男儿。’庠惊召问，乃黄使君女也。幼失父母，与老妪同居。命摄司户参军，已而乞罢归，不知所终。”今世俗讹称女状元者，以其献诗时自称“乡贡进士”故也。严冬友曰：“徐文长《四声猿》剧末一折为《女状元》，即崇嘏事。此俗称所始。”

从这一段记载来看，黄崇嘏之事也有一定的真实性，“女状元”的身份却是徐渭的改编，以增强戏剧情节的生动性。

清代乾隆年间还出现了一部弹词作品《再生缘》，是由女作家陈端生与梁德绳创作的。主要情节为女主人公孟丽君女扮男装考上状元，并当上宰相为国除奸，颇有政绩。皇帝得知其为女子之后，欲纳其为妃，孟丽君拒绝。后与失散的未婚夫皇甫梦华相遇，最终成就美满姻缘。这部弹词作品在民间产生了极大的影响，其后越剧、莆仙戏、黄梅戏、京剧等十几个剧种皆有改编，是中国最著名的传统剧目之一。此外，1959 年安徽省黄梅戏剧团创编有《女驸马》一剧，讲述的是湖北襄阳道台之女冯素珍自幼许配给李兆廷，后李家败落，父母欲退婚，并诬告李兆廷为盗将其送官入狱。冯素珍为救助未婚夫，女扮男装考中状元，却被皇家强招为驸马。洞房之夜，冯素珍冒死陈词，以真诚感动公主，最终在公主的帮助之下，解救了未婚夫，有情人终成眷属。

黄崇嘏、孟丽君和冯素珍三者的故事有极大的相似性，时常被人混淆。这三部作品中，徐渭的《女状元》更关注男才女貌的天作之合，以“凰”喻女性佳偶，而以“凤”喻男性佳偶，更有才子佳人故事的风味；孟丽君的故事更注重对孟丽君坚毅果敢性格的描绘，表现出对其才能和品格的歌颂；而冯素珍的故事显然是受到二者的影响，又在湖北民间传说的基础之上创造的，对冯素珍聪慧勇敢的个性展现得更为充分。这三则故事都可视为“辞凰得凤”故事的不同变体，人们以“凤”“凰”表达了对品德高尚、才华横溢且风姿秀美的人的赞赏，同时也蕴含着民间对凤凰美好内涵的正面歌颂，反映出中国人民热爱美好生活、追求正义的心态。

第七章

少数民族乐舞中的凤

凤凰所代表的美丽吉祥，不仅被汉族人民深深向往，也渗透在少数民族人民的血脉之中，在他们的日常服饰、生活习俗和民间歌舞中得到充分的表现。许多少数民族皆视凤为灵物，这一点在南方少数民族的乐舞活动中表现得格外鲜明。歌舞是少数民族人民的日常生活内容之一，这份与生俱来的热情和活力也使凤凰乐舞焕发出与中原雅乐和汉族民间歌舞不一样的魅力。

第一节　畲族的凤凰歌舞

畲族是我国南方地区古老的少数民族。据记载，早在公元七世纪初，在闽、粤、赣三省交界地区即有畲族先民的繁衍生息。“畲族”之名起源于元代，当时这个民族被以“畲民”称之；新中国成立之后，畲族正式成为民族名称。畲族是典型的散居民族，广泛分布在闽、浙、赣、粤、皖等省，而以福建最多。畲族人民对凤凰的感情格外深厚，他们认为自己是凤凰的后裔，不仅穿“凤凰装”，唱“凤凰歌”，跳“凤凰舞”，更是将对凤凰的感情深深地融入自己的日常生活之中。

一、畲族民间的凤信仰

畲族是一个崇凤的民族，在畲族的神话中，凤凰是他们的祖先和保护神，而凤凰山是民族的发祥地。对凤凰的特殊情感也形成了畲族的凤文化，民间的凤信仰十分强烈。

凤凰山位于广东省潮州市北 30 多千米处，主峰凤凰髻海拔 1497.8 米，是潮汕地区的第一高峰。凤凰山是畲族的发祥地之一。畲族人认为，他们的祖先诞生在凤凰山上，因此视凤凰山为圣山。畲族的民间叙事长诗《凤凰山》讲述了畲族的起源传说。东海之滨有一座凤凰山，一天，一只凤凰飞落这里，产下一枚大卵。百鸟见到这枚凤凰卵，便一起落下来孵育，七天七夜之后，凤凰卵破裂，一个男孩出生，被取名为“龙麒”。龙麒长大后，邪恶的山妖欲加害于他，突然山体崩裂，一只龙狗跳出，帮助龙麒杀死了山妖。之后，龙狗又为龙麒寻得三件宝贝：弓箭、大斧和锄头。龙麒带着三件宝贝，骑着宝马在凤凰山开田劈山，安定下来。其后龙麒与东海龙王之女相遇并结为夫妻，婚后生活幸福美满，生下了三男一女，这四个孩子便是畲族的盘、蓝、雷、钟四姓之祖。从此以后，畲族子孙在凤凰山狩猎农耕，过上了安居乐业的生活。但是畲族子孙的自给自足被官军的围攻打破，龙麒夫妇率领子孙英勇抗敌，最终不幸牺牲。畲族子孙们也逃往各地，但他们世世代代仍然怀念凤凰山。正是由于畲族人将龙麒视为祖先，认为自己是凤凰的后裔，便从此产生了凤凰崇拜。[①]

①参见李健民：《凤凰情结：畲族文化简说》，宁德市民族中学编印，2011 年。

畲族人民的凤凰崇拜在日常生活中无处不在，尤其体现在服饰和发型上。畲族妇女的传统服饰被称为“凤凰装”。十六岁以前女童的服饰和发型模拟雏凤的样子，称为“小凤凰冠”，十六岁以后女性的服饰和发型则称为“大凤凰冠”。婚后畲族妇女的服饰和发型是成年大凤凰的装扮，到了老年则模拟老凤的打扮。可以说，畲族妇女的一生，正如凤凰辉煌美丽的一生。

每隔三年的正月十五是畲族的传统节日“凤凰节”。这一天畲族男女老少打扮得格外隆重，并用糯米塑成凤凰模型，以公鸡、猪肉、带鱼及香烛元宝作为祭品到庙宇祭祀。凤凰节的夜晚是畲族人民盛大的狂欢活动，人们点燃篝火载歌载舞，共同庆贺凤凰节。这一场歌舞晚会也是畲族青年极好的社交机会。

畲族民间的凤信仰不仅体现在服饰和节日上，更渗透在人们的思想与精神之中。在畲族人民的心里，凤凰是他们的祖先和保护神，而他们的生活也与凤凰息息相关。

二、畲族歌舞中的凤凰元素

畲族是一个能歌善舞的民族，他们不仅有史诗《高皇歌》，还有许多流传在民间的民俗歌谣，可谓“歌舞的海洋”。畲族人民常常以歌代言，以歌叙事，以舞传情。在当今发展文化旅游的大背景之下，畲族聚居地更是每年举办畲乡风情节，有大型的歌会和盛大的民间歌舞表演。畲族的民歌基本上是七字一句、四句一首，偶尔也有三字、五字为句的。民歌简洁顺口，通常一、二、四句用韵，便于歌唱和抒发感情，有叙事歌、风俗歌、劳动歌、情歌。畲族民歌讲究真声和假嗓结合的演唱方法，仪式歌、哀歌多用真声演唱，叙事歌、劳动歌多用假嗓。畲族的假嗓歌很有特色，便于山间野地演唱，唱上三天三夜也不伤喉咙不倒嗓。

畲族民歌中常表现出对凤凰的喜爱和纪念。在畲族民间流传着一首名叫《祖公婆歌》的古歌，是为了纪念畲族的祖公婆三公主的。据畲族族谱记载，三公主是高辛帝之女，畲族始祖盘瓠的妻子，本是凤凰的化身。当三公主出生时，凤凰与百鸟都来庆贺，而三公主长大以后也像凤凰一样美丽。《祖公婆歌》以华丽的辞句赞美了三公主：“你是丹凤迎赤霞，你是朝阳来变化，你比月亮更精华。”三公主出身高贵，又是凤凰的化身，她一出生便有百鸟朝凤的奇异景象，而当她成年后，也受到百鸟的欢迎，能与百鸟对歌，与百鸟通话。《祖公婆歌》中唱道：

> 公主成年更聪明，近山也知鸟音啼；公主也知百样鸟，云雀要找她谈心。画眉欢喜盈盈笑，直直飞到玉凤楼；又同公主来对歌，画眉一首她一首。公主长成尽灵通，鸟唱歌言教人传；山哈歌言从此起，传流万代教子孙。

当畲族始祖盘瓠被高辛帝封为“忠勇王”之后，高辛帝将最心爱的女儿三公主赐嫁给他。三公主出嫁时，母后娘娘将镶嵌有珠宝的凤冠和凤衫赐给公主，将自己心爱的女儿打扮成高贵的凤凰，并祝福她像凤凰一样为畲族人带来幸福和吉祥。三公主与忠勇王成婚后，生了女儿便打扮得像凤凰一样。畲族人敬女崇凤，对祖公婆三公主更是深深爱戴。

畲族青年的婚礼中也有凤凰歌舞。传统的畲族婚礼总是载歌载舞，而歌舞由“节仪舞”“拦轿舞”“新娘下轿三舞进厅”“会八仙”“贺房舞”等几部分组成。[①]在婚礼举行之前，娘家人和姐妹们要“哭嫁”，新娘更要边哭边唱，感谢长辈的抚育与疼爱，表达对娘家的眷恋。哭罢唱罢之后，再由“福大命好”的长辈妇女为新娘梳“凤凰妆”，盘高髻、穿凤服、戴凤冠、垂面帘，打扮成“三公主”的模样。梳妆时新娘与伴娘们也要唱《梳妆歌》，并有简单的舞蹈动作。

①《中华舞蹈志·福建卷》，上海：学林出版社2014年，第227页。

在姑娘出嫁时，娘家还要为新娘准备“凤凰蛋”。这是用颜料染红的鸡蛋，以示吉祥如意，同时又有孕育后代之意，希望新娘到婆家能多多生儿育女。“凤凰蛋”之名也象征着新娘的“公主”身份。娘家人会将煮好的“凤凰蛋”藏在嫁妆里，与新娘子一起送往婆家。

“讨凤凰蛋”是畲家人新婚闹洞房的重要节目，同样伴随着歌舞。年轻人围着新娘新郎唱着歌谣又闹又讨，而歌谣仍与凤凰有关：

> 一心爱去凤凰山，凤凰山下好地盘；凤凰山上出贵子，贵子进到京都城。凤凰是凤凰，凤凰生蛋四角光；凤凰生蛋生何处，直去新房探渊源。凤凰生蛋生得好，从娘金房取出门；谁人识得凤凰蛋，直上金銮中状元。

凤凰在畲族象征着吉祥，更是畲族女性的象征。在婚礼中，畲家新娘在告别娘家时不需下跪而仅行鞠躬礼，新娘的花轿被称为“鸾轿”，当男方迎娶新娘时，也要在中堂贴上“凤凰到此”的大红纸，表达对新娘的敬意和祝福。

可以说，勤劳、善良、美丽的畲族女子是凤凰的化身，畲族人的生活礼仪、歌舞风俗都渗透着对凤凰的爱戴与崇敬。畲族的凤凰乐舞，正表达着畲族人民对祖先的崇拜和对美好生活的赞美。

第二节　傣族的孔雀舞与凤凰歌

傣族人民主要居住在我国云南省，分布于西双版纳傣族自治州、德宏傣族景颇族自治州和耿马傣族佤族自治县、孟连傣族拉祜族佤族自治县，在云南的新平、元江、金平等地也有散居。傣族是一个能歌善舞的民族，“孔雀舞”是傣族的代表性舞蹈。傣族人民更善于用歌声表达情感，“鹦鹉情诗”“凤凰情诗”是傣族民歌文学的代表，具有浓郁的民族风采和地域特色。

一、傣族的孔雀舞

孔雀在傣族人民心目中是吉祥如意的象征，更是美丽善良的标志，其文化地位与汉族人民心目中的凤凰类似。加之孔雀为凤凰的主要形象来源之一，因此在本小节中将傣族的孔雀舞作为凤舞的一个变种加以阐述。

提到傣族的孔雀舞，人们便会想到舞蹈家杨丽萍对孔雀姿态的美妙演绎。杨丽萍的孔雀舞展示了孔雀的美姿和灵魂，但毕竟是艺术化、舞台化的，是对民间孔雀舞的再创作。而傣族民间的孔雀舞更具有民俗风味，体现出浓郁的傣族风情和原汁原味的民间风貌。

孔雀舞在傣语中称为“嘎洛勇”，最初是由男子表演的。只有雄孔雀才有美丽的羽毛，因此，男子表演孔雀舞便顺理成章。在表演时，演员要戴上面具，若是单人舞，便戴上女子面具，若是双人舞，则戴上一男一女不同的面具。孔雀舞是傣族民间著名的模拟动物舞蹈，模仿了孔雀的各种姿态和动作，从出窝、下坡、起舞、找水、照影、饮水、夕照到最后的展翅飞翔，表现了孔雀从雏鸟成长为成鸟的完整过程。整套舞蹈动作有严格的步法和程式，以雕塑性造型为主，展现出孔雀的美丽姿态。①

①代璐遥：《中国雅俗文化》，武汉：武汉大学出版社 2015 年，第 106 页。

孔雀舞是傣族民间常见的舞蹈，在大型节庆活动中常有表演。如庆祝丰收、赶摆（指傣族盛大的节日集会活动）等场合中常跳孔雀舞。在傣历新年期间，人们更是跳起孔雀舞，表达对来年的美好祝愿。

关于孔雀舞的来源，有几种不同的说法。相传一千多年前傣族领袖召麻栗杰数模仿孔雀的优美姿态舞蹈，于是人们纷纷效仿，经过民间艺人的加工改创，便成为今天的孔雀舞。另外，在傣族民间叙事长诗《召树屯与喃木诺娜》中记载了一个美丽的传说：英俊的勐板加王子召树屯爱上了孔雀王国勐董板的七公主，即美丽的喃木诺娜公主，然而他们的爱情受到重重阻碍，最终喃木诺娜离开家乡，跳起孔雀舞向乡亲们告别，最后她也变成一只美丽的孔雀飞向了天边。[①]人们为纪念召树屯与喃木诺娜，便跳起了孔雀舞。

孔雀舞的舞蹈动作，包括跳、转等技巧，对四肢和身体各个关节的灵活度要求极高，而且要求全身均匀颤动，形成优美的“三道弯”舞姿。[②]在舞蹈中，表演者要注重身体的定型，同时表现孔雀的神态与动作，这些动作有专业的语汇，如“飞跑下山”“林中窥看”“漫步森林”“抖翅”“点水”等。

除了模拟孔雀动作的舞蹈之外，傣族民间还有另一种故事型孔雀舞。舞蹈中一人戴上面具扮演恶魔，另一人则扮演孔雀公主，表现的是以美胜丑、以正义战胜邪恶的主题。无论是模拟型孔雀舞还是故事型孔雀舞，表演者都需戴上木制或纸制的面具，身上也需穿上彩纸扎成的孔雀架子，打扮成孔雀的外表。随着时代的发展，现在的孔雀舞道具也简单了许多，表演者只需穿着绘有孔雀图案的长裙和裤子，更注重身体姿态的表现，而且也一改以前由男子表演的习惯，以女性表演为主了。傣族孔雀舞是一种轻盈柔美的舞蹈，无论男女表演，都以展现孔雀之美为主，具有极强的欣赏性。

孔雀舞虽没有凤舞之名，却与凤舞有着极大的相似性。在傣族民间，孔雀被视为圣鸟，代表着吉祥如意和美丽善良，这与人们对凤鸟的爱戴和信仰是一致的。此外，孔雀的翎羽也被凤鸟借用，成为凤鸟身上最美丽的装饰。因此，傣族的孔雀舞，也可视为凤舞一类。

①王俊：《中国古代面具》，北京：中国商业出版社2015年，第173页。

②钟廷雄：《国家级少数民族非物质文化遗产集解》，北京：中央民族大学出版社2014年，第160页。

二、傣族的凤凰情诗

上古时期，中国的传统诗、乐、舞往往不分，自魏晋南北朝文学自觉之后，歌乐与诗逐渐分离开来，但词、曲等文学作品仍然保留着音乐文学的风貌。傣族民间的歌与诗并没有随着文学的发展而分离，至今仍然融为一体，诗能合乐而唱，歌能随口吟诵，具有浓郁的生活气息。在傣族的民间歌诗中，反映爱情生活的尤为突出。傣族的凤凰情诗，既是傣族传统文学的代表，也是傣族民歌的一种。

傣族的传统情歌有六种类型，包括《散敦洛》（花卉情诗）、《散嗡》（隐语情诗）、《散丢勐》（串寨情诗）、《散帕》（转行情诗）、《散诺列》（鹦鹉情诗）、《散烘》（凤凰情诗）。[①] 傣族情歌常借物喻人，表达对对方的爱恋和赞美，如花卉情诗又称“赞花情歌”，即借赞美自然界的花朵来表达对爱人的情感。[②]串寨情诗又称“串山情歌”，形式自然，随意抒发对恋人的感受，是最为零散自由的情歌形式。鹦鹉情诗和凤凰情诗则是以鹦鹉和凤凰喻人，表达对恋人的心意。

①向任华：《词语数字解析》，北京：知识产权出版社2016年，第492页。

②岩峰、王松、刀保尧：《傣族文学史》，昆明：云南民族出版社2014年，第206页。

鹦鹉情诗和凤凰情诗是傣族情歌中艺术性较高、内容较为丰富的作品。关于傣族凤凰情诗的来源，民间流传着一个故事。古时有一对天各一方的恋人，他们深深相爱却不能见面，只能每月以一片芭蕉叶表达自己的思念。他们将自己的相思刻写在芭蕉叶上，托鹦鹉和凤凰带给对方。在他们死后，鹦鹉与凤凰仍然为他们的灵魂传递爱的信息，因此在傣族民间，便将鹦鹉与凤凰视为爱情的使者。[③]

③向任华：《词语数字解析》，北京：知识产权出版社2016年，第492页。

凤凰情诗其实源于古代的“绿叶情歌”，折射出古代傣族人民用绿叶传递信息的“物示语”文化，是“绿叶信息时代”的产物。类似于后世的叙事诗，凤凰情诗篇幅较长，一般都在三四百行以上，有较完整的情节，同时也融入了浓郁的情感。

如流传于西双版纳的凤凰情诗，共由六部分组成：其一是“序歌”，表演者唱述一对青年男女的爱情，并叙述他们由鹦鹉、凤凰传书，搭起爱情的桥梁；其二是“铜凤凰情思”，演唱的内容是小伙子对姑娘的思慕；其三是“鹦鹉传书”，是小伙子通过书信试探姑娘的心意；其四是“金凤凰回音”，描写的是姑娘回复的书信，同样表达了心中的爱意；其五是“铜凤凰传书”，是小伙子请铜凤凰传递情书；其六是“双喜凤凰”，即姑娘收到情书之后，画了一对交颈相缠的凤凰以表心意。最终情诗在“有情人终成眷属”的美好祝愿中结束。[①]

西双版纳的凤凰情诗有很多种，内容也略不相同，但基本上都是通过“凤凰传书”组合故事情节，并以凤之美、凤之德喻人，表达对恋人的思慕和爱恋。如一首凤凰情诗道：

> 美丽的姑娘，请凤凰捎去哥哥的思情……茫茫的路途既遥远又艰难，哥担心风会把情书吹落，哥担心情书中的花瓣过早凋谢，请凤凰呵迅速地去、快快地飞，带着哥哥的爱情，早日飞到姑娘身边。[②]

在这首情歌中，凤凰是小伙子与姑娘的爱情信使，更是纯洁爱情的象征，情歌中的姑娘如凤凰一般美丽，代表着傣族人民圣洁而热烈的情感。

总之，傣族情诗中的凤凰，是青年男女爱情的象征，它不像汉族传统文化中的凤凰站在高高的神坛，而是纯洁爱情的信使，凤凰的信使身份使它所传递的情感也显得美丽圣洁。

第三节　壮族的凤凰舞

壮族是我国人口最多的少数民族，主要居住在广西壮族自

①云南省少数民族古籍整理出版规划办公室编：《云南民族口传非物质文化遗产总目提要·史诗歌谣卷（上）》，昆明：云南教育出版社 2008 年，第 526 页。

②云南省少数民族古籍整理出版规划办公室编：《云南民族口传非物质文化遗产总目提要·史诗歌谣卷（上）》，昆明：云南教育出版社 2008 年，第 526 页。

治区的南宁、百色、河池、柳州等地区，还有一些分布在云南、广东、贵州、湖南等地。壮族历史文化悠久，早在秦汉时期，壮族先民已经在岭南地区从事农业劳动。悠久的历史孕育了灿烂的文化，壮族民间乐舞发达，而与凤相关的舞蹈更是异常丰富。

一、壮族的民间舞蹈

壮族的民间舞蹈多来自民间崇拜。壮族人民信奉多神，自然界的事物对他们而言都是神秘而充满灵性的，尤其是大石、老树、龙蛇、鸟类更是他们崇拜的对象。对这些神灵，壮族人民往往以歌舞祭祀，这些祭祀乐舞便是现在保存下来的壮族民间舞蹈的原型。

此外，壮族人民在祭祀祖先时也常有乐舞活动。唐代以后，道教在壮族民间产生了重要的影响。壮族民间有半职业性的道公和被称为“师公”的民间巫师，在为人们打醮做道场的时候也常用乐舞形式宣传教义。这种继承了壮族原始信仰、古代文化和原始舞蹈遗存的舞蹈被称为师公舞，现在已经发展成一种娱乐性的舞蹈形式。[①]

①罗雄岩：《中国民间舞蹈文化教程》，上海：上海音乐出版社 2001 年，第 171 页。

壮族民间舞蹈十分丰富，历经几千年而不衰。广西崇左市左江及明江流域的花山岩画中即绘有一种两臂张开、身体弓步下蹲的舞姿，这可能是壮族先民们最早的舞蹈记载。

壮族民间舞蹈主要有如下几个来源：一是源自巫祭活动；一是源自劳动生活；此外还有部分汉族舞蹈传入。这三种舞蹈来源在人们的不断传承中呈现出融合共通的现状，形成了独具特色的壮族民间舞蹈。

壮族民间舞蹈中较有代表性的有如下几类。其一是拟动物舞。壮族人民对鸟类格外喜爱，在拟动物舞中，鸟类舞蹈占了大部分。其中较著名的有凤凰舞、翡翠鸟舞、斑鸠舞等，这些舞蹈都需制作道具用于表演，与汉族民间的拟兽、拟鸟舞蹈十分类似。在这一类舞蹈中，还有模拟其他小动物的舞蹈，如“蟆拐舞”即模拟青蛙的姿态，体现出浓郁的民俗风情，反映出农耕民俗的特色。其二是民间巫舞和祭祀舞，主要有女巫表演的“天琴舞”、“铜链舞”、傩舞以及师公舞等。其三是劳动舞蹈，“壮采茶”、扁担舞是其代表。这一类舞蹈主要模拟壮族人民的日常劳动场景，作为农闲时的休闲娱乐节目。其中“壮采茶”事实上是一种民间小戏，由一男二女表演，表现民间的劳动和爱情生活；而扁担舞则是一种民间的群众自娱舞蹈，更注重群体性，常由中老年妇女演出，表现插秧、收割、打谷、舂米等劳动过程，具有热烈、欢乐的气氛。其四是铜鼓舞。铜鼓是南方少数民族的重要乐器，已有两千多年历史。壮族的铜鼓舞源于民间祭祀活动，现已成为独特的民间娱乐舞蹈。表演时由数名壮年小伙配合演出，边敲边舞，舞姿充满力度，场面热闹非凡。壮族民间每年在春节期间都有赛铜鼓活动，充满了壮观欢乐的气氛。①

①参见李乡状编：《轻轻松松学舞蹈》，呼和浩特：内蒙古人民出版社2007年，第37-44页。

二、凤凰舞

壮族的拟动物舞蹈是其民间传统舞蹈中最具特色的部分。壮族人民亲近大自然，在日常生活中对鸟兽的习性、外表极为熟悉。再加之壮族先民以鸟兽为图腾，故而在祭祀活动中也常模拟鸟兽之形。这些拟鸟的舞蹈代代相传并被民间艺人们不断改编、新创，最终成为壮族独具特色的凤凰舞。

壮族的凤凰舞既是一种舞蹈的名称，也是一类舞蹈的称谓。广义而言，壮族与凤凰有关的舞蹈有“凤凰舞”“花凤舞”“彩马彩凤舞”等；狭义来说，壮族的凤凰舞是一支舞蹈的名称。本小节中将与凤鸟有关的壮族民间舞蹈通称为凤凰舞，对其略述一二。

壮族人民自古喜爱凤凰，民间有丰富的凤凰传说故事，民间的刺绣及剪纸图案中也常见色彩绚丽的凤凰形象。在壮族人民的心目中，“百鸟朝凤、五谷丰登”是幸福生活的象征。而壮族的凤凰舞多流传于左江流域，是当地常见的娱乐活动。一类是单一的凤凰舞，即以人物装饰成凤凰之形表演舞蹈，以“凤凰舞”“花凤舞”为代表；另一类则是由凤凰与其他动物合舞，表演者皆扮演成鸟兽之形，比较著名的有“麒麟凤鸡舞”等。

“凤凰舞”“花凤舞”在表演时都需要精美的凤凰道具，一般由一人或两人表演。凤凰道具的凤冠用珠子串成，闪闪发光，身上的羽毛色彩艳丽，表演者在表演时不仅身上穿上凤凰服，连脚上也要穿上带有羽毛的鞋袜，完全模拟凤凰的形态。在表演时，舞蹈者也是极力再现凤凰之姿，有抖翅、舔羽、沐浴、饮水、展翅等动作，可谓惟妙惟肖，引人入胜。[①]

①李乡状：《民族舞艺术与欣赏》，长春：吉林音像出版社2006年，第117页。

花凤舞表演别具一格，演员穿戴上凤凰鸟的服饰，以固定的程式模仿凤凰的姿态与动作，同时用手拉动机关，操纵凤凰鸟嘴的上下开合，嗒嗒作唱，似乎是凤凰在说话一般。花凤舞表演有一套完整的步法，包括圆场、八字、一字、交叉、站立、半跨、全蹲等，舞蹈时的伴奏乐曲以鼓乐为主，节奏分明欢快，与吉祥祝福的气氛一致。

“三穿花”流行于广西壮族自治区扶绥县，是壮族凤凰舞的又一种类型，表演时由纸扎的凤凰、狮子、麒麟同时上场，气氛热闹祥和。“三穿花”的舞蹈路线为三角形且表现出各种花步，故而得名。舞蹈时，演员骑在竹扎的凤凰、麒麟和狮子背上跳舞，舞步为小碎步和“十”字步，表现出壮民们对凤凰、麒麟、狮子等祥瑞之物的喜爱。

壮族多种多样的凤凰舞在少数民族舞蹈中别具一格，体现出壮族人民对鸟类尤其是凤凰的特殊感情。

第四节　土家族的凤凰歌

土家族聚居在湘、鄂、渝、黔毗连地带的武陵山区，历史悠久，文化底蕴丰厚。土家族以“毕兹卡”为族称，即“当地人”的意思，这可能也是其族名“土家”的来源。土家族的文化也与凤凰有密切的联系，他们不但以凤鸟为图腾，更有当地民歌《凤凰歌》，演绎着浓郁的土家风情。

历史上土家族先民基本上居住在楚地，长期与楚人杂居。楚人以凤鸟为图腾，奉凤鸟为始祖，这对土家族文化也有影响。在《山海经》中，凤鸟的出现多在西方、南方，如《海内经》“南方……有鸾鸟自歌，凤鸟自舞”，“丹穴之山……有鸟焉，其状如鸡，五采而文，名曰凤皇”，这些记载中的地名多在西、南地域，多属春秋战国时期的楚地，在楚人的原始观念中，凤鸟既是楚人的图腾，也是楚人的保护神，在楚地乐舞、楚地艺术品中多有凤鸟的形象。由于土家族先民与楚人的长期杂处，其文化也与楚文化形成交融。在土家人的观念中，凤鸟也是其民族的图腾。土家人将对凤凰的特殊感情渗透到了日常生活之中，在他们的服饰、房屋及丧葬礼仪中都可以看到凤凰文化的痕迹。

土家人的服饰上常有凤鸟装饰。在日常生活中，土家人衣着简朴，短衣长裤，以便于劳动；而在喜庆之时或盛大节日，土家人则会穿上华丽隆重的盛装，戴上家里珍藏的金银首饰。在土家人的婚礼中，新娘的嫁衣称为“露水衣”，如露水一般美丽。“露水衣”由丝绸制成，上衣左边开襟，袖子、衣摆皆十分宽大，下配八幅罗裙或百褶裙。新娘头上戴有凤冠，凤冠前面有银宝花，两边为一对龙，龙后是一对凤，凤后为一对虾，虾后有一对银质帽襟，帽前下檐还缀有九只凤凰，每只凤凰的嘴里衔着三颗银针。新娘服饰上的凤凰装饰使新娘格外华贵动人，体现出人们对新娘和新郎的美好祝福，也反映出土家人对凤凰的特殊感情。

土家人的乐舞中也常蕴含着凤凰元素。土家族摆手舞是著名的民族乐舞，来源于土家族的祭祖仪式。在“摆手祭祖”仪式中，土家人高举绣有龙凤的旗帜，进行“摆驾闯堂”。闯堂时龙、凤两队旗手以旗帜相互绞缠，以先卷走对方手中的旗帜为胜；而在舞蹈中亦有模仿“凤凰展翅”的动作，体现出土家人对祖先筚路蓝缕创业安身时期的纪念，也反映出凤文化对土家族乐舞文化的渗透。

土家族生活的山区农耕环境滋养了丰富的民间歌舞艺术。土家人在女儿出嫁时会唱《哭嫁歌》，在亲人去世时会跳“撒叶儿嗬”，在祭祀时会唱《摆手祭祀歌》、跳摆手舞，在劳动时常有山歌对唱，在男女恋爱时会唱情歌。民歌渗透着土家人的人文情怀，而土家民歌中，《凤凰歌》是极有韵味的一首。

土家族方言中，将年轻姑娘称为“凤凰”，而将追求姑娘的小伙子称为“尾巴”。土家族的著名民歌《凤凰歌》为男女对唱，表达了青年男女对爱情的追求。这首歌音乐优美悦耳，歌词通俗清丽，是土家族民歌中的精品。歌曲有合唱、女唱、男唱几部分，情趣盎然。如第一段歌词这样唱道：

（合）一呀个凤凰一呀个头，一呀个尾巴伸在姐后头，
（男）姐往哪里走啊，我牵着姐的手，
姐往哪里行啊，我扯住姐的裙，
（女）叫声奴干哥你快松手呀，我要往那娘家走一走。
（合）二呀个凤凰二呀个头，二呀个眼珠子黑不溜子秋，
（男）姐往哪里走啊，我牵着姐的手，
姐往哪里行啊，我扯住姐的裙，
（女）叫声奴干哥你快松手呀，我要往那娘家走一走。

“奴干”是女孩子称呼“哥哥”的意思。歌词围绕女子回家、男子不断追求展开，其中将女子比作“凤凰”，体现出土家人对凤凰的喜爱和赞美；而将男子比作“尾巴”，则将男子的不懈追求、恋恋不舍描绘得活灵活现。这首歌回环往复，歌词较长，每段的区别只是将部分词语替换，集中表现了土家人质朴、乐观的爱情观。

在少数民族民间，以“凤凰”为主题的民歌并不鲜见，如畲族、傣族、壮族都有“凤凰歌”。但土家族的凤凰歌语言生动活泼，节奏明快优美，诙谐生动地描绘了土家族青年男女恋爱的神态与心态，可谓“凤凰歌”中的精品。

结 语

凤与中国乐舞，有着千丝万缕、密不可分的联系。远古时期，神奇的巨鸟让人们因惧怕而崇拜，巨大的翅膀扇起的风被视为无边伟力的象征。于是在原始人类的观念中，“凤”便是“风”，是大自然的使者。凤成为人们心中的保护神，成为令人类骄傲的祖先，凤与龙一样，都是中华民族的伟大图腾。人们对凤鸟姿态的模仿，对凤鸣之声的模拟，逐渐形成了原始而粗朴的凤之乐舞，影响到中国乐舞的发展历程。

在原始岩画的乐舞场景中，人们时常头戴鸟羽、手持鸟翎而舞。原始人类认为，鸟类的飞翔能力代表着通天的神性，而手持鸟类羽毛便也拥有了沟通天地的能力。在商周时期，凤鸟形象更具象化了，它成为青铜器物上的神秘符号，既代表着威严，也昭示着某种神秘的力量。凤鸟不仅是上天的使者，凤之乐舞也象征着王权和神力。

在儒家的音乐美学观念中，凤的威仪与德行被与和谐的自然、稳定的社会联系起来。凤鸟的鸣叫成为乐律的准则，凤鸟的姿态成为雅舞的象征，凤鸟的德行被写入雅乐歌辞，以美颂君主威德、国泰民安。凤鸟之姿、之美、之德被进一步程式化了，政治意味更浓，原始美学意义却逐渐疏远，成为深受统治者喜爱的理想政治符号。汉代的凤鸟逐渐体现出吉瑞之象。在汉代人看来，慈祥平和的凤鸟与飞腾的龙不同，它更加空灵，是引导人们升仙进入极乐世界的使者。凤鸟渐渐成为某种神秘的符号，它体现出谶纬意味，同时也带来了祥和、安宁的意蕴。

魏晋南北朝时期，传统凤乐舞持续发展。晋代的《白纻舞歌诗》便以“双袂齐举鸾凤翔”来形容舞女的美丽姿容与动作。南北朝的乱世之中，凤鸟带有的佛道意义给人以心灵的平静。此时的凤鸟形象和凤乐舞中开始出现了异域元素，但其精髓仍是华夏民族的祥瑞神性。凤鸟似乎是乱世之中的保护神，它提供给人们一片可以休憩的净土，而宗教也与凤鸟的神性结合，使人们对凤之精神产生了特殊的依赖。刘宋建立之后修订雅乐，萧齐王朝继续沿用；至梁代，因武帝喜爱古乐，对朝中雅乐也下令整改；陈朝后主喜爱声乐，但更重娱乐，再加之萧齐时期宫体诗的发展，陈代宫廷中多有绮艳之乐。凤鸟意象仍然保留在宫廷雅乐之中，但雅乐制度逐渐流于形式，而宫廷燕乐进一步发展，其中较有代表性的大型舞曲有《玉树后庭花》《金钗两鬓垂》等。此时宫廷乐舞中的凤鸟意象多代指美丽的女子，渲染其华姿美服、艳丽姿容。一部分凤乐舞也变成了男女唱和的绮靡之乐，与传统的宣扬“凤德”的礼乐相去甚远了。

隋唐时期的凤乐舞展现出了盛世气象。唐人的凤乐舞气势恢宏、装饰华丽，虽然在艺术表现力上有所不足，却代表着隆盛时代的雍容气象，尤其是武后统治时期更是将凤鸟提升到了崇高的地位。唐代是凤乐舞发展的关键时期。一方面，雅乐歌辞中的鸾凤意象仍然存在，但已成为一种固定的符号，仅是君德的象征而已；另一方面，在燕乐舞蹈及民间乐舞中却是胡汉交融，呈现出全新的面貌。宫廷乐舞中的凤元素仍然存在，但多以凤鸟形象装饰舞容，以增加乐舞的观赏性和趣味性；民间乐舞中也常有凤意象，但也只是为了以凤鸟之姿来烘托美人，起到引人注目的作用。此时的凤鸟已成为乐舞之美的重要元素，其中虽包含有宣扬凤之仁德、体现君权神授之意，但与先秦礼乐相比，其教化功能已经不突出了。

宋元明清时期的凤鸟民俗意味更强，烟火气更重，它逐渐褪去了神权仙道的气息，而变成了吉祥的使者。凤鸟体现着中国人对富足、美好、喜庆生活的向往，代表着华夏民族的善良、仁爱和信义。自宋代开始，南北民族又一次尖锐对峙，其乐舞文化在不断交流融合的同时也保留着自身的地域特点。总体而言，宋代是乐舞文化中心由宫廷走向民间的开端，凤乐舞也随着这一趋势将重心转向民间并继续发展。此时的凤乐舞更注重通俗性、娱乐性，人们在欣赏凤乐舞时更在意凤鸟的美丽风姿给人的观感，也更喜爱凤鸟所蕴含的祥瑞意义。宋代之后，凤乐舞逐渐衰落，而与凤有关的乐舞元素被移植到戏曲之中，仍然延续着自身的活力，一大批与凤有关的戏曲彰显了凤鸟的美好与祥瑞。与此同时，民间的凤乐舞仍然具有巨大的生命力，凤乐舞所体现的民族特色与民俗风尚，代表了中国人民对美好生活的赞美，对善良仁德的肯定以及对幸福吉祥的追求。

凤之形、凤之声、凤之姿，不仅有着悠久的民族传统文化积淀，在当代社会中仍焕发着生机。凤鸟的鸣声不仅是中国乐律之祖，在当代也是和平、自由的乐音；凤鸟的飞舞不仅是邦国兴起之兆，在当今的中国也是灵巧和谐的标志。诚然，在现代社会中，凤乐舞不像其初创时那样充满神秘和君权威仪，但其美好、仁德、博爱的精神意义是不可磨灭的。在中国人的观念中，凤凰乐舞永恒存在，它是当今中国盛世之音的呈现，更是团结、和谐的民族精神的凝聚，具有浓重的民俗和传统意味，是东方文化的充分显扬。

首先，当代的凤乐舞，是盛世之音的艺术呈现。自古以来，凤凰的出现代表着祥瑞。《诗经·大雅·卷阿》曰：“凤皇鸣矣，于彼高冈。梧桐生矣，于彼朝阳。”凤凰与梧桐，这和美、吉祥的画面，在一出现时即给人和谐平静之感。然而这和谐平静之下，却涌动着革命的激情，暗藏着排山倒海的力量。周室即将代商时，便传有“凤鸣岐山”之兆，而历代王朝为展现自己统治的合理性和成就感，也常附会出凤鸣的神话。这些传说都是封建统治者为鼓吹自身的统治合理性或渲染功业而设，不过从中仍然可以看出中国传统观念中对“凤瑞”的重视和向往。

当代中国的凤乐舞正是沿袭着“盛世之音”的内涵而继续发展的。中华儿女在大刀阔斧的改革浪潮中日益富强，在这盛世华章之中，乐舞最能表现人的情感。正如柏拉图所言，舞蹈是“以手势讲话的艺术”，其弟子亚里士多德进一步指出：“舞蹈者……借姿态的节奏来模仿各种‘性格’、感受和行动。”在当代中国，以凤为主题的乐舞，或是与凤鸟意象相关的乐舞，往往承载着中华民族的盛世情感。

凤乐舞不仅是一个节目，更是一种象征。自新中国成立之后，乐舞艺术进一步发展。此时的乐舞文化摆脱了封建思想，更具创新性和时代气息。并不是每一支新时代的乐舞都是关于凤凰精神的，但昂扬、自信、辉煌的盛世乐舞正是凤凰精神的体现。广义而言，每一个充满时代气息的、生机盎然的乐舞都是凤乐舞，因为它们展现的是升平盛世的灿烂华章，表现的是中华民族空前的自尊心和自豪感。

其次，凤乐舞代表着民族精神，是中华民族传统美德的凝聚。龙与凤是中华民族的图腾，从历史发展的角度来看，在龙文化的强势之下，流动的是凤文化的温婉和谐。龙代表着飞腾和张扬，凤代表着回旋与内敛。龙与凤是和谐相配的，但同时，凤之精神又独立而完整地存在。

当代的凤鸟更是民族精神的象征。凤鸟不仅是仁、义、信的化身，更是智慧和能力的代表。全世界只有中国人的团结和凝聚力能绘出龙凤呈祥的和谐图卷。凤元素在乐舞中的渗透，也展现出中华民族永不言弃、不懈奋斗的精神；凤乐舞蕴含的吉祥气氛，更体现着中国人爱好和平、向往和谐安宁的美好愿景。因此，当代的凤乐舞仍然充满着不息的生命力，它可以是传统美学的演绎，也可以是现代价值观的展现，是中国精神的完美体现。

最后，凤乐舞代表着中华民族的灿烂文化，是东方文化的显扬。早在殷商时期的甲骨文中，“凤”字便像是一只头顶有“辛”字饰物的鸟，它有着鸟头和鸟嘴，身上有长长的羽毛。这体现出凤鸟意象在中国传统文化中的悠久深远。在人们的观念中，凤代表着东方人的和平与稳重。汉代许慎在《说文解字》中对“凤”有这样的解释：“凤，神鸟也。天老曰：‘凤之象也，鸿前麟后，蛇颈鱼尾，鹳颡鸳思，龙文虎背，燕颔鸡喙，五色备举。出于东方君子之国，翱翔四海之外，过昆仑，饮砥柱，濯羽弱水，莫宿风穴。见则天下大安宁。’从鸟，凡声。”从中可以看出，凤鸟具有这样几个特点：它是一种神鸟，而且是多种鸟兽的结合体，这自然体现出它的身上也具有多种鸟兽之性，而且是兼有众长；凤鸟出于东方之国，凤鸟代表着和平、安宁、富足与和谐，是一种祥瑞之鸟。

可以说，凤凰是东方的神鸟，它的身上凝聚着中国人所追求的各种高尚品质和优秀的能力。虽然在西方神话和印度佛教故事中也有与凤类似的神鸟，如“Phoenix”、迦楼罗等，但它们并不能等同于凤凰。这些神鸟或能长生，或有神力，但凤凰的完美精神与和平气度是它们所远远不及的。因此，只有凤凰才能深深地融入中国人的精神气质和传统美德之中。

中国人追求平静和谐的环境，向往自由美满的世界，赞美睿智灵活的能力。在各类神物中，唯有凤鸟兼具这些优点，它代表着东方气质和中国精神。因此，凤乐舞也是充满东方色彩和中国元素的。如 2012 年春晚的大型舞蹈节目《龙凤呈祥》，正是以红、金、黄三色舞服展示出雍容和辉煌，又以“天圆地方”“龙腾凤舞”的舞台造型表现出东方的哲学思维和审美观念。而在大型舞剧《凤鸣岐山》中，又借助传统的周代殷商的故事彰显了中国人民所追求的善良和仁爱精神，更表现出对中国文化丰富底蕴的肯定和赞美。

总之，当代的凤乐舞是中华优秀文化的重要组成部分。凤鸟身上承载的高尚道德精神，是对中国传统文化中仁、义、礼、智、信的阐释；凤鸟所代表的和谐祥瑞意蕴，是中华民族向往和平、追求美好的心愿；凤鸟外表的美丽、鸣声的悦耳、舞姿的袅娜，是中华民族形象的完美表达；而凤与凰、凤与龙所象征的夫妻和美、阴阳和谐，则是传统民俗中最质朴、本真的追求。凤鸟的精神凝聚在乐声和舞姿之上，却又摆脱了沉重的封建思维而展现出更强大的生命力。当代的凤乐舞正如凤凰涅槃，它在旧有的艺术形态上脱胎而出，摒弃了那些不够完美和积极的因素，而拥有了更完整、更和谐的未来。

参考文献

袁珂：《山海经校注》，成都：巴蜀书社 1993 年；
陈成国：《诗经校注》，长沙：岳麓书社 2004 年；
龚克昌：《汉赋新选》，武汉：湖北教育出版社 2001 年；
王世舜：《尚书译注》，成都：四川人民出版社 1982 年；
〔战国〕吕不韦辑，〔清〕毕沅辑校：《吕氏春秋》，北京：中华书局 1991 年；
〔清〕孙希旦撰，沈啸寰、王星贤点校：《礼记集解》，北京：中华书局 1989 年；
〔晋〕皇甫谧：《帝王世纪》，北京：中华书局 1985 年；
〔梁〕沈约注，〔清〕洪颐煊校：《竹书纪年》，北京：商务印书馆 1937 年；
〔唐〕欧阳询：《艺文类聚》，北京：中华书局 1965 年；
〔梁〕萧统编，〔唐〕李善注：《文选》，北京：中华书局 1977 年；
〔宋〕郭茂倩编：《乐府诗集》，沈阳：万卷出版公司 2009 年；
〔汉〕许慎：《说文解字》，杭州：浙江古籍出版社 2016 年；
〔唐〕杜佑：《通典》，北京：中华书局 1984 年；
〔晋〕王嘉：《拾遗记》，北京：中华书局 1991 年；
〔汉〕刘向撰：《列仙传》，上海：上海古籍出版社 1990 年；
〔晋〕郭璞注：《穆天子传》，上海：上海古籍出版社 1990 年；
〔唐〕道世：《法苑珠林》，上海：上海古籍出版社 1991 年；
〔汉〕赵晔：《吴越春秋》，北京：中华书局 1985 年；

〔三国〕王肃：《孔子家语》，兰州：兰州大学出版社 2004 年；
〔汉〕韩婴撰，许维遹校释：《韩诗外传集释》，北京：中华书局 1980 年；
〔汉〕刘向撰，赵善诒疏证：《说苑疏证》，上海：华东师范大学出版社 1985 年；
〔清〕彭定求编：《全唐诗》，北京：中华书局 1960 年；
叶舒宪：《中华文明探源的神话学研究》，北京：社会科学文献出版社 2015 年；
朱狄：《艺术的起源》，武汉：武汉大学出版社 2008 年；
吴艳荣：《中国凤凰：从神坛到人间》，杭州：浙江大学出版社 2014 年；
郭静云：《天神与天地之道：巫觋信仰与传统思想渊源》，上海：上海古籍出版社 2016 年；
闻一多：《神话与诗》，武汉：武汉大学出版社 2009 年；
陈炎：《中国风尚史·先秦卷》，济南：山东友谊出版社 2015 年；
张树国：《乐舞与仪式：宗教伦理与中国上古祭歌形态研究》，天津：天津古籍出版社 2003 年；
马维彬：《河北民间古乐工尺谱集成》，石家庄：河北美术出版社 2006 年；
曾献飞：《〈乐府杂录〉疏证》，南昌：江西教育出版社 2015 年；
逯钦立辑校：《先秦汉魏晋南北朝诗》，北京：中华书局 1983 年；
[日] 林谦三：《东亚乐器考》，上海：上海书店出版社 2013 年；
牛龙菲：《敦煌壁画乐史资料总录与研究》，兰州：敦煌文艺出版社 1996 年；
徐华龙：《中国文学民俗史》，上海：上海交通大学出版社 2017 年；
牛天伟、金爱秀：《汉代神灵图像考述》，开封：河南大学出版社 2017 年；
吉联抗辑译：《春秋战国音乐史料》，上海：上海文艺出版社 1980 年；
叶舒宪：《图说中华文明发生史》，广州：南方日报出版社 2015 年；
余甲方：《简明中国古代音乐史》，上海：复旦大学出版社 2017 年；
王克芬：《中国舞蹈发展史》，上海：上海人民出版社 2014 年；
[德] 马克思、恩格斯：《德意志意识形态》，《马克思恩格斯选集》（第一卷），北京：人民出版社 2012 年，第 3 版；
韩霞：《中国古代舞蹈》，北京：中国商业出版社 2015 年；

夏永声：《汉字与乐舞》，广州：暨南大学出版社 2015 年；
鲁迅：《中国小说史略》，上海：上海古籍出版社 1998 年；
何晓兵：《音乐作品赏析教程：中国民歌》，北京：中国传媒大学出版社 2008 年；
袁禾：《中国舞蹈》，上海：上海外语教育出版社 1999 年；
邹博：《中国国粹艺术通鉴·曲艺杂坛卷》，北京：线装书局 2011 年；
郭伯南、刘福元：《中国史话》，上海：上海古籍出版社 2016 年；
黎孟德：《中国音乐故事欣赏》，上海：上海科学技术文献出版社 2016 年；
徐志啸：《楚辞综论》，上海：上海古籍出版社 2015 年；
贾福林：《中和韶乐》，北京：北京美术摄影出版社 2015 年；
资华筠：《中国舞蹈生态学研究》，北京：中国文联出版社 2016 年；
傅起凤、傅腾龙：《中国杂技》，天津：天津科学技术出版社 1983 年；
王炳社：《音乐隐喻学》，北京：商务印书馆 2016 年；
党银平、段承校编著：《隋唐五代歌谣集》，南京：南京师范大学出版社 2014 年；
伍英：《中国古代艺术》，北京：中国商业出版社 2015 年；
张斌：《宋代古琴文化考论》，南京：南京大学出版社 2014 年；
李莘、杜乐：《中国古代乐舞文化研究》，北京：中国电影出版社 2015 年；
胡云翼：《词学 ABC》，北京：知识产权出版社 2017 年；
胡新生：《中国古代巫术》，北京：人民出版社 2010 年；
王大有：《龙凤文化源流》，北京：北京工艺美术出版社 1988 年版；
李泽厚：《美的历程》，天津：天津社会科学出版社 2001 年；
张光直：《中国青铜时代》，北京：生活·读书·新知三联书店 1999 年；
江崖：《漆水流觞：中华漆艺导读》，北京：中国美术出版社 2014 年；
南阳汉画像石编辑委员会：《南阳汉代画像石》，北京：文物出版社 1985 年；
仉坤、张立：《民间美术之旅》，北京：中国纺织出版社 2015 年；
张振谦：《道教文化与宋代诗歌》，北京：人民文学出版社 2015 年；
代璐遥：《中国雅俗文化》，武汉：武汉大学出版社 2015 年；
吉宏忠：《上海道教音乐》，上海：上海文化出版社 2015 年；

李四达：《幻想艺术概论》，北京：清华大学出版社 2015 年；
王克芬：《天上人间舞蹁跹》，上海：上海人民出版社 2007 年；
尹泓：《飞天意象研究》，成都：四川大学出版社 2014 年；
王建林、朱英荣：《龟兹文化辞典》，重庆：西南师范大学出版社 2015 年；
金维诺总主编，丁明夷主编：《中国美术全集：石窟寺壁画》，合肥：黄山书社 2010 年；
史敦宇、欧阳琳、史苇湘等绘：《敦煌舞乐》，兰州：甘肃人民美术出版社 2014 年；
冉万里：《中国古代舍利瘗埋制度研究》，北京：文物出版社 2013 年；
潜明兹：《中国神话学》，上海：上海人民出版社 2008 年；
许明甲：《琴棋书画趣话》，长沙：湖南大学出版社 2013 年；
曲义伟：《中国禁史》，长春：时代文艺出版社 2002 年；
朱松瑛主编：《中华舞蹈志》，上海：学林出版社 2014 年；
张玉柱主编：《齐鲁民间艺术通览》，济南：山东友谊出版社 1998 年；
[英] 詹姆斯·乔治·弗雷泽：《金枝》，西安：陕西师范大学出版社 2010 年；
李建国主编：《传统舞蹈》，济南：山东友谊出版社 2008 年；
牛孝文：《天乳》，武汉：长江文艺出版社 2005 年；
陈日红：《荆风楚韵：湖北民间手工艺研究》，北京：文化艺术出版社 2015 年；
顾小英、王丽霞、史莉丽：《原平凤秧歌研究》，北京：中国文联出版社 2014 年；
顾小英、田彩凤：《山西民间舞蹈教程》，北京：中国戏剧出版社 2011 年；
王俊：《中国古代面具》，北京：中国商业出版社 2015 年；
钟廷雄：《国家级少数民族非物质文化遗产集解》，北京：中央民族大学出版社 2014 年；
向任华：《词语数字解析》，北京：知识产权出版社 2016 年；
岩峰、王松、刀保尧：《傣族文学史》，昆明：云南民族出版社 2014 年；
云南省少数民族古籍整理出版规划办公室编：《云南民族口传非物质文化遗产总目提要·史诗歌谣卷》，昆明：云南教育出版社 2008 年；

罗雄岩：《中国民间舞蹈文化教程》，上海：上海音乐出版社 2001 年；
李乡状编：《轻轻松松学舞蹈》，呼和浩特：内蒙古人民出版社 2007 年；
李健民：《凤凰情结：畲族文化简说》，宁德市民族中学编印，2011 年；
陈建国：《中外音乐欣赏概论》，天津：天津人民出版社 1994 年；
张世珠：《一叶集》，贵阳：贵州人民出版社 1983 年；
邓佑玲：《舞蹈美学与舞蹈教育研究》，北京：中央人民大学出版社 2011 年；
张正明：《张正明学术文集》，武汉：湖北人民出版社 2007 年；
王怀义：《凤凰之鸣：乐教传统的神话起源》，《民族艺术》2013 年第 3 期；
高德祥：《凤首箜篌考》，《中国音乐》1990 年第 1 期；
胡厚宣：《甲骨文所见商族鸟图腾的新证据》，《文物》1977 年第 2 期；
于省吾：《略论图像与宗教起源和夏商图腾》，《历史研究》1959 年第 11 期；
孙昌武：《道教的仙歌及其文学价值》，《文学遗产》2012 年第 6 期；
汪泛舟：《敦煌石窟龙凤与库车石窟蛇金翅鸟图象异源考》，《敦煌研究》1996 年第 1 期；
魏艳：《论吕骥大合唱〈凤凰涅槃〉》，《乐府新声（沈阳音乐学院学报）》2010 年第 4 期；
严镝：《我们更生了——试评吕骥的大型合唱曲〈凤凰涅槃〉》，《音乐研究》1990 年第 5 期；
罗辛、杜琴：《闯出芭蕾的中国学派之路——看芭蕾舞剧〈玄凤〉》，《广东艺术》1999 年第 4 期；
何际峰、周亮：《中国舞蹈中龙凤形象的审美意蕴——以 2012 春晚舞蹈〈龙凤呈祥〉为例》，《北京舞蹈学院学报》2013 年第 2 期。